U0943169

本书由“青岛大学学术专著出版基金”资助

KECHENG LINGDAO SHIJIAN ZHONG DE TANSUO YU SIKAO

课程领导实践中的探索与思考

马勇军　著

目　录

自 序

写这本书是近几年一直想做的一件事。对于我来说，这不是一种功利性的想法，不是为了学术成果而写书，不是为了大学的科研考核而写书，只是缘于我的教育情结。

回顾我的求学与工作经历，都与教育有缘，甚至可以说是在教育研究兴趣的引领下不断发展的过程。从专科毕业到函授本科，从教育硕士到全日制博士，从化学教育到课程与教学论专业，我始终没离开过教育岗位，也越来越感受到自己对教育的内在兴趣。正因为这样，在从事教育教学工作 16 年之后，我还是毅然决然选择了攻读全日制教育学博士。2007 年，在上海师范大学教育学博士毕业后，我来到青岛大学师范学院工作。并在 2008—2013 年期间，被青岛大学委派到青岛大学附属中学兼职副校长。除了承担大学课程和参加重要集体活动外，一周大约 4 天时间全面参与青大附中的管理工作。

在青大附中，首先，我是一位大学委派到附属中学的分管教科研、教师队伍、学校文化建设等方面工作的副校长，要妥善处理好大学教学科研工作与附属中学兼职任务的关系，在做好自己分管工作的同时，积极促进大学与附属中学的深度合作，成为联结两所学校的桥梁。其次，我是一名被寄予厚望的博士、专家，2008 年底的聘任仪式被岛城各大媒体争相报道，被称为“吃螃蟹的人”“岛城第一个博士副校长”，校方希望我能给学校带来不一样的东西，带来专业的指导和创新的举措。最后，我还是一名有基础教育经历和教育思考的人，非常希望在青大附中发挥专业优势，尝试教育理念，基于教育理论变革学校实践，实现我的教育理想。

正因为这样，在青大附中兼职副校长的 5 年时间里，我丝毫不敢怠慢，非常投入地思考和工作。在各级领导信任与支持下，基于自己长期以来的实践经验和教育思考，发挥了一名教育学博士的专业引领作用，以教育理论研究指导实践变革，在形成办学理念与学校特色、学校文化和课程体系建设、教研教学模式改革等方面做了大胆改革，帮助青岛大学附属中学实现了跨越式发展，也实现了自己的教育改革梦想。

2013 年底，因被任命为青岛大学师范学院副院长，行政管理工作较多，我不再兼任青岛大学附属中学副校长。但在青大附中这五年间，所见所闻、遇到的人和事、经历的成功和遗憾经常会浮现在我眼前。伴随这些画面产生的还有对青大附中情感上的牵挂，对基础教育改革实践更深刻理解和对教育理论日益清晰的个性化思考。所以，我迫切地想把这五年间经历的和思考的记录下来。

真要动笔写作时，我却很久不能确定这本书的思路和框架。对这本书的定位我是这样思考的：首先，这本书应该不同于我之前的专著。2012 年、2013 年我出版了两本专著，《文化视野下的科学过程教育研究》是我的博士论文完善而成，《中国传统文化与科学教育的互动研究》则是与博士论文密切相关的资料整理基础上的系统理论思考。前者是一个综合运用了问卷调查、访谈、内容分析和课堂观察等方法的学术研究，采用了选题背景意义、文献综述、研究方法设计、研究结果分析、理论建构和思考建议的规范实证研究框架。后者则是一个主要运用文献和思辨方法的研究，采用了具有鲜明逻辑主线的理论研究框架。而我这次想要写的这本书既有实践的探索，也有理论的借鉴；既有解决实际问题的具体行为，也有系统的、理性的思考。因此，这应该是一本典型的行动研究专著。

其次，这本书也要不同于一线校长和教师的著作。最近几年，我不仅阅读过这一类教育著作，也作为朋友、指导教师和专家评委等身份，见证过这些一线专家教育著作的形成过程。这类著作不同于理论研究者的成书体系，要么由教育故事、教学案例、教案课例、重要讲话、教学反思等多篇相对独立的文章构成，通过系列文章表现个人教育思想；要么以自传或回忆录性质的叙事性文体形成著作主体，夹叙夹议。与理论专著相比，一线教师和校长的著作更为鲜活、生动，但理论性、系统性一般相对较弱。

兼职青大附中副校长期间，我既是一位教育理论研究者，也是一位教育实践探索者，要想把这种特殊角色在文章中凸现出来，既描述我所做的，更阐述我所想的，既希望我的行动变革能够被更多教育实践者借鉴，也希望我的理性思考能被理论研究者认同，能反映理论与实践的互动关系。因此，理论专著和一线教育工作者的著作体例都不合适该书，我必须要把这两类著作的特点结合起来。思考很久，我决定用“课程领导”这样一个专业术语作为本书的核心词汇，并把它作为主线串联起我在青大附中所做的一系列工作，同时，在每一章节中都体现出理论基础—改革背景—行动研究—理性思考的写作框架。

可以说，这本书是对我兼职副校长心路历程的回顾反思，也是我学术研究的一次新尝试，是基础教育改革与思考的个案研究与个性表达。

第一章

课程领导概论

“课程领导”是本书的核心概念，是概括我这5年副校长专业性工作最合适词汇，是本书的写作主线和学术术语。因此，在呈现我全部工作之前，必须要清楚“课程领导”的起源、发展及其相关研究，明确本书中的“课程领导”的内涵。

第一节　课程领导的起源和发展

一、“课程领导”的缘起

“课程领导”最早出现在1952年哥伦比亚大学哈里·帕素（A.Harry Passow）教授的Group Centered Curriculum Leadership论文中，但“Curriculum Leadership”刚被提出时并未引起人们的重视，因为当时的人们热衷于讨论课程的科学管理，也经常把课程领导与课程管理混用。进入20世纪70年代，对“领导”一词的全面理解伴随着对传统管理观的批判逐渐发展起来，“课程领导”才受到研究者的关注，并涌现了一批相关研究的著述，如Unruh的*New Essentials for Curriculum Leadership*（1976），①Pickering的*Developing Curriculum Leadership Within Our Schools*

① New Essentials for Curriculum Leadership. Unruh，GlenysG. Educational Leadership.1976.

(1979）等，[①] 开创了课程领导的研究领域，成为课程领导研究领域的重要文献。

我国最早引进“课程领导”概念的当属吕国光[②]（西北师范大学)、钟启泉[③]（华东师范大学）和杨明全[④]（西北师范大学）这三位。他们分别在《中小学管理》(2002 年第 8 期)、《全球教育展望》(2002 年第 12 期）和《河南教育》(2002 年第 11 期）上发表了篇名包含“课程领导”一词的论文。随后，伴随着我国基础教育课程改革的开展与不断深化，课程领导的理论与实践研究成为众多学者关注的热点。

二、课程领导研究的发展阶段

我国台湾地区学者黄旭钧把课程领导的发展划分成四个阶段：要素确立期、概念发展期、模式建立期、实际应用期。[⑤] 笔者根据目前所掌握的文献资料，对以上的阶段进行适当的调整，将课程领导概念出现后的发展历程划分为三个阶段：要素确立期、内涵发展与模式建立期、模式应用与理论深化期。

1. 要素确立期：20 世纪 70 年代至 80 年代初

在早期的发展中，课程领导旨在确立课程领导的要素。课程领导的要素主要包括课程的要素和领导的要素，其中，课程要素主要指课程编制的各个环节；而领导要素主要包括支持课程编制的团队合作、激励、沟通等。前者是领导的目标导向，后者则是方法、途径和手段，两者构成了课程领导的基本内涵。

---

① Developing Curriculum Leadership Within Our Schools. Pickering Dennis A. http://wwweric.ed.gov.1979.

② 吕国光：《校长如何提高课程领导能力?》，《中小学管理》2002 年第 8 期，第 18—20 页。

③ 钟启泉：《从“课程管理”到“课程领导”》，《全球教育展望》2002 年第 12 期，第 24—28 页。

④ 杨明全：《试论中小学校长的课程领导》，《河南教育》2002 年第 11 期，第 14—15 页。

⑤ 黄旭钧：《课程领导：理论与实务》，心理出版社 2003 年版，第 2—5 页。

2. 内涵发展与模式建立期：20世纪80年代初至90年代初

在这一阶段，课程领导的发展不仅要进一步确立其要素，而是关注课程领导的功能与任务，并将这些功能与任务加以组织，在理论上表现为课程领导概念的进一步确立和对其内涵的深入研讨，在实践上表现为试图把“课程领导”发展成为具体的行动方案或指导手册。几乎同时，几个英语国家开始尝试以课程领导概念为基石建立课程领导模式，从实践层面去验证和拓展课程领导概念。在理论层面，Glatthorn（1987）、Hatfield（1989）、Fieldling（1990）、Bailey（1990）等代表性学者对课程领导的内涵加以发展；在实践层面，美国和加拿大率先建立了课程领导模式。

3. 模式应用与理论深化期：20世纪90年代中叶以后

20世纪90年代初，经过小范围试验性运作，CIL、DIME课程领导模式开始在相关英语国家全国范围内进行推广，进入实际应用阶段。通过课程领导的实践，不断验证、修订课程领导模式，缩短了课程领导理论与实践之间的距离，推动了课程领导理论的进一步发展。在这一时期，课程领导的相关理论研究出现了新的转向，如Glatthor Henderson和Hawthorne Brubaker等强调从互易型领导向转型领导转变，突出民主与革新主题；[①]Macpherson、Brooker、Elliott等在课程领导系列研究的基础上，结合澳大利亚本国发展的实际，提出了本土化的课程领导理论，建构了“促进有效教学与学习的课程领导模式”，此模式是基于课程作为一种探究领域的观点来理解课程领导，并采用“从内而外”而非“从上而下”的政策形成、解释与实施的观点来支持教师作为课程领导者，对课程领导提出了有关教师思考有效教学与学习、校内或学习环境内的社会气氛、学校的组织结构的三项命题。[②] 由此可见，以上代表性研究都是在模式应用基础上进一步完善和发展理论，体现出理论与实践互动发展的新态势。

---

① Henderson J.G，Hawthorne R.D..2000. Transformative Curriculum Leadership.

② Macpherson，I，Brooker，R. Australian Curriculum Studies Association .1999. Places and Spaces for Teachers in Curriculum Leadership.

第二节　课程领导的概念解析

一、课程领导概念界定方式

虽然国内外课程领导的研究已有较长时间，但对于课程领导的概念，由于国内外学者从不同的视角界定，所以，并未达成完全共识。这也反映了“整体而言，有关课程领导事实上仍在起步阶段”。① 关于课程领导的概念，有一定代表性和影响力的主要有如下几种观点。

1. 目标界定法

有的学者主要从课程领导要实现的目标出发，对其概念进行界定。如阿兰·A. 格拉索恩（Allan A.Glatthorn）认为，课程领导就在于使学校及学校体系能达成增进学生学习品质的目标。② 高博诠认为，课程领导是一种存在于学校组织中的与师生间相互作用的活动，其目的是希望通过学校组织团体活动，来提高教师的教学技能，增进学生的学习成效，并且通过课程设计、课程选择、课程组织、课程实施和课程评价等一系列过程来有效地达成课程既定的目标。③

2. 过程界定法

课程领导是一个复杂过程，很多学者从过程的角度界定课程领导的概念。典型如托马斯·J. 萨乔万尼（Thomas J.Sergiovanni）指出，（校长）课程领导是“为学校成员提供基本资源和必要的支持，用以充实教师的课程专业技能，从而创生学校优质教育方案，促进教师间的交流与观摩，促使学校形成合作与不断改进的文化，最终把学校发展成为一个课程社群，达

---

① 徐超圣、李明芸：《课程领导与教学领导关系之研究》，《教育研究与发展》2005年第1期，第129—154页。

② ［美］阿兰·A. 格拉索恩：《校长的课程领导》，单文经等译，华东师范大学出版社2003年版，第25页。

③ 张嘉育：《课程领导概念内涵分析》，《课程领导与实务国际学术研讨会论文集》2001年12月8日。

成卓越教育的目标”。[①] 安诸斯（Andrews）和史密斯（Smith）则认为，扮演积极的课程领导者，以课程与教学为最优先地位，通过对教师、学生、家长以及社区的关心，营造出高期望的学校气氛；持续追踪学生的学业状况，并提供教职员或其他团体参与学校决策的机会，有效运用教材及时间等各项资源，以达成学校的教育目标。[②]

3. 三要素说

从以上对课程领导的界定可以看出，课程领导主要涉及课程与教学、学生、教师三个对象。因此，埃维（S.B.Eravy）和罗奇（C.S.Roach）提出，课程领导的内涵是结合学校课程与教学，注重学生的改进，强调教师的专业发展。[③]

4. 五元素说

克鲁格（S.E.Krug）指出，课程领导包括五个元素：订立愿景、管理课程及教学、监督教学、监控学生进度、提高教与学的气氛。[④]

5. 双途径说

黄显华认为，课程领导可能遵循两个路径，即对课程开发技术的领导和对课程文化的领导。主要是以转变学校原有的一些陈旧的基本假定，形成新的教师观、学生观、知识观、学习观、教学观等，改组与改造学校组织，进而促进教师的专业发展，提高课程开发的质量。[⑤]

综上所述，课程领导应是一个多层级的动态运行系统，既包括确定学校理想价值体系（包括办学目标、理念和学校文化等），也包括具体的课程

---

① ［美］托马斯 · J. 萨乔万尼：《校长学：一种反思的实践观》，张虹译，上海教育出版社 2004 年版，第 51 页。

② 赵永勤：《论校长课程领导的理念与策略》，西南师范大学硕士论文，2005 年。

③ 黄显华、朱嘉颖：《一个都不能少——个别差异的处理》，上海科技教育出版社 2003 年版。

④ 黄显华、朱嘉颖：《一个都不能少——个别差异的处理》，上海科技教育出版社 2003 年版。

⑤ 黄显华、朱嘉颖：《一个都不能少——个别差异的处理》，上海科技教育出版社 2003 年版。

与教学等学校变革以及为实现学校变革而采取的支持保障策略。其最终指向学校课程质量的提升、学生身心素质的提高和学习品质的改善以及教师专业的成熟。

二、课程领导与课程管理的关系

课程领导是针对传统的课程管理提出的，随着课程领导逐渐被教育界所接受，“课程管理”一词也由“课程领导”所取代。然而这并不意味着课程管理的作用都是消极的，课程领导完全是积极的，这种概念上的替换是思想转变的结果。针对这两个概念，学者们对其做出了详细的区分，例如我国学者余进利从管理和领导的角度做出如下区分：管理注重的是照章办事、维持日常运作等具体活动；领导关注组织的创新和变革，是组织的战略性问题。① 两者可以通过表 1–1 区分：

表 1–1 “课程管理”与“课程领导”的区分

	课程管理	课程领导
理论基础	古典管理理论	转型的领导理论
权力主体	学校管理阶层	学校课程相关人员
沟通方式	控制，命令直接下达	引领，各成员交流
教师观	执行课程决策	参与课程决策

由此可见，课程领导更加注重民主、和谐，注重成员的参与和沟通，更加崇尚一种平等、互动的形态；而课程管理实行的则是一种自上而下的管理模式，各成员分工明确，更加强调管理层中决策者的重要性。

针对两者的关系，目前有三种典型的观点：课程管理与课程领导相互独立、课程管理包含课程领导、课程管理与课程领导相辅相成。

1. 课程管理与课程领导相互独立

这一观点的典型代表是钟启泉教授。他认为，课程管理主要依靠自上

---

① 余进利：《对“课程领导”与“课程管理”的甄别》，《当代教育科学》2005 年第 20 期，第 23—25 页。

而下的官僚体制监控、监管，学校接受上级行政部门的指令之后才开始围绕学校的课程展开活动和运作，学校的动力来自上级和外部；而课程领导则从学校经营或领导的功能出发，强调诉诸学校自身的创意和创造力，自律、自主地驱动组织本身运行，把日常的课程实践活动作为自身的东西加以自主、创造性地实施。① 课程管理束缚了目前的课程改革，要想顺应新变化，就必须实现从“课程管理”到“课程领导”的转变，以突破传统管理体制的“监控”和“管制”，学校自身要把课程实践活动加以创造性地实施。显然，持该种观点主要是基于传统意义上的课程管理的理念不利于学校的发展，课程领导作为一种新的管理观有着课程管理所没有的优势这两点来考虑的。

2. 课程管理包含课程领导

持这一观点的学者认为，课程领导是从课程管理的概念中分化出来的概念，属于课程管理的重要职能之一，“是推动管理过程中其他职能顺利实现的力量”。② 从管理和领导的理论中也可以证实这一观点：管理属于上位概念，而领导属于下位观念，管理包含领导。因此，课程管理包含课程领导，课程领导属于课程管理的下位概念。③

3. 课程管理与课程领导相辅相成

持这一观点的学者认为，课程领导不能取代课程管理的重要位置，在适当情况下需要将二者相结合。课程管理主要按国家或上级的要求照章办事，保证学校各项工作顺利进行；课程领导则更多关注课程变革、创新以及团体内民主平等的氛围。④ 可见，在某种程度上，课程领导有着课程行

---

① 钟启泉：《从课程管理到课程领导》，《全球教育展望》2002 年第 12 期，第 24—28 页。

② 李定仁、段兆兵：《试论课程领导与课程发展》，《课程·教材·教法》2004 年第 2 期，第 3—7 页。

③ 王荔：《课程管理与课程领导的甄别》，《科教导刊（上旬刊）》2011 年第 1 期，第 199—200 页。

④ 张羽云：《浅析课程管理与课程领导的关系》，《现代教育科学（小学教师）》2012 年第 6 期，第 91—92 页。

政领导的功能，而不同主要表现在领导理念上的转变。因此，两者是不能完全分开的，而是存在一定的包容、交叉的关系。

我比较赞同课程领导与课程管理相辅相成的说法。在我五年的副校长岗位上，我也做过一些常规的课程教学管理工作，如听课、参加固定主题的教研活动、进行监测分析等，这些工作更多体现的是管理特征，而本书中所重点描述的一些创造性工作则更好地体现了课程领导的特征。

第三节　课程领导的主体

纵观课程领导的研究，大多数文献都是把课程领导者的焦点放到校长身上，特别是行政型校长。随着课程改革和课程领导研究的不断深入，课程领导主体的范围在不断地扩大。

一、校长课程领导

校长是一所学校的灵魂，是学校最高的领导者与管理者。因此，大多数学者认为校长是课程领导的主体，有的学者甚至将课程领导分成广义和狭义的课程领导，狭义的课程领导就是指校长的课程领导，即围绕学校行政为中心，对学校的课程与教学进行领导，以实现促进学生学习品质为目标。①

格拉索恩在《校长的领导课程》一书中阐明了校长作为课程领导者的重要性，认为校长应该做到：制定详细的课程方案，建立积极和谐的学校氛围，以及带动教师的专业发展。② 瑞典的校长课程领导主要包含了三方面：领导教学革新、领导教师专业发展、领导教师反省国家课程与学校目标。③ 霍尔（Gene E.Hall）、霍德（Shirley M.Hord）指出，校长所发挥的强

① 李朝辉：《从管理走向领导——小学校长课程领导的个案研究》，东北师范大学博士论文，2006 年。

② ［美］阿兰 · A. 格拉索恩：《校长的课程领导》，单文经等译，华东师范大学出版社 2003 年版，第 27 页。

③ 杨明全：《试论中小学校长的课程领导》，《河南教育》2002 年，第 14—15 页。

有力的领导决定着课程领导的成败，同时，校长采取的积极的引导风格，是有效课程实施得以保证的重要原因。[①] 高斯林针对美国校长课程领导能力、行为等进行了问卷调查，其结果表明：校长课程领导能力和学校的发展、课程评价以及课程管理等方面有着密切关系。[②] 可见，校长在学校的整个领导效能上，起着关键性的作用。

20 世纪 90 年代以后，校长课程领导理论进一步完善，以布鲁贝克（Brubaker）、格拉索恩、亨德森（Henderson）和霍索恩（Hawthorne）为代表的学者指出，课程领导者（校长）要转变自身角色，突出校长角色的创造性、合作性、民主性与革新性。[③] 马什（C.J.Marsh）从三个方面分析了校长课程领导的角色，即响应者、管理者和倡导者。响应者在于维持与教师之间的关系，倾听并满足教师的要求；管理者注重学校各项任务的落实；倡导者在于构建学校的发展目标，重视教师的期望与学生的发展。[④]

国内的学者在借鉴和学习西方课程领导研究的基础上，对校长课程领导作出了不同的界定。我国台湾教育学者陈伯璋指出了校长课程领导的五项基本任务：建立学校愿景、沟通与执行学校组织的运作、统筹与运用学校的支援系统、推进课程管理与发展、塑造学校文化。[⑤] 学者黄显华、徐蒋凤、朱嘉颖将校长课程领导分为学生学习、教师专业发展、课程与教学、

---

① ［美］吉纳 · E. 霍尔、［美］雪莱 · M. 霍德著：《实施变革：模式、原则和困境》，吴晓玲译，浙江教育出版社 2004 年版，第 63 页。

② Goslin，L.W.District Level Curriculum Leaders in Missouri Schools: Perceptions of Ideal Functions，Competencies and Leadership Style［DB/OL］.http://www.eric .ed.gov，1980/2004-11-15.

③ 程晋宽：《试论校长的课程领导角色与学校改进策略》，《外国中小学教育》2009 年第 11 期，第 17—22 页。

④ 吕国光：《校长如何提高课程领导能力?》，《中小学管理》2002 年第 8 期，第 18—22 页。

⑤ 陈伯璋：《实践智慧与校长课程》，《兰州：第五届两岸三地课程理论研讨会论文集》2003 年版，第 121 页。

资源的提供以及学校文化的改进这五部分。[①]游家政认为，校长课程领导是校长根据学校的实际情况、国家政策和自身专业，在不同的课程发展期，扮演不同的角色，运用转型的领导理念，促进学校组织成员反思，落实课程专业判断，以达成学校的教育目标的过程。[②]高新建指出，校长课程领导是校长对学校的课程及相关事务的领导行为，而这些行为主要包括学校的课程、教师的教学和学生的学习。[③]郑先俐、靳玉乐认为，校长课程领导是指校长使学校课程人员在共同享有课程权力、民主参与课程决策的基础上，引导相关组织和人员做出高层次课程决策和自我管理，从而达到提高教育内容品质，增进学生学习成效的最终目的。[④]杨明全认为，校长课程领导是一种课程实践方式，是引领课程改革、课程实验、课程开发和课程评价等活动的行为总称，其目的是影响课程改革和发展的过程和结果，实现课程改革和课程开发的目标。[⑤]

上述关于校长课程领导的界定虽表述各异，但都有其合理的一面，因此，综合上述观点，校长课程领导主要包含了以下几个层面：一、校长课程领导是一个过程，强调通过课程具体的实践活动来实现既定目标；二、校长课程领导的主体可以是以校长为首的团体，也可以是校长个人；三、校长课程领导的核心在于促进学生的学习、教师的专业发展；四、校长课程领导的理想状态是引领人做出更高层次的判断，实现自我管理的状态。

因此，可以做出以下界定：校长课程领导是在校长的带领下，运用相关的理论知识，规划学校整体发展愿景，为完善学校课程以及促进学生学

---

① 黄显华、徐蒋凤、朱嘉颖：《校本课程发展下课程与教学领导的定义与角色》，《全球教育展望》2002年第31期，第49—56页。

② 游家政：《课程革新》，师大书苑2002年版，第240页。

③ 高新建：《课程领导的角色和任务分析》，《论文发表与北区九年一贯制课程举办校长课程领导理念与实务工作坊研习会议》，“国立”台北师院课程研究所2001年版，第8页。

④ 郑先俐、靳玉乐：《论课程领导与学校角色转变》，《河北师范大学学报（教育科学版）》2004年第3期，第99—103页。

⑤ 杨明全：《试论中小学校长的课程领导》，《河南教育》2002年，第14—15页。

习、教师专业发展等展开的一系列专业活动的过程。

尽管众多学者强调校长的课程领导，但也有不少学者关注课程领导过程中的多个主体。如布拉德利（Bradley）在其著作《课程领导——超越统一的课程标准》一书中，通过一位初次担任的学校课程领导者与一位资深的课程领导者的对话，对课程领导者进行了深刻的描述。他认为，课程领导者并不一定是某人的职位，在有些情况下，学校的管理者、校长、政府管理人员、教师都可能会扮演课程领导者的角色，而他们的身份可能是课程主任、课程专家、课程协调员、课程促进员或课程管理者。① 布鲁贝克（Brubaker）更明确指出，课程领导者不只是具有领导职位的人，而是包含了教学情境中，参与情境互动中的每个人。② 可见，课程领导并非一个人的事情，而是一个团体的共同的活动。

从国外该领域研究发展趋势分析，无论对学校外部的课程领导，还是学校内部的课程领导，都是从行政领导人的课程领导转向大众参与者的课程领导，特别是强调中介性的研究机构的专业领导，同时也非常强调各种利益群体在课程领导中的相互作用。

我在五年的课程领导实践过程中也深深地感受到这一点，这也是我没有把本书题目定义为“校长课程领导”的重要原因。因此，接下来，本书将简单探讨一下课程领导的其他主体。

二、教师课程领导

课程领导主体包含众多成员，而教师作为教育前线的第一人，既具有介入学校课程领导事务和从事学校课程领导活动的权力，又具有介入学校课程领导事务和从事学校课程领导活动的义务。③

---

① ［美］乔·布拉德利：《课程领导：超越统一的课程标准》，吕立杰等译，中国轻工业出版社 2007 年版。

② Brubaker，D. L:Creative Curriculum Leadership，Thousand Oaks，California：Corwin Press.2004.

③ 董小平：《教师参与学校课程领导：意蕴、缺失与构建》，《中国教育学刊》2008 年第 5 期，第 40—44 页。

在西方国家，许多学者主张学校的教师应积极参与到课程领导中来。其中，哈格里夫斯和伊万斯（Hargreaves & Evans）认为，学生良好的课堂学习源于专业的教学文化，即必须有一种“更多质疑性质的文化存在于学校员工之中，教师要在不断的评议过程中反思他们的信念和实践。”① 盖布列尔（Gabriel.J.G）则认为，每一所学校的课程领导，既要有正式领导职务的人来承担，也要有非正式的领导者来承担，因此，他列出一所学校可能的课程领导职位，包括年级或学科组长、校级领导、教师顾问、宣讲员、社区领导者以及技术领导者，认为每一个职位都可以发挥出色的课程领导作用；他还强烈主张，学校的领导角色要广泛地分配给教师们②。Zepeda.S.J等学者认为，教师的课程领导是以教师作为课程发展的领导者，教师的课程领导并不是要教导、指导教师，而是更重视教师教学经验的分享、教师群体间的互动、教学经验的相互述说以及经验的连接。③

由于教师和课程有着最密切的接触，因此，教师的课程领导是学校课程领导的主要力量。近些年，教师的课程领导成为国内众多课程研究者关注的焦点。刘径言、吕立杰认为，教师课程领导是将教师作为课程领导的主体，通过教师与教师之间相互的交流合作，对学校课程事务做出引领和指导的过程。④ 王利认为，教师课程领导是教师参与学校课程改革，表现为对学校课程的指引和指导，是一种智慧和权威的体现。⑤ 通过教师的课程领导，发挥教师参与学校课程改革的积极性，为自身专业发展创造机会，并促进学生的学习，形成一种民主、和谐的教学氛围，进而促进课程发展。

---

① Hargreaves，A，Evans，R: Beyond Educational Reform，Buckingham，Open University Press，1997:3.

② Gabriel，J.G: How to Thrive as a Teacher Leader，Adolescence，2005.40（158）:448.

③ Zepeda.S.J.，Mayers.R.S.，Benson.B.N.:The Call to Teacher Leadership，New York: Eye On Education. Inc.2003.

④ 刘径言、吕立杰：《教师课程领导的概念诠释与研究反思》，《现代教育管理》2010 年第 11 期，第 58—60 页。

⑤ 王利：《学校课程领导研究》，西北师范大学博士论文，2007 年。

总之，从某种意义上说，教师课程领导决定学校课程实施和改革的成败。① 教师在参与课程领导的过程中，会影响到课程的方方面面：课程的组织、设计、实施都渗透着教师的智慧，并且教师能在实践中发现哪些课程是适用的。同时，教师课程领导是教师自我发展的需要，促使教师在工作中不断追求自我成长与发展，这也是教师专业发展成熟的标志。② 可见，教师课程领导能力的发挥对一所学校的发展起着至关重要的作用。

在当今学校发展中，课程领导是非常重要，也是非常必要的。学校应有一系列职责来要求学校共同体进行有效的合作性决策。如扩大校长的角色功能，促进与教师的密切合作，以便在学校层面解决问题和确定课程开发的优先事项，这是目前一个较为迫切的需要。

当然，在五年实践中，我也体会到，并非一所学校所有教师都具有课程领导力，具有课程领导力的教师也并非在所有方面都能发挥其课程领导力，教师课程领导力的发挥受到各种因素的影响，但教师课程领导在教育实践中确实是不可缺少的。而且很大程度上，校长课程领导的成功标志就是激发和支持教师的课程领导。

三、学生课程领导

我国学者郑先俐和靳玉乐认为，国家、地方和学校的课程管理人员、课程专家、教师、家长、社区代表和学生等与课程有关的组织和人员都可以是课程领导的主体。③ 美国课程专家乔治・A. 比彻姆列举了五类人可以参与到课程领导的过程中，他们分别是专业人员、团体代表（包括专业人士和一些任课教师）、专职人员、非专业的市民代表和学生。④

---

① 王利：《学校课程改革中的教师课程领导：调查与分析》，《内蒙古师范大学学报（教育科学版）》2008 年第 21 期，第 69—72 页。

② 许占权：《论教师的课程领导》，《中小学教师培训》2006 年第 11 期，第 3—5 页。

③ 郑先俐、靳玉乐：《论课程领导与学校角色转变》，《河北师范大学学报（教育科学版）》2004 年第 3 期，，第 99—103 页。

④ ［美］乔治・A. 比彻姆：《课程理论》，黄明皖译，人民教育出版社 1989 年版，第 139 页。

虽然三位学者在论述课程领导的主体中都提到了学生可以作为课程领导者，但是纵观课程领导主体的研究，对学生课程领导的研究还是比较薄弱的。但近些年来，在学校内部群体的课程领导中，日益强调要在校长等正式的领导角色与教师和学生等非正式的领导角色之间进行合理的分工和协调，建立一个促进学校课程良性发展的专业共同体和相应的课程领导文化。

在课程领导实践初期，我也认为让学生成为课程领导者的想法似乎有点理想化。但随着实践，我发现，学生完全可以成为课程领导者，很多学生具有课程领导的潜力。他们不仅在课堂上通过充分发挥其能动性，成为课程的主体，在课程开发和建设中也可以是重要的力量之一。

四、专家课程领导

专家，顾名思义是指对某一门学问有专门研究或擅长某项技术的人。① 而基础教育领域的专家指从事基础教育理论与实践研究，熟悉教育教学的基本规律，在教育教学方面具有高度的理论素养和敏锐的专业视角，有一定研究成果和业界影响力的人，包括高校学者、教育管理研究机构人员和一线名师名校长等三类人群。本研究关注的是高校学者这个群体。

皮克润（Pickering）在其 1979 年出版的《发展学校课程领导》中，研究了大学和学校之间合作进行的课程领导训练方案，目的在于促进各种课程技能的发展，包括团队过程技巧、非正式权力、沟通技巧、新观念的采用及时间管理的过程等，他认为，实施课程领导训练方案可被应用于解决地方课程问题。② 因此，高校教育研究者也可以成为课程领导的主体，而且他们对课程概念的理解更加透彻，其课程领导技巧可能更加专业。但关于高校的基础教育专家参与学校课程领导的专门研究很少，大多体现在大学与中小学合作、专家引领课程改革的相关研究当中。

---

① 商务印书馆辞书研究中心修订：《新华词典（2001 年修订版）》，商务印书馆 2001 年版，第 1292 页。

② 黄旭钧：《课程领导：理论与实务》，心理出版社 2003 年版，第 2 页。

（1）大学与中小学合作中的专家角色

近三十年来，我国大学与中小学合作取得了长足的进步，以华东师范大学等学校为代表的基础教育专家和全国各地中小学开展了形式多样的合作，涌现出许多理论与实践相结合的成果。同时，这一过程中双方关系和专家定位也成为研究者所关注的问题。张景斌认为，大学与中小学之间的差异成为双方协作的重要基础和资源，大学与中小学的伙伴协作是平等、互惠、互信、共同实践的协作。① 而伍红林提倡一种“双向滋养型”的合作关系，并详细阐述了这种合作研究的原则和展开过程。② 韩露则从两者的合作方式、态度、动机等层面的问题总结了组织困境、人力困境和制度困境这三种合作困境。③ 王凌、陈瑶以一所农村学校为个案，对专家与学校合作过程中的冲突、立场和结果进行了反思和体悟。④ 牛瑞雪则在实地研究的过程中发现，教师的漠然、学校的不支持以及学者的尴尬地位使得教师的行动研究陷入了困境。⑤ 综上所述，可以看出，我国学者对专家与教师在合作的研究比较深入。

（2）专家引领课程改革的研究

对于专家如何引领学校课程改革问题，郭华基于深度访谈的实证研究，对什么是专家、专家如何起作用以及专家的作用如何充分发挥等问题进行了深入的探讨。⑥ 程林通过实证调查和案例分析，认为专家自身、行政与

---

① 张景斌：《大学与中小学的伙伴协作：动因、经验与反思》，《教育研究》2008年第3期。

② 伍红林：《大学与中小学合作教育研究：当代中国教育理论发展与教育实践变革的一种取向》，《基础教育》2008年第6期，第22—26页。

③ 韩露：《大学与中小学合作的困境及对策研究——基于贵阳市案例学校调查》，贵州：贵州师范大学硕士论文，2014年。

④ 王凌、陈瑶：《大学与中小学合作伙伴关系的形成与发展——基于云南农村学校改革个案的分析》，《民族教育研究》2010年第21期，第54—60页。

⑤ 牛瑞雪：《行动研究为什么搁浅了——大学与中小学合作研究的困境与出路》，《课程·教材·教法》2006年第2期，第69—75页。

⑥ 郭华：《专家如何能支持教育改革——基于深度访谈的实证研究报告》，《教育研究与实验》2014年第2期，第1—10页。

政策、高校与中小学以及社会环境是这一过程的重要影响因素，进而专家对参与机制进行建构。① 于倩倩则对高师院校参与学校教育改革的现状与影响因素进行分析并提出对策。②

在实践中，专家参与学校课程教学改革也呈现出蓬勃发展的趋势。随着中小学课程规划主体教学改革意识的觉醒，他们也开始主动地去寻求专家学者的支持，许多学者也顺应改革的潮流，积极参与到学校课程教学改革的实践中来。比较典型的是 2003 年在崔允漷教授及其带领的专家团队的参与下，杭州安吉路实验学校开始对本校的课程进行全面整体的建设，经过三年的实验，成功制定了适合安吉路学校自己的课程规划，编写了如《学校的愿景与使命》《九年一贯的课程方案》《有效教学纲要》《发展性课程评价纲要》《综合活动实践的实施》《学校课程开发框架》等一系列文件。这也是专家参与学校课程教学变革的成功案例之一。当然，在教育整体改革（核心是课程改革）指导方面，近些年来，影响力更大的当属华东师范大学叶澜教授团队 1994 年发起“新基础教育实验”和民进中央副主席朱永新教授团队 80 年代就组织发起的“新教育实验”。他们虽然理论主张各有侧重、行动方式策略也不相同，但都是关注理论与实践的结合，实验学校遍及全国各地，产生了重要的实践影响，也形成了新的教育理论学派。

但在大学与中小学合作研究中，专家大多是作为“局外人”的角色介入学校改革，能以学校校长等身份实质地参与、引领学校课程教学改革的专家并不多。治校则是高校学者专家被赋予更多的权力，同时介入学校各种事务中，因此其面临的挑战和困难也与前者有所不同。我指导的研究生王杰在其硕士论文《教师发展学校研究——基于青岛市两所典型的教师发展学校》中就把我的学校课程领导实践作为研究案例之一，从课程总体规划、课程内容开发和课堂教学创新等方面探讨了专家治校式的教师发展学

① 程林：《专家参与中小学教育改革的机制研究》，浙江师范大学硕士论文，2013 年。

② 于倩倩：《高师院校参与中小学教育改革的现状、问题与对策——以浙江省为例》，浙江师范大学硕士论文，2014 年。

校建设模式。[①] 而我指导的研究生张羽云在硕士论文《专家型校长课程领导的个案研究》中，就是以我的学校课程领导实践为个案，就专家如何领导学校课程改革进行了比较深入全面的剖析。[②] 除此之外，尚未见其他对专家实施课程领导的专门研究。

因此，本书将是对专家进行课程领导的一个相对全面的介绍，但本书中的专家——“我”却是一个特例，因而有必要对“我”的课程领导角色定位予以说明。

第四节 “我”的课程领导角色定位

2008 年，受青岛大学附属中学邀请，被青岛大学委派到该校兼职副校长，除了承担大学课程外，其他时间和精力基本就投入到附属中学的管理中，这使我有了进行课程领导的平台和机会。

“我”是一个特殊的角色：在高校，我是一个理论研究者，有过系统的、长期的、深入的专业学习、实践和训练，对基础教育，特别是中小学课程与教学有较为深入的研究，可以发挥专家的课程领导作用；在中学，我是一名兼职副校长，分管教学、教研等业务工作，由于校长赋予我很大的自主权和改革实践平台，我可以基于学校现实和教育理念，全面系统地进行课程与教学的改革。而且，我也在中学、中师做过多年教师，还曾在读博期间跟随导师参与过中学课改的指导工作。也正因为这样，我可以把专家、校长和教师课程领导的优势进行结合，弥补了一般高校专家和行政型校长各自的不足，体现出理论与实践无缝对接、全程互动的课程领导特征，即“我”的课程领导是一位专家型校长在学校课程教学实践改革中全面作用的发挥。

① 王杰：《教师发展学校研究——基于青岛市两所典型的教师发展学校》，青岛大学硕士论文，2011 年。

② 张羽云：《专家型校长课程领导的个案研究》，青岛大学硕士论文，2013 年。

教育学博士的专业知识和相关教育教学经验是我进行课程领导的资本，副校长的职位权力和校长的信任支持是我实施课程领导的基本保障，专业引领下的行动研究是我实施课程领导的核心途径与策略。从整体来说，我五年来的工作内容既包括课程领导的核心内容（学校课程规划与建设、课堂教学改革、促进教师专业发展），又包括制定学校发展愿景、制定学校发展规划、提出学校办学理念、进行学校文化建设等教学实践改革的保障措施；既包括常规课程与教学的质量提升，又包括学校特色的创建发展；既包括改革方案的制定规划，又包括改革方案的启动、落实、反馈、评估和调整；既充分发挥专家型校长的课程领导力，又全过程关注教师和学生课程领导力的激发和支持。

具体来说，我的课程领导主要包括以下几方面内容：

一、明确学校办学理念，规划学校发展愿景

明确学校办学理念和规划学校发展愿景是校长领导课程的首要任务。办学理念是一所学校的教育哲学，是对学校任务、培养目标和培养方式的基本定位；发展愿景是学校希望能达到的一种理想状态。发展愿景能为学校的改革提供目标和方向，而办学理念则更多规范和指引朝向发展愿景的路径与策略。校长应该在了解学校发展历程、学校教师和学生的基础上，明确提出适合学校并能促进学校健康发展的办学理念与发展目标。可以说，学校发展愿景不是一个具体的目标抑或具体的计划，而是一个宏观的方向。①

校长在制定学校办学理念和发展愿景时，应在全校师生共同参与讨论中进行，同时也要听取校外其他人，比如家长的建议，综合参考各方的意见，由全校所有成员共同构建出学校办学理念和发展愿景，这样才能形成一种师生员工勠力同心的感情。成功的课程领导者不是把所有的任务一人包揽，而是把学校的发展看作领导团队的共同任务，校长个人只作为团队中的关键人物起作用。有了宏观的追求和相对具体的发展目标，学校的办

① 陈永明等：《当代校长读本》，中国人民大学出版社 2008 年版，第 37 页。

学定位就会形成，再加上学校的办学特色，一所学校就有了自己独特的生命力。①

我对青大附中课程领导的实施起源于对学校发展的定位和办学方式的思考。而且，难能可贵的是，王国利校长和我对学校发展有一个共同的理想：都想真正做教育，而不是仅仅办学校，不是做民办企业，而是把办学作为一种教育事业；都想把学校发展成一所既规范又有活力，既大气又有特色，既能满足当前社会教育需求又能可持续发展的学校，而不是追求经济利益、急功近利、片面追求升学率的学校。正是有这样共同的追求和教育理念，王国利校长才能始终充分信任支持我的研究和改革；正是有这样的办学理念和教育理想，才能引导我走在课程领导的正确道路上。而我进行课程领导的首要之事便是利用专业优势明确提出办学理念，科学规划发展愿景，并让广大教职工理解、认可和信奉，继而才能理解我、认可我、跟随我的一系列学校改革举措。

因而，明确学校办学理念和规划学校发展愿景既是我实施课程领导的前提，又是进行课程领导的首要内容。

二、课程规划与建设

毋庸置疑，课程规划是校长课程领导关注的重要内容。它是体现学校课程领导能力的核心要素，是学校可持续发展的基石，同时也是学校文化的重要组成部分。② 课程体系的规划需要对课程总目标进行细化，需要校长根据国家、地方和学校的三级课程目标，结合本校的实际情况进行课程规划和创新。在仔细分析国家和地方课程标准的前提下，对学校原有的课程进行调整，开发和完善校本课程。“以现在为基础，完善和发展学校的课程体系，让学生更加有效地学习，在把握现在的基础上展望未来。”③ 同时，

① 许苏、李霞：《教育领导案例及评析》，北京大学出版社 2010 年版，第 15 页。

② 房林玉：《作为场域存在的学校课程规划研究》，山东师范大学博士论文，2005 年，第 22—24 页。

③ 黄显华、朱嘉颖：《一个都不能少——个别差异的处理》，上海科技教育出版社 2003 年版，第 49 页。

学校的课程规划要体现学校的特色。课程作为学校特色的载体，要在校本课程方面体现出不同于其他学校之处，在“特别”的同时，还要注意避免盲目地进行校本课程开发，而应该以一种科学的方法推进学校的特色课程建设。所以，在课程规划过程中，要把国家、地方和校本课程作为一个整体进行系统性构建；要在分析现有课程体系存在问题的基础上进行针对性构建；要把课程文本、课程制度、课程运行和课程评价进行一体化构建；要在规划与落实、反馈与改进过程中进行创新性构建。

在课程规划与建设中，有一类特殊的课程需要特别关注，那就是潜在课程。潜在课程又称非正式课程、隐性课程、隐蔽课程。[①] 潜在课程不是正式课程的一部分，而是指在学校活动中正式课程或计划课程以外的部分。[②] 科恩布莱斯（C. Cornbleth）认为，正式课程以遵守民族思想和社会习惯为准则，潜在课程则涵盖社会、文化、经济等因素。[③] 而刘佛年认为，潜在课程既不是课内学科，也不是课外活动，而是“第三类课程”，即校园文化建设，它是通过整个学校环境、气氛、学校风气等影响学生，以此起到教育的作用。[④] 刘根平总结了三大类潜在课程：第一类是物质—空间类的潜在课程，主要通过校园整体规划和班级的设置等物质因素与空间环境的潜在关系影响学生；第二类是组织—制度类的潜在课程，主要通过学校的组织方式和学校制度对学生产生教育影响；第三类是文化—心理类课程，主要通过学校文化和学生心理等方面对学生产生影响。[⑤] 因此，结合上述研究，可以说，潜在课程就是学校文化的体现，这样的学校文化在潜移默化中影响着学校学生的成长与发展。从一定意义上，学

① 谢翌、李朝辉：《学校课程领导引论》，高等教育出版社 2012 年版，第 69 页。

② ［美］乔·布拉德利：《课程领导：超越统一的课程标准》，吕立杰等译，中国轻工业出版社 2007 年版，第 11 页。

③ Catherine Cornbleth: Beyond Hidden Curriculum，Journal of Curriculum Studies，1984（1）:29-36.

④ 刘佛年：《潜在课程论》，《人大复印报刊资料》1987 年第 4 期，第 13 页。

⑤ 刘根平、黄松鹤：《潜课程论》，沈阳：辽宁教育出版社 1992 年版，第 76 页。

校潜在课程开发的过程就是学校文化建设的过程，只不过两者的建设视角不同。

潜在课程的开发和设计不是没有计划的，也不是无法设计的。作为课程领导者，必须意识到潜在课程的重要性。一方面，潜在课程开发的成败是关系教学改革和推动课程实施能否顺利进行的重要因素之一。另一方面，要根据当前学生的特点，主动培养学生的情感、态度、价值观；有效地运用潜在课程中的积极部分，使学生置身良好的学习氛围当中。只有在全校师生有着共同的文化追求和价值取向，才能打造出有活力的学校。

实际上，课程规划到课程实施的过程集中体现了我的课程领导。我利用学术影响力让广大师生理解并认同课程规划；利用校长权力制定政策、采取相关措施启动课程规划，深入课程建设；基于专业能力保证课程规划落实的方向和质量；通过学校文化标示的创建、各项规章制度的建立、学校环境的系统建设、科研引领下课程与教学改革对师生进行积极的潜在课程影响。

三、指导课堂教学改革

校长课程领导的核心在于促进学生的学习、教师的专业发展，而能达成这一目标的主阵地在课堂，核心人物是教师。因为只有通过课堂教学才能真正建立师生之间的教学联接，完成知识的传授、能力的培养、情感的互动以及对学生自主性的激发。因此，如果不能对课堂教学环节进行指导、引导改革、促进完善，就不能真正地实施课程领导。

课堂教学最重要的是效益问题，而课程领导的目标之一就是要提升课堂教学效益。不同的教育观决定了不同的课堂教学追求，因此，首先要基于教育价值观和办学理念确定课堂效益的标准；然后从课前准备、课堂教学实施和课后延展等多环节提高课堂教学效益；最后，要全面考虑教师专业素养、管理组织策略、课堂教学模式、环境资源支持等多种影响课堂教学效益的因素，设计和实施提升课堂教学效益的规划。

我在青大附中课程领导的重点工作内容就是进行课堂教学方面的改革，

主要表现为单元核心集体备课的改革、竞争合作—主动愉悦教学模式的创新、作业情况调查与改进等，分别对应了课前、课中、课后三大环节，即围绕有效集备、有效课堂和有效作业这几个环节，开展了相关的理念宣传、模式构建、政策支持、跟踪指导和反馈调整。可以说，课堂教学改革和课程规划建设是学校办学理念的具体落实，共同构成了课程领导的核心内容。相较于课程规划建设而言，课堂教学层面的改革更为具体，也是我在青大附中花费时间和精力最多的事情。

四、激发教师和学生的课程领导力

古德莱德将课程区分了五个层次上的课程：观念层次、社会层次、学校层次、教学层次和体验层次的课程。其中，教学层次的课程指教师自己通过对课程的理解，规划自己的教学，在课堂上真正实施的课程；体验层次的课程是指学生真正体验到的课程。① 而且，在课程实施过程中，从观念层次到体验层次的过程会发生变化，再好的课程理念、再妙的实施策略都必须要经过教师和学生的互动才能产生作用。因此，教师和学生也是课程领导主体之一，要实现课程领导的效益，必须要激发教师和学生的课程领导力。

在规划学校课程的过程中，教师和学生都是参与课程规划的主体。因此，在课程规划的过程中要保证教师和学生的参与，并在课程规划实施过程中，提升教师自身的专业能力，培养其课程意识，使学生的兴趣得到最大限度的发挥。

教师不仅是课程资源的开发者和利用者，而且自身也是一种重要的课程资源。② 在学习、生活和教学的过程中，教师积累了丰富的经验，但这些经验大多是内隐的，教师自己很难意识到并利用它们。让教师意识到这一点，并从自身的经验创生出新的课程资源，将会对其自身的专业发展有着质的提高。因此，校长要充分认识到教师作为一种课

① 邓艳红：《课程与教学论》，首都师范大学出版社 2007 年版，第 5 页。

② 杨秀治：《教育学》，山东大学出版社 2007 年版，第 144 页。

程资源的重要性，关注教师的成长，帮助教师挖掘自身潜力，利用多种途径调动教师的积极性，利用各种课程资源激发教师作为课程领导者的能力。

建构主义教育观认为，学生不是空着脑袋走进教室的，他们在接受教育前就已经积累了大量的生活体验，他们有各种奇思妙想，看待事物有自己独到的见解。这些生活经验是构建新认知体系的基础。校长在开设学校校本课程、实施课程改革的过程中，要善于利用学生的生活经验，理解学生不同的思维方式，利用学生的个性差异丰富课程资源，让学生真正成为学习的主人，成为课程的领导者。

因此，在青大附中期间，我时刻注意培养教师的研究意识、反思习惯、课程理解能力和教学创造力，既要给教师理念的引领、改革思路与操作策略的讲解、政策的推动，又要给教师们更多的空间和个性自由，来激发教师的课程领导力。同时，利用课堂教学改革为学生提供自主发展的舞台，通过倡导自主合作探究教学方式，利用科技节等活动激发学生创新意识和主体意识，让学生也拥有课程领导的能力。

基于此，本书将首先关注相关理论研究，然后在理论指导下进行实践变革，实践之后再进行理性思考。整本书的框架是自序（介绍整个研究的背景）—第一部分（第一章）：课程领导概论，第二部分（第二章到第七章）是我在青大附中实施课程领导的具体内容：学校发展规划制定—学校文化设计与建设—学校课程规划—科技创新办学特色的创建—单元核心集体备课的探索—“竞争合作—主动愉悦”教学模式创生，第三部分（第八章）实践使命：一名课程与教学论研究者的反思，则是作为一个课程与教学论学者在课程领导行动研究之后的深刻反思。

为了本书的整体性，第二章到第七章都统一为“理论基础—改革背景—行动过程—理性思考”的写作框架。理论基础是以相关研究文献的梳理为主；改革背景介绍变革时的基本情况与诱因；行动过程则主要描述改革的过程、举措与成效；理性思考则阐述了通过行动研究之后我对该问题新的认识。

以上写作思路更好地体现了理论与实践紧密结合的特点。当然，实际过程并不一定先去查阅文献，有时是在改革之前借鉴经验形成行动思路，有时是在改革过程遇到问题时寻求文献帮助，有时则是在改革之后带着思考去看相关文章。

第二章

学校发展规划制定

青岛大学附属中学是一所民办初中，是青岛市华青集团（以华青集团投资为主，还有一小部分为其他企业和个人投资）创办，并且和青岛大学形成合作（挂名青岛大学附属中学，保证大学子女入学且学费减半）的一所初中学校。2003 年建校，2008 年 10 月，其第三任校长王国利上任之初，受青大附中邀请，我被大学委派做兼职副校长，开始了我长达 5 年的实践研究。

我到青岛大学附属中学兼职后，逐渐对青大附中深入了解，对该校的初步判断是：虽然已经在青岛市市南区基本确定了其办学水平高、升学率较为突出的学校形象，在生源方面初步实现了良性循环，招生日益火爆，但事实上，当时的青大附中距离优质学校的标准还相差甚远。因为我一直认为，一所优质学校首先应该是一所高分学校（没有好的教学质量怎么能谈得上优质），但一所高分学校绝不等于优质学校。

到学校上任之后，王国利校长多次与我交流关于学校发展的一些宏观问题，如民办学校定位、学校发展目标、办学理念、学校文化。在交流中，我愈发觉得我们的想法很接近，尽管王国利校长更多地凭借她的社会阅历、管理经验、对政策形式的把握和教育教学经历进行分析和判断，我则更多借鉴所学教育理论、所接触到的国内外先进经验，但我们的价值观、教育理念是高度一致的，因此许多关于学校发展的思路不谋而合，每次交流都很愉快，这也让我对这所学校的发展充满信心。相信王国利校长也正是通过这样的交谈，对我更加信任和支持。在多次交流过程中，我们逐渐形成了对学校定位与发展的几点共识，明确了学校发展的方向，在此基础上，我开始对学校发展规划进行了整体建构。

第一节　理论基础：学校发展规划的相关研究

在我国，虽然学校发展规划的说法早就有之，但该研究领域长期处于起步和探索阶段。20 世纪初至今，随着我国教育改革的不断深入，由以往强调学校管理向“学校领导”转变，“外控式管理”向“内控式”引领转变，[①] 学界对学校发展规划的研究也有了较快的发展，且在 2010 年，达到研究高峰期（中国知网年发文量达到 45 篇）。就研究领域而言，对学校发展规划的研究主要集中在高等学校和中小学教育机构，且以高校居多，就研究内容而言，可分为五大领域：基本理论研究、制定策略与技术研究、实施研究、评估与监控研究、个案研究。

一、学校发展规划的基本理论研究

学校发展规划起源于 20 世纪 70 年代英国的“学校效能”研究，意在通过教育权力下放，使学校享有更多的自主权，有力地推动校本管理促进学校发展，提高学校的效能。20 世纪 80 年代后，学校发展规划在西方获得了很大发展，并成为国际性项目，先后在爱尔兰、澳大利亚、新西兰、丹麦和美国等国家实施，形成了广泛的国际影响，在世界范围内得到推广。[②] 同时，学校发展规划也吸引了学术界的关注，对学校发展规划进行了日益细致的探讨。

英国的哈格里夫和霍普金是较早明确而系统地提出“学校发展规划（School Development Planning）”这一概念的学者，他们认为，学校发展规划是为了学校的发展、管理变化而采取的必要行动，是对学校发展过程进

---

① 田继忠：《学校发展规划：意蕴、制定与实施》，《教育学术月刊》2012 年第 5 期，第 57—59 页。

② 田继忠：《学校发展规划：意蕴、制定与实施》，《教育学术月刊》2012 年第 5 期，第 57—59 页。

行描述且更为规范化的一种解释，是施加给学校的一种具有创造性的革新方式。[①]《中 / 英甘肃基础教育项目——学校发展规划（指南）》中写道："学校发展规划是一个学校在未来三年内要达到的主要目标，既包括硬件方面，如校舍的新建、购置教学仪器设备和图书、配备课桌椅等；也包括软件方面，如教师素质提高、学生学习成绩的提高以及学校管理的改善等。"[②]另外，学者们认为，学校发展规划体现了学校管理理念的更新、系统的管理方法、持续行动的过程和注重主体性、关注内在发展等特征，[③]但有短、中和长期之分，稳定与跨越之分，国内与国外战略之分。[④]从目前中小学实践层面来看，学校发展规划主要有3年发展规划和5年发展规划两种方式。总的来看，学校发展规划就是以学校为本，立足于学校现状，对学校未来工作和发展进行的总体的、系统的安排，具有发展性（明确了学校的未来指向和归宿）、战略性（规定未来学校的走向和整体思考）特点。

学校发展规划所包含的内容并不完全统一。英国中小学学校发展规划以学校使命（Mission）、愿景（Vision）和目标（Aim）为基础，分为核心和辅助两个部分，核心部分包括：学校的课程、教师发展、学生辅导和训育三个部分；而辅助部分由招生、管理结构与方法以及物质和财力资源三个方面构成。[⑤]丹麦1991年出版的《规划、质量和学校管理规划》一书中，则梳理了学校发展规划九方面内容：严密的领导；管理；人事福利和发展；

---

① 楚江亭：《学校发展规划：内涵、特征及模式转变》，《教育研究》2008年第2期，第81—85页和第105页。

② 中 / 英甘肃基础教育项目领导小组办公室：《中 / 英甘肃基础教育项目——学校发展规划（指南）》2001年第3期。

③ 楚江亭：《学校发展规划：内涵、特征及模式转变》，《教育研究》2008年第2期，第81—85页和第105页。

④ 王祖林：《近十年我国大学发展战略与规划研究的进展与趋势——基于CNKI数据库期刊文献（2000—2010年）的梳理》，《现代教育管理》2013年第4期，第20—25页。

⑤ 王俏华：《英国中小学学校发展规划的内容研究》，《外国中小学教育》2008年第6期，第18—22页。

组织；处理冲突；学校发展；管理透明度；管理责任心；授权。① 而在我国，学校发展规划一般包括四个方面的内容：学校基本情况及分析、学校发展的整体目标及目标体系、学校发展的实践措施、学校发展的保障机制。②

有学者把学校发展规划的主要价值功能总结为四点：一是具有自主性（表明了学校自身的觉悟）；二是具有指向性（通过制定与实施，能够凝聚人心，达成共识）；三是具有紧迫性（发现学校面临的问题，全面而具体地了解学校在发展中最突出、迫切需要优先解决的问题，并找出解决问题的办法，明确学校今后发展目标任务）；四是具有可控性（通过制定与实施，可以加强学校与教育行政部门间的紧密联系与沟通，教育行政能够根据规划，合理地分配教育资源）。③ 还有学者针对高校发展规划指出：发展规划对于提升地方高校而言具有非常重要的作用，能够让地方高校针对自身的优缺点，做出长远的规划预测，在激烈的竞争中脱颖而出，④ 而且，发展战略规划在高校管理中起到重大的作用，包括引领作用、动员作用、凝聚作用和规范作用。⑤

二、学校发展规划制定策略与技术研究

学校发展规划的制定是一个系统策划的过程，它涉及学校当前和未来阶段性发展的多方面的内容。⑥ 学者们认为，学校发展规划的制定过程应

---

① 陈建华：《作为发展过程的学校发展规划》，《教育发展研究》2004 年第 11 期，第 14—17 页。

② 周庆华、何兆华、贺燕丽：《学校发展规划理论与实践研究的回顾与展望》，《陕西教育学院学报》2008 年第 2 期，第 17—20 页。

③ 田继忠：《学校发展规划：意蕴、制定与实施》，《教育学术月刊》2012 年第 5 期，第 57—59 页。

④ 梁芷铭：《新升本地方高校发展规划的重要性及其对策——基于国内外多所高校的经验分析》，《知识经济》2011 年第 20 期，第 128—129 页。

⑤ 赵鑫全：《试论高校发展战略规划：作用、问题与对策》，《黑龙江高教研究》2017 年第 12 期，第 75—78 页。

⑥ 谢利民：《学校发展规划的制定实施与评价》，《民主》2008 年第 4 期，第 20—22 页。

该体现学校领导及管理层对学校未来发展的新思考和新探索，而且应该端正和明确学校发展规划制定的目的，要真正为了学校的发展和未来，而不是为了应付检查。学校发展规划的策略和技术研究包括如何形成和找寻发展战略和规划、制定规划面临的问题研究、策略与技术要求、步骤与方法等四个方面。

学者们认为，在学校发展规划的目标制定时，应邀请校外专业机构参与规划的制定过程，从而增强规划的科学性和权威性；广泛的群众参与，增强规划的群众性和协同性。① 在制定学校发展规划时应坚持多方面目的追求：(1) 科学定位学校发展规划（目标应该体现相关利益者对学校的要求）；(2) 提炼和形成学校办学特色（梳理本校办学条件、办学历史和经验、办学宗旨，结合现代社会和现代教育的改革和发展）；(3) 建设和形成学校文化（追求学校特色文化）；(4) 落实学校发展规划实施的保障。② 如何寻找科学的发展规划呢？一般来说，战略规划应把长远目标和近期目标相结合，找准核心竞争力，明晰发展目标，抓关键问题，精心部署与谋划，这需要专门领导和组织机构来保障规划的落实和执行。有研究表明，战略的产生源于战略思维，形成战略思维应当系统地研究高校发展的历史、现实和未来，应当全面研究高校发展可能面临的外部变化和不利因素，研究高校发展的新生长点。③

有的学者总结了在学校发展规划的制定中难免会遇到的问题：(1) 规划价值取向不清，导致定位模糊；(2) 脱离学校实际而制定，缺乏发展起点的发展规划；(3) 目标选择不切实际，过空过大涵盖不全；(4) 遣词用句随意性较大，规划内容繁多而且琐碎；(5) 规划措施不具体，缺

---

① 张应强：《科学规划，强化实施，建设高水平综合大学》，《高等教育研究》2005 年第 4 期，第 57—59 页。

② 谢利民：《学校发展规划的制定实施与评价》，《民主》2008 年第 4 期，第 20—22 页。

③ 别敦荣：《论高等学校发展战略及其制定》，《清华大学教育研究》2008 年第 2 期，第 13—19 页。

乏操作性。[①] 针对这些问题，制定战略规划的基本策略和要求成为必然，应该科学定位，处理好“规模、质量、结构与效益”的关系，处理好改革、发展与稳定的关系，抓主要矛盾，突出学校特色和个性，做好校情研究（如学校的物理信息、数据信息和心理信息等）等。[②] 在了解问题和要求之后，可以从以下步骤进行规划制定：（1）学习科学理论，武装头脑；（2）调查研究学校情况，分析形势；（3）组建团队，制定方案；（4）分工协作，起草文本；（5）征求意见，反复修改；（6）遵循程序，批准下发。[③] 或从（1）确定发展起点：自我评估与诊断分析；（2）明确发展方向：描绘愿景，进行目标展望；（3）明确工作要点：确定发展要素，突出工作重点；（4）形成发展蓝图：学校发展规划文本的撰写以这四个步骤进行制定。[④] 另外，发展规划制定过程强调拥有广博的学识、更多丰厚的功底，更结合实际地研究新问题、总结新经验，以创作更符合我国国情的新校园。[⑤]

三、学校发展规划的实施研究

无论是学者还是一线管理者均认为，制定学校发展规划，其重要性并不在于拿出一个学校的“规划文本”，关键在于落实规划的过程，强调执行“过程”的操作，使规划的制定和实施过程成为统一发展目标，并用发展目标协调各方利益，指明前进的方向，统一成员的意志和行动，激发成员的

---

① 陈玉云：《学校发展规划制定中存在的问题及规避措施》，《教学与管理》2006年第34期，第8—10页。

② 王祖林：《近十年我国大学发展战略与规划研究的进展与趋势——基于CNKI数据库期刊文献（2000—2010年）的梳理》，《现代教育管理》2013年第4期，第20—25页。

③ 赵凤平：《科学制定学校发展规划刍议》，《大连教育学院学报》2012年第1期，第8—12页。

④ 田继忠：《学校发展规划：意蕴、制定与实施》，《教育学术月刊》2012年第5期，第57—59页。

⑤ 李李：《学校发展战略规划设计方法》，《中华民居（下旬刊）》2014年第10期，第244页。

积极性，增强群体的凝聚力的过程。[①] 要做好实施工作，应抓好以下环节：目标任务分解，制订行动计划；落实保障措施，明确职责分工；实施行动，反思创新；不断进行过程性监测与评价。[②] 当然，在实施发展规划过程中面临着"理性"规划与"非理性"实践、学校教育价值取向与教育外在要求、学校自主发展与传统管理模式等冲突。我们要正确看待和处理这些冲突，实践中，要使制定的学校发展规划成为学校的自主自愿选择，并以坚定的信念与持续行动来实施规划。[③]

四、学校发展规划评估与监控的研究

为了保障学校发展规划的有效实施与改进，在规划的执行过程中，有必要对实施过程进行监控和评价，以提高学校行动工作的科学性、正确性和有效性。评估与监控也有助于发现问题、诊断问题、解决问题，最终在保证学校发展规划对学校发展正向导引作用的同时，促进学校不断开拓创新性的工作领域。[④]

学校发展规划评估与监控主要从以下方面进行：一是要对学校发展规划目标的方向性和达成度进行评价，即判断在文本制定与实际实施中，规划的目标方向性是否符合党的教育方针，以及现代学校发展需求、学校发展实际，实施中目标的达成程度是怎样的。二是要对学校在实施规划中的创新与发展进行评估。[⑤] 一般来说，评价具体指标也可以设计为以下几个方面：(1) 学校规划目标实施的达成度；(2) 学校在实施规划中的创新与发

---

① 田继忠：《学校发展规划：意蕴、制定与实施》，《教育学术月刊》2012 年第 5 期，第 57—59 页。

② 田继忠：《学校发展规划：意蕴、制定与实施》，《教育学术月刊》2012 年第 5 期，第 57—59 页。

③ 贺菲、肖全胜：《学校发展规划制定与实施的困境》，《教育发展研究》2010 年第 2 期，第 51—55 页。

④ 谢利民：《学校发展规划的制定、实施与评价》，《教育研究》2008 年第 2 期，第 86—89 页。

⑤ 田继忠：《学校发展规划：意蕴、制定与实施》，《教育学术月刊》2012 年第 5 期，第 57—59 页。

展；(3) 学校在发展过程中对社会的影响和经验辐射情况；(4) 学校可持续发展的新规划的制定。① 当然，除了对学校发展规划的内容进行评估之外，从不同的视角对发展规划进行评估会反映不同的问题。如从学生发展的核心素养对学校发展规划进行评估，需将办学理念作为首要评估要素。看办学理念中是否体现了培养学生核心素养的理念，或者是否全面落实了以学生为本的教育思想。还要考虑学校能否根据学生发展核心素养体系，构建可理解把握、可实施操作、可观察评估的培养目标，能否聚集学生发展核心素养，科学设计学校课程，精心选择教育内容等。② 还有学者将创新发展、协调发展、绿色发展、开放发展、共享发展“五大发展理念”作为学校发展的指导思想，充分反映和融入学校发展规划评估之中，评估学校发展规划是否具备创新发展观念；资源配置的运行机制是否畅通、协调作用是否正常发挥；学校发展愿景和目标是否适度、师生成长通道是否畅通等；学校教育资源的总量是否扩大、是否提供了多样化的服务选择；学校优质资源是否均衡配置、科研成果是否得到了推广等。③

五、学校发展规划的案例研究

以具体学校发展规划为例，研究其发展规划制定与落实状况较为常见。如有专门研究发现哈佛大学等美国研究型大学的发展规划重视优秀师资和生源，关注学科建设，强调与社区的联系，注重人才培养从理念到具体实施方案的信息化、国际化和多样化并注意保持特色。④ 东北师范大学教育学部与鞍山铁东区 L 小学合作过程中，双方以合作制定、执行、评估学校

---

① 谢利民：《学校发展规划的制定、实施与评价》，《教育研究》2008 年第 2 期，第 86—89 页。

② 程艳霞、程国玺：《学校发展规划评估：学生发展核心素养的视角》，《教育测量与评价（理论版）》2016 年第 4 期，第 19—21 页。

③ 陈世广：《五大发展理念观照下的学校发展规划评估》，《教育测量与评价（理论版）》2016 年第 4 期，第 16—18 页和第 26 页。

④ 段江飞、赵伟：《四所美国研究型大学发展规划评述》，《中国高教研究》2003 年第 11 期，第 83—84 页和第 88 页。

发展规划的过程为基础，呈现大学与中小学如何以学校发展规划为基点和主线来开展学校改进活动。[①] 也有学者运用态势分析法（SWOT）分析了北京市某小学的学校发展规划，将组织内部优势（S）与劣势（W）、外部机会（O）与威胁（T）等看似独立的变化因素相互匹配起来进行综合分析，以使学校发展规划的制定和实施更加科学。[②]

总之，对学校发展规划的研究尽管内容范围广，涵盖面大，较为丰富，但也存在一些问题：首先，重复研究（对发展规划的重要性、作用及意义）即理论思辨研究、定性研究和宏观研究较多，创新研究、定量研究和微观研究较少。其次，实证研究中，典型案例不足，已有文献中，要么对偏远地区（如：甘肃省Y县小学、鞍山L小学）研究较多；要么对国外名望较高的学校研究较多（如：哈佛），导致样本代表性不足。最后，批判性和质疑性研究较少，大部分学者仅参与规划的制定，未参与规划的实践，仅从理想状态对学校发展规划抱有较高期待，却忽略了实践中的困难和问题。

第二节 改革背景：岛城民办教育调研与学校发展定位

一、对青岛市民办教育发展状况的全面研究[③]

2008年我申报立项了一项青岛市双百调研课题，即对青岛市民办中小学办学情况进行调研，到了附中后，我有了更好的调研平台。而且这项调查也成为对学校发展进行定位的重要依据。以下就是我对青岛市民办教育

---

① 唐丽芳、马云鹏：《大学与中小学伙伴合作的基点与主线：学校发展规划——以东北师大与鞍山L小学合作为例》，《东北师大学报（哲学社会科学版）》2013年第5期，第193—196页。

② 拱雪：《SWOT在北京市小学学校发展规划制定中的应用》，《基础教育》2010年第3期，第22—26页和第41页。

③ 以下根据笔者主持青岛市双百调研课题“民办中小学发展现状与策略研究”的部分内容改编。

的调研情况。

（一）从无到有，迅猛发展

我国的民办教育，最早可以追溯到古代的“私学”。新中国成立后，随着社会主义公有制的建立，私立学校开始关停并转，公立学校一统天下。十一届三中全会后，随着商品经济的发展和市场经济体制的确立和完善，人们的教育观念发生了深刻的变化，国家包办教育的局面逐渐打破，社会力量办学的积极性高涨，各级各类民办学校（当时称为私立学校），在沉寂了 30 多年后迅猛发展。

20 世纪 80 年代初期，青岛市总工会、市科学技术协会及其他社会团体恢复并新办了部分文化补习学校，对在职职工进行文化补习，继之又出现了以技能培训为主的培训学校，成为独立于公立学校的风景。至 1985 年底，青岛市区社会力量兴办的学校已达 68 所，但在 1993 年前，还没有一所正式的民办中小学学校。

1993 年 9 月，青岛市教育局批准的第一所学历教育学校——青岛白珊学校开学了，第一批 100 名小学生开始了解放后岛城历史上的首次私立学涯。在随后的几年中民办中小学异军突起，到 2000 年，青岛市民办中小学已增至 50 所。下面是根据青岛市社会力量办学网站和新闻网站统计的 2000 年来青岛市民办中小学数量的发展和变化情况。

表 2-1 2000—2012 年青岛市民办中小学数量的发展和变化情况

时间（年）	2000	2002	2003	2004	2005	2006	2007	2008	2009	2010	2011	2012
数量（所）	50	68	69	84	79	82	85	82 ①	82	76	71	64

从表中可以看出，90 年代中后期到 2002 年之前是青岛市民办中小学发展最为迅猛的时期，2002—2004 年发展也较快，增加了 15 所民办中小学，这与 2002 年前后《民办教育促进法》草案内容的公布及实行有密切关系，

① 另据青岛市教育局社会力量办学管理办公室公布的 2008 年青岛市民办中小学通讯录上有 98 所属于民办中小学，其中 44 所是中等职业学校。

随后进入了相对稳定期。据 2008 年的统计结果，82 所民办中小学中有小学 11 所、初中 16 所、普高 16 所、职高 39 所。学校总数和 2006 年相同，在学校分布比例上变动也不大，只是小学和普高减少一个，初中增加两所，职高没有变化。

但数据上的稳定并不代表民办学校发展的平稳，因为在 2002 年后，不断有新的学校产生，也有的学校倒闭或被停办。如青岛市 2004 年民办学校办学年检中，38 所学校被责令限期整改。7 所学校经整改验收达不到规定要求，予以警告或停办，74 所学校被停办。2007 年，25 所学校停止办学，3 所学校被限期整改，10 所学校停止招生。2008 年则有 32 所学校停止办学，9 所学校停止招生，4 所学校被责令限期整改。在这些被责令限期整改或被停办的学校中，就有相当数量的民办中小学。

（二）**建章立制、规范管理**

30 年前，社会力量办学几乎无章可循。随着社会力量办学的快速发展，出现了部分学校办学条件差、教学质量不合格、管理混乱等问题。为规范办学行为，1986 年 7 月，青岛市人民政府下发了《关于贯彻执行〈山东省社会力量办学暂行办法〉的补充规定》。之后，《青岛市社会力量办学学校（班）评估标准（试行）》《青岛市社会力量办学财务管理暂行规定》等相继出台。1995 年 11 月，市人大常委会审议通过了《青岛市社会力量办学管理办法》，这是山东省首部规范民办教育行为的地方性法规。此外，还出台了《青岛市社会力量办学学校审批规程》《关于进一步加强各类招生广告管理的通知》等一系列规范性文件，为青岛市民办教育初步确立了政策规范。

2001 年，青岛市教育局设立了社会力量办学管理办公室，加大了对民办教育的鼓励扶持和依法管理力度，该部门的职责包括：负责对全市社会力量办学机构的规划与布局调整、审批登记注册、机构办学水平的督导评估，负责已批准的全市社会力量办学机构的年检和常规管理工作、全市各级各类教育广告（含招生简章）的备案工作、会同有关部门进行全市社会力量办学的执法工作。

近几年来，青岛市在对民办教育办学情况进行的年检中，对民办学校的行政管理、教育教学行为、财务管理等情况进行严格检查，对存在问题的学校，根据其情节严重程度，分别予以通报批评、限期整改、停止招生或停止办学的处分。

青岛市教育局还特别重视民办中小学教育情况，多次对全市民办中小学的硬件设置情况、课程设置等方面进行全面检查。2006 年，基于青岛市民办教育发展的实际情况，市教育局决定暂停民办中小学的审批，用两年时间着力于民办中小学的内涵发展。

在业务支持方面，各市区教育局关注对民办中小学的业务引领。在业务上也像支持和引导其他公办学校一样组织区属各民办中小学参加各种专业活动，如每周的教研活动、学科中心组活动、假期的教师集中培训等。这对于加强校级教学交流，提高教师专业素养起到了重要作用。

在鼓励和扶持方面，青岛市出台了《青岛市社会力量办学学校奖励办法》等条文，制定了奖励制度。市里每年都举行民办教育工作会议，总结过去一年的工作，部署新的一年工作，对一年中表现优秀的先进单位和个人进行了表彰，青大附中就曾多次获奖。青岛市还定期举办民办教育负责人会议，往往通过专家讲座、经验交流和参观学校教育等方式，提高校长的认识，提高其全面办学管理水平。

另外，为展示民办教育办学成果和学校风采，进一步树立民办教育良好形象，青岛市教育局协同青岛市民办教育协会等方面，已经举办了多届青岛市民办教育展示会，展示民办教育办学成果，民办学校在教育教学方面取得的成绩，为民办学校提供了一个对外展示与交流的平台。

上述情况说明，政府一方面支持民办教育的发展，另一方面也逐渐加强规范化管理，确实体现了国家提出的“积极鼓励，大力支持，正确引导，加强管理”十六字方针。

（三）办学模式多样化，质量和社会声誉逐步提高

随着市场的需求不断变化和政策的大力支持，青岛市民办中小学办学类型和办学模式越来越呈现多样化的特点。从目前的青岛市民办中小学来

看，举办者或投资主体主要存在社会团体、民主党派、企业公司、公民个人等。办学模式也有民办公助、公办民助、股份制、公司企业办学、私立自办、中外合作办学等。

近年来，青岛市民办中小学非常关注教育教学质量的提高，为此，他们注重办学模式和管理模式的改革，主动适应市场经济发展需要，紧贴学生家长意愿，除了关心学生的学习，民办学校在德育、学生优良习惯养成方面都做了积极的探索。而且，民办中小学的努力很快有了收获，相当一部分民办中小学在升学考试、各种学科竞赛和各类活动中成绩优异，招生形势越来越好。越来越好的生源质量又给这些学校带来了更好的成绩，因此，一部分民办中小学出现了招生火爆的场面。如我到附中兼职的第二年（2009 年），家长为得到一个面试的机会，青大附中新生正式报名的前一天上午就开始排队，并一直在校外等待 20 多个小时，排不上号的家长也迟迟不愿离去，市政府迫不得已只得动用 20 多名警察整夜维持秩序，学校最后迫于社会压力，不得不扩招了一个班。

2007 年 4 月，青岛市教育局首次全面公示青岛民办中小学 2007 年秋季新学期起实施的收费标准，尽管与往年相比，不少民办中小学收费标准纷纷提高，但仍然没有阻挡住家长的报名热情，依然招生火爆，即使在 2009 年，招生也丝毫没有受到世界金融危机的影响。以青大附中为例，每年学费从 2003 年的 5000 元到 2008 年 8000 元、2012 年的 15000 元、2015 年的 19000 元。这种状况充分说明了青岛市民办中小学已经得到了社会各界的认可。

总的来说，经过十几年的发展，青岛市民办中小学教育无论从数量上还是办学质量上，无论从政策规范方面还是管理监督方面都有了长足的发展，取得了令人瞩目的成绩。民办教育也给整个教育界倾注了一股“活水”，已成为一项重要的朝阳产业，为青岛市的教育事业书写下了浓墨重彩的一笔。

二、青大附中学校发展的具体分析

青岛市民教育发展的良好态势给青大附中提供了很好的外部环境。但做好一所学校的发展规划最重要的还是对内部状况的深入分析。

（一）有利于学校发展因素的分析

1. 学校位置优越

青大附中位于青岛市东部的繁华地带，附近是青岛市政府和市南区政府、青岛大学及金融一条街的所在地，门前的燕儿岛路是通往奥帆基地的必经之路，学校周边中小学、幼儿园星罗棋布。从学校的周边环境来看，区域居民的文化素质和经济条件都不错，政府公务员、青岛大学教职工和金融系统白领阶层较多，附近原居民经济条件尚好，治安情况良好，是个办学的好地方。

2. 办学体制灵活

青大附中于2003年建校，是由华青（香港）发展公司（后归于青岛市城投集团）主要投资，经市教育局批准与青岛大学、育才中学三方合作，强强联手的民办中学。因为其办学地点在市南区，所以属于市南区管辖学校（2015年后划归市属学校），市南区是青岛市最发达的教育文化中心，市南区教育研究中心具有较强的教学指导能力，有一批市、省甚至全国名师，经常和这样的群体进行教研交流，快速提升了青大附中的教师业务水平。特别是育才中学加盟后，两校教研活动频繁，育才中学还专门派了一批骨干教师和干部进入青大附中，育才中学的优秀教研传统和教学文化对青大附中发展产生了重要影响。这种强强联手的办学举措使得青大附中站在了一个较高的起跑线上。

青大附中实行董事会领导下的校长负责制，董事们只监管学校的宏观运营，校长全权负责学校管理和教育教学。当时，除了我之外，校长、副校长都是经验丰富的，在大校名校管理工作上退休的，身体健康、精力充沛的老领导，是一个敬业爱岗、团结协调、有战斗力的领导团队。王国利校长经常开玩笑地说："我们这个班子比市组织部配备得都好"。

经过前后三任校长（王国利校长是第三任）及全体教职工的共同努力，建校几年来，已经先后评为"青岛市民办非企业单位""山东省先进民办学校""全国民办教育百强学校""中国（青岛）最具社会责任教育品牌"等二十多项集体荣誉称号，在青岛市民办学校中独占鳌头。华青（香港）发展公司正式划归青岛城投集团，在经济实力和发展前景方面有了更好保证；同时，随着我的到来，附属中学和青岛大学的联系日益加强，可以说，这些都有利于青大附中的进一步发展。

3. 师资队伍发展迅速

教师来源于全国各地（青岛是个吸引人的地方，所以其中不乏优秀人才），均为招聘制。办学之初，教师队伍不稳定，但经过几年积淀，师资队伍比建校初期有了明显的改变。绝大多数教师都是敬业爱岗、热爱学生、吃苦耐劳、脚踏实地工作的，因此教学成绩近三年一直持续上升，在市南区 11 所初中学校中名列前茅。2010 年统计，学校有教师 117 人，其中一线教师 97 人，研究生以上学历 2 人；本科以上 85 人，占 88%；大专 10 人，占 11%，任课教师学历 100%达标。其中，高级教师 6 人；中学一级教师 23 人；中学二级教师 37 人；从年龄看，50 岁以上 6 人，占 6.2%；40 岁以上 13 人，占 13.4%；30 岁以上 52 人，占 54%；30 岁以下 26 人，占 27%；男 25 人，占 25.8%，女 72 人，占 74%。教师队伍结构总体合理，基本上满足了教学的需要。有 20 多名教师的论文在全国、市级、区级发表或获奖。有 3 人担任市南区学科中心组成员。可以说，建校以来，教师队伍群体素质提升较快且有较大升值空间。

4. 生源情况较为优质

青大附中是民办学校，2008 年学费为每年 1 万元（2020 年为 4.2 万元 / 年）。我到青大附中任职的时候，已有三届学生毕业，每届均取得优异成绩，得到了市、区教育主管领导的表扬，社会各届的广泛赞誉和家长、学生的认可。所以，很多家长明知学费昂贵，仍舍近求远，千方百计把孩子送到青大附中上学，学校也招收了一批基础和素质相对较好的学生。之所以说学生基础和素质较好，主要有三点，一是在义务教育阶段免收学费前提下，家长们能把孩子送到青大附中上学，本身就体现出家长们对子女教育的重视；二是学生家庭经济条件优越，大都从小就受到了较好的教育，好多来报名的同学都拿着一大摞证书，像钢琴、英语、科技活动等，好多学生自小就上着众多兴趣班、特长班和辅导班；三是孩子家长中高智商、高学历、高能力的多，成功人士多，所以，大多学生遗传素质较高。到校之初，我曾利用家长会机会，对学生家长的情况进行过一次摸底，从初一到初三年级各 1 个班进行了抽样调查。发现学校生源情况较好，家长的学历较高，家庭教育背景和经济条件较好，对孩子成长发展的期望值很高，大部分家长能积极配合学校的教育。以家长学历为例，3 个班学生父母 252 人，其中，博士 1 人占 0.4%，硕士 10 人占 3.97%，大学本科 120 人占 47.62%，大专 61 人占 24.21%，高中 38 人占 15.08%，初中、中专以下 16 人占 6.5%。这个学校的家长学历水平比很多学校的要高很多。

（二）学校发展不利因素的分析

1. 教师队伍中领军人物少，教研氛围不够，规范意识不足，依然存在不稳定因素

建校伊始，教师队伍建设非常重要，所以学校在教师选聘方面很重视，选拔的教师大都是有一定教学经验、有过公办学校教学经历的教师。经过几年的优胜劣汰和不断补充，教师队伍整体水平也在不断提高。但是，由于毕竟是刚刚起步的民办学校，而且也没有吸引特别优秀人才的政策，所以，青大附中教师队伍中缺乏特别突出的领军人物。

民办学校教师管理体制与公办学校不同，教师的工资待遇与职称没有关系，只与教师的岗位、工作量和校龄有关，这在一定程度上改变了公办学校工作量和酬劳不成比例，职称问题打击教师工作积极性的状况，表现出民办学校机制的特有活力。但因为对职称愿望降低，也造成了教师专业发展意识，特别是研究意识较弱，对于开设公开课、参与教研活动、参与课题研究、撰写教研论文等教科研工作缺乏热情，所以整个学校的教科研工作还处于一个较低水平。

由于教师们来自四面八方，原来各自的单位对教学有不同的要求，而且有一部分教师没有公办学校的教学经历（来自教育培训机构、私立学校或无教育教学经验），而学校建校初期主要精力放在抓教学成绩方面，在教学规范管理方面不是很重视，所以在日常教育教学管理方面还存在一些问

题，如有的教师基本的课堂教学程序不规范，班级间作业布置差异较大。王国利校长曾形象地比喻，青大附中过去是一支游击队，近几年开始逐渐向正规军改变。

我刚到青大附中的时候（2008 年），学校的师资队伍还不够稳定，教师工资待遇还达不到公办学校平均水平，每学期末除了因表现不佳学校辞退的，也存在各种原因的教师主动流失现象。特别是 2009—2011 年，由于公办教师招聘条件中放宽了年龄和毕业派遣期两年内的限制，连续三年都出现了多名骨干教师考录公办学校的情况。因此，保证教师队伍的稳定性，吸引和留住优秀教师，是青大附中需要迫切解决的问题。

2. 学生中攀比意识严重，德育工作亟待加强

正像前面分析的那样，青大附中学生整体学习基础和基本素质较好，家庭教育、经济条件、家长素质等多方面均让很多学校羡慕。但由于官二代、富二代比例较高，学生群体中攀比风气比其他学校表现更为突出。学生热衷于比谁的爸爸官大，比谁家钱多，谁旅游的国家多，谁的日常消费高档，还有的学生炫耀别墅豪宅、名车豪车。虽然学校统一的校服使得学生失去了穿衣的攀比，但书包、文具、鞋子方面的炫耀却难以控制。这种不良风气已经严重影响了学生的学习氛围，影响了学生间的健康交往，影响了学校管理。

而在学生德育工作方面，青大附中还没形成成熟的体制机制，更缺少有针对性的举措。当时，学校还处在建校之初主抓升学率，无暇顾及其他的阶段。甚至还没有配备德育副校长，没有设置德育处等机构，缺少专门的德育工作人员。班主任主要关注学生学习问题，对行为习惯等方面投入精力不足，逐渐地，学生德育管理薄弱的问题从多个方面开始暴露。尤其是学生行为习惯养成和基本规范教育较弱，学生的文明礼貌习惯没有养成，好多学生遇到我不打招呼，甚至连路都不让；课间打闹现象很频繁，甚至自习课上经常听到管纪律的同学大声喊“闭嘴”的声音。

3. 学校制度建设还较为薄弱，学校文化尚未形成

由于建校时间短，基本是遇到什么问题解决什么问题，逐渐建立一些制度。学校规章制度还很不完善。即使写在制度手册上的，也往往是照搬其他学校的规定，并不一定符合青大附中的实际，特别是教师评价制度还很不健全；建校时间仅5年，学校刚刚渡过“求生存”阶段，在精神文化、制度文化、环境文化系统建设方面还没起步。学校的校训、办学理念只是从育才中学照搬过来的，没有在广大教职工心中得到认同。青大附中还没有提出自己的理念和目标；学校走廊、墙壁上仅有较为随意的几张名人肖像，环境文化缺乏设计。也正因为缺乏学校文化，没有共同的价值追求，学校各项工作往往比较被动，甚至有些工作仅仅以解决问题为目的，缺少主动预判和长远规划。

4. 课程教学仍比较传统，学校缺乏办学特色

虽然学校已经按照青岛市基础教育课程实施方案执行，但地方课程还不能有效实施；虽然已经开设了10多门选修课，也取得了一定成果，但还存在对选修课不重视、开课缺乏整体规划、教学检查督导不够等问题。学校课程和育人目标之间没有意识建立连接，课程育人功能尚未凸显，整个课程结构需要进一步优化。

在教学方面，绝大部分教师教学认真，但教学模式陈旧，很多课堂存在满堂灌现象，不能充分发挥学生的主体作用；课堂提问匆忙，无法展示学生思维；对后进生关注较少，难以调动他们的学习兴趣；对教材依赖严重，大部分教师还处在“教教材”水平。这些现象造成课堂效率不高，离学校“优质低负”的办学宗旨还有一定差距。

2008年的青大附中中考成绩已经名列市南区甚至青岛市初中学校前列，篮球、管乐团等项目成绩也还不错，但是，青大附中并没有在人们心目中形成一个鲜明的形象，特别是作为一所大学附属中学、一所民办名校应该具有的形象，因而也称不上岛城名校。一方面是因为建校时间短、综合实力较弱，另一方面是因为还没有形成自己的办学特色。

（三）形成办学理念的共识

到青大附中之后，我和王国利校长交流了很多对教育的基本看法和办学的基本思想，每次都感觉理念一致、彼此认可。当王校长问青大附中与

我心中理想学校的差异时，记得我在认真思考后是这样坦诚回答的："一所优质学校应该是有责任的，要以培养适应未来社会发展的、能承担社会责任、全面发展的人才为目标，而不只是简单追求教学成绩和升学率，青大附中应该要追求规范化和高标准的发展；一所优质学校应该是有灵魂的，要在文化符号、政策制度和环境建设等方面体现办学价值追求，并在潜移默化的浸润中实现文化育人，我们的学校文化建设亟须加强；一所优质学校应该是有活力的，要给学生创造美好的校园生活，琅琅的读书声、欢快的笑声、丰富的文体活动都应该成为学生的成长记忆，但目前我们的学生活动与管理问题很多；一所优质学校应该是有创新的，管理者和教师能发现学校办学各环节的问题，以研究者的身份去思考和变革，可当前我们还缺乏研究意识和创新意识，我可以引导学校走科研兴校之路；一所学校应该是有个性的，不要人云亦云、见风使舵，应该基于自己的教育理念、根据自己的办学基础确定个性化发展目标，走特色化发展道路，我们学校应该好好发挥民办学校的管理机制灵活的优势，形成自己鲜明的办学特色。"王国利校长听了非常认可，夸我的思考很深入，并且补充道："我觉得还有两点，一是要关注学生全面发展，不能只重成绩，我们的生源家庭条件很好，但攀比现象严重，学生德育是一定要加强的。二是教学质量始终是我们的生命线，提高教师队伍素质，改革教学方式，走优质轻负的道路而不是猛布置作业、死拼成绩。"

在不断的交流研讨中，王国利校长和我对学校未来发展逐渐形成了以下共识：

1. 无论是从青岛市民办教育的发展态势，还是青大附中的办学基础分析，青大附中具备了成为青岛市民办学校龙头的条件，学校要有更高的追求。

2. 一所优质学校的标准必须包含升学率高，特别是民办学校，这是生命线，但仅有教学成绩好绝不能算作好学校，应该追求学生全面发展、追求学校全面发展。要走内涵式发展道路，靠综合实力发展，目前青大附中还没有达到这个要求，这将成为未来学校总的发展方向。

3. 民办学校拥有不同于公办学校的运行机制和管理体制，在发展过程中要扬长避短，走自己的路。要更加关注家长学生需求，要有吸引学生的特色，要有更好的服务意识。金杯银杯不如老百姓口碑，要真正办老百姓满意的教育。

4. 德育管理、教师队伍和课程体系建设是学校稳定发展的基础，学校特色、文化建设和教学教研改革是学校创新发展的核心。

也正是有了这样的共识，在随后的几年中，王国利校长才能全力支持我进行了一系列的改革和创新。这种共识集中体现在学校办学方针的提出和学校三年发展规划的制定过程中。

第三节　行动研究：两次制定学校发展规划

一、首次制定学校三年发展规划

（一）制定过程

我到青大附中之前，只是听说过学校发展规划和教师专业发展规划，但并没把这种规划制定当成一件十分重要的事情，总觉得里面形式和应付的成分较多。所以，在 2009 年，第一次做青大附中三年发展规划的初始阶段时，并没有特别重视学校发展规划和教师专业发展规划。

当时，市南区教体局发下来一个较为复杂的模板，包括办学情况分析、发展思路、发展目标、具体各项工作分解指标、重点任务以及保障措施等。办公会上，王国利校长强调了学校发展规划的重要性，针对模板内容进行了分工，并指定由我进行整体构思和统稿。按照王国利校长的时间安排，各位副校长和中层干部负责写的发展思路和方案陆续交到我手上，上交材料中有的写得详细，有的写得粗略，基本都是围绕着一些常规工作做的计划，看了之后对我的整体规划并没有太大启发。王国利校长是最后给我的，她写的是办学情况分析部分，等读完她的这一部分时，我开始重新审视这个任务了。因为我发现，王校长写的办学情况分析，绝不是应付上级任务，不是常规材料的堆砌，而是经过了深度思考，认认真真去总结反思以往办学情况，实事求是且带有个人观点地分析现有办学状况的，有很多指导学校发展的重要观点和创新思路。受王国利校长文稿影响，在对青岛市民办学校全面调研和学校前期深度调研基础上，我开始在全面阅读和思考的基础上认真进行撰写和统稿。

在统稿过程中，我发现各位领导在规划撰写中思路并不统一，水平差异较大。有的干部写的只有笼统想法，缺少具体策略、目标和标准，规划显得空洞；而有的干部写的多是具体工作，更像学期计划，零散、琐碎，没有主线，缺乏系统规划；有的规划目标过于超前，有些夸夸其谈、不切实际；而有的规划太过保守，缺乏发展意识和创新精神。所以，我建议先要对学校发展规划进行一次集体研讨，基本统一思想后再来写。王国利校长采纳了我的建议，办公会上再次进行了专题研讨。

研讨会上，我介绍了全国范围内民办教育的政策和形势、优秀民办学校成长的案例以及对青岛市民办学校发展现状的调研成果，对学校三年发展规划制定的意义、价值和制定策略再次进行了解读。王国利校长则谈了对学校未来发展的一些思路，然后对分管领导和中层干部撰写学校三年发展规划提出了更高的要求。这次研讨效果很好，大家对目前学校的优势劣势，之前办学的成功与不足，未来三年学校的定位和发展总目标，为完成总目标需要做的各项工作及其它们之间的关系，最终要达到的具体目标，各项保障措施作用有了一个整体认知。会上明确把2003—2006年总结为学校“求生存”阶段，2006—2009年总结为学校“求发展”阶段，2009—2012年明确为学校“求飞跃”阶段，把“抓特色”“做品牌”作为学校提高办学水平的重点。同时，明确为实现这一目标，必须坚持“科研引领、优质轻负、守正出奇、自主多元”的办学理念，以教育科研为引领，以“课程领导”改革为核心，以教师队伍建设为着力点，以科技创新教育为特色，以提高校本教研效益为增长点，以制度建设为保障，以和谐促发展，以质量铸品牌，走内涵式发展之路。

再次修改上交的规划稿较之上次有明显改进。在此基础上，我又对各方材料进行了整合，对规划主线进行了梳理，形成了青岛大学附属中学三年发展规划初稿。

王国利校长对学校三年发展规划非常重视，不仅再一次召开学校办公会，让我进行全文解读，征求意见，进行了再次修改，而且专门召开了学校教师代表大会，由部分教职工分组学习和专题研讨三年发展规划，特别是对三年发展规划有疑问、有异议的地方在大会上提议复议，在此基础上，我根据教代会意见进行了第三次修改。上报市南区教体局征求意见后我又进行了第四次大的修改。（除了以上四次修改，与王国利校长沟通中和统整全文过程中还有很多次小的修改）。

（二）青大附中三年发展规划（2009—2012）的学校定位与发展目标

1. 学校定位

通过三年的努力，进一步确立本校的教育教学质量优势，在办学模式、学校管理、德育教学、教研师训、学生培养方面不断探索和创新，成为青岛市民办中龙头品牌学校，山东省知名民办初中学校。

2. 学校发展目标

（1）形成学校的鲜明精神文化："科研引领、优质轻负、守正出奇、自主多元"。即以教育科研引领学校可持续发展、教师专业发展和学生终身发展；倡导优质教育教学质量，减轻学生负担；在遵循教育规律、遵守学校规范、遵照学生身心发展规律的同时，积极倡导办学创新、教学创新和学生培养方式创新；强调办学模式、教学教研方式和学生发展的自主性和多元化。其中科研引领、守正出奇是一种办学策略和思维方式，而优质轻负和自主多元则是要达到的教育目标。（后面在学校文化建设一章将会详细解读）

（2）形成办学特色：以科技创新教育为核心，引领学生素质的全面提高。

（3）学生培养目标："现代君子淑女"。从性格气质来说，现代君子要正直诚信、谦虚好学、注重礼仪、豁达大气、自律自信、理想远大，现代淑女要知书达礼、端庄文雅、注重礼仪、温良贤淑、自尊自爱、秀外慧中；从知识与能力来说，要有较高的人文素养、科学素养和艺术修养，具备较强的综合实践能力和创新能力；从文化品性上来说，现代君子淑女既要了解和继承民族传统文化，还要认同他国文化、具有国际文化视野。

（4）师资培养目标：激发教师专业发展自主意识，养成反思习惯、培养研究能力，形成一支师德高尚、富有创新精神和研究能力、结构优化的新型教师队伍。

二、二次制定学校三年发展规划

（一）制定过程

“2009—2012 三年发展规划”在学校发展过程中发挥了重要作用，我对学校发展规划也有了更加深刻的印象。2013 年青大附中又开始了一轮三年发展规划的制定，有了第一次的经验，学校更加重视这次三年发展规划制定工作，不仅在市南区教体局布置任务之前早就开始进行讨论和思考，而且，本次还专门邀请了一个企业规划专业团队来帮助我们。

这个企业规划专业团队负责人是一位学生家长，他经常帮助海尔、海信等这样的大企业进行发展谋划，还经常作为嘉宾登上中央电视台等核心媒体。团队由多名成员组成，有专人负责数据采集、数据分析和整体设计等工作。当这位热心家长听说我们要做学校三年发展规划，就主动义务帮助学校。他们先后两次来学校给学校领导班子进行汇报，非常系统和专业地对国家教育政策，青岛市教育发展规划、人口结构、地理环境、内部实力、外部竞争对手等方面进行了全面分析，而且还配有大量的数据支持。虽然有的分析规划模式比较适用于商业机构，但这样专业的分析对进一步明确学校定位和发展思路有很大启发和帮助。

回顾过去的三年，确实是青大附中飞跃发展的三年：教学成绩持续进步，学生得到了全面发展；学校文化建设成果明显，精神文化、制度文化和环境文化已成体系；学校德育工作有明显进步，“同窗六比”和“现代君子淑女”德育目标深入人心；科技创新特色已经初步形成，科技节成为学校品牌；教师队伍整体水平提高很快，学科带头人队伍初步形成；单元核心集备逐步完善，竞争合作主动愉悦教学法走向成熟（以上内容都会在随后章节中具体呈现）。可以说，2012 年的青大附中已经站在了一个相对高水平的位置。那么，再一个三年青大附中应该是什么样子？这是摆在我们领导班子面前的、需要认真思考的一个问题。

经过充分的集体研讨和个人间交流，我们初步形成了一些共识：未来三年不宜开展较多新改革项目，而是把原来的多项改革项目（文化建设、德育体系、教学法改革、科技创新特色等方面）进行到底、不断深化和完善。同时，在保持学校教育教学水平高位稳定的基础上，争取实现品牌扩张。即要在“巩固扩大品牌”方面下功夫，将“品牌”战略作为今后三年的主要目标任务。在这样的基本共识下，我们开始了第二次三年发展规划的制定。

由于有了第一个三年规划的基础，第二次三年发展规划制定主要集中在对于不同改革项目的进一步完善和细化。规划初稿的形成仍然通过办公会研讨、相关干部提交分管领域发展规划、汇总再研讨等环节，然后召开教代会听取教师代表意见建议修改、上交市南区教体局反馈意见后再修改等多环节完善后形成。

（二）青大附中三年发展规划（2013—2016）的学校定位与发展目标

1. 学校定位

通过今后三年的努力，进一步确立本校的教育教学质量优势，在办学模式、学校管理、德育教学、教研师训、学生培养等方面不断探索和创新，成为青岛市龙头品牌，山东省一流、全国知名的民办学校。

2. 学校发展目标

（1）形成学校的鲜明精神文化。

青大附中从最初建校阶段的“人管人”，发展到第二阶段“制度管人”，学校管理已经有了很大变化，办学规范性有明显进步。但距离“文化育人”还有很大差距，学校文化建设需要凝练和升华。因为那时的青大附中已经发展为拥有初中、高中三个校区，2300多名学生，近200名教职工的大校了，要想得到更大的发展，就必须要依靠“文化育人”，形成浓厚的学校文化，才能使师生中一些不良思想意识、不良行为和习惯、不良的作风得以纠正。从而，在全校师生中真正形成优良的校风、教风和学风。学校要发挥好“兼合式”党支部和工会的作用，靠学校正确的核心价值体系引领，靠厚德载物、润物细无声的文化氛围，承载学校今后更大的发展。这是学校一项不可忽视的任务和软实力。

（2）形成学校浓厚的教学研究氛围，保持教学成绩的高位稳定。

教学工作在任何时侯、任何情况下，永远是学校的中心工作。要坚持抓好教学工作这个工作重心不动摇。要以科研引领学校的可持续发展，引领教师的专业发展，坚持“优质轻负”的课堂教学方向，倡导教师坚持“竞争合作—主动愉悦”教学模式，在此基础上创新出更有利于学生发展的教学法（详见第七章）。引导教师把创设有效课堂和培养学生能力、减轻学生负担永远作为自己主动研究的课题，保持教学成绩的高位稳定，“以学生为本”，创造出青大附中教学成绩不败的神话。开始提出打造“唤醒教育”新品牌。

（3）进一步坚持和发展科技教育办学特色，培养更多创新型人才苗子。

当时，青大附中已经成功举办了四届科技节，成为区、市、省和中国少科院的“科技教育示范基地”，初步形成了科技教育办学特色（详见第四章）。但是，我们认为，一个学校的办学特色不在于学校获得了多少荣誉，而在于是否能够长久地坚持下去，深入到学生的学习和生活中去，培养创新意识、创新思维和动手的能力，所以，今后要进一步坚持和发展科技教育办学特色，不仅要在更多的科技创新大赛中获奖，还要提高科技教育的普及性。

（4）全面提升教师专业素养。

激发教师专业发展自主意识，养成反思习惯，培养研究能力，在原有基础上，在专家的引领下，使青大附中教师队伍进一步成为一支师德高尚、富有创新精神和研究能力、结构优化的新的教师团队，有更多的教师进入省、市、区优质课教学技能大赛和优秀论文的获奖队伍。

（5）学生德育工作再上新台阶。

按照《国家中长期教育发展规划》中提出的德育为首、能力为重的原则，把德育工作放在学校的重要议程上，引导学生先做人，后成才。继续以培养“现代君子淑女”和“同窗六比”为抓手，开展具有青大附中特色的各种德育活动；办好家长学校，做好家校联系工作；发挥好团队组织的作

用，开展大量有教育意义的活动，力争在三年内进入德育工作的先进行列。（其他具体内容见附件）

第四节　理性思考：学校发展规划的价值与本质思考

通过两次学校发展规划的制定，我对学校发展规划的价值、本质及其制定与实施策略有了较为清晰的把握，对学校发展规划与学校、校长、干部、教师的关系也有了一些个人的思考。

一、学校发展规划的价值

做学校发展规划是市南区教育局统一安排的工作，在参加区教育局相关工作会议和进行学校发展规划制定过程中，我听到了有些学校老师、干部甚至校长的不少抱怨："做什么规划啊，平常工作还忙不过来，纯粹形式主义、浪费时间""规划——鬼话，写下来骗人骗己，有啥用啊""内容和格式要求这么严格，太费劲儿了，有必要吗?""换个领导啥都换了，做什么规划?"坦白说，在做两次规划之前，我也或多或少有以上这些想法，但经历两次三年发展规划后，我对制定学校发展规划的必要性有了新的认识。

1.促使校长全面系统思考学校未来发展

一位优秀的校长应该对学校发展的外部环境与内部状况、优势特色与困难问题、当前定位和未来目标、历史经验与改革举措有充分的认识，应该对学校发展的大框架有清晰的把握。但因为繁重而琐碎的日常工作，好多校长对以上问题只有零星的、模糊的、肤浅的、经验性的思考，缺乏在调研基础上全面、准确、深入和系统的思考。而制定学校发展规划就能促使校长全面系统地思考学校的未来发展。从这个意义上来说，制定学校发展规划绝不是空洞的、无用的形式主义，规划制定过程中的付出是值得的。因此，聪明的校长不会抵触学校发展规划，不会被动应付发展规划工作，相反，会特别珍惜这个机会，拿出专门的时间和精力，组织团队认真分析学校所处的内外环境，查找办学中的问题困难，明确学校发展思路和目标，同时，也借助学校发展规划制定过程，统一广大干部教师思想，建立学校发展的共同愿景，加强凝聚力和战斗力。

2. 帮助干部从事务性工作中抬起头来

学校发展规划制定过程不是校长一个人的事情，涉及招生、德育、课程、教学、科研、后勤服务、教师与行政管理、家校沟通、社区联络等多个方面。因此，在制定学校发展规划过程中，需要分管校领导、中层各部门都要基于学校发展宏观思路对自己分管的具体工作进行规划。在这个过程中，很多干部只关注分管具体工作，而对学校宏观发展思路把握不准，对其他相关部门工作不了解，不善于在学校发展大框架下思考分管工作的弊端就暴露出来了。制定和研讨学校发展规划的过程就是帮助这些干部从事务性工作中抬起头来的过程，从学校全局视角看待自己分管工作的过程，这有利于培养他们的大局意识、调动他们工作主动性、提高他们工作规划性和激发他们工作的创造性。

第一次制定学校发展规划时，校长曾经要求各中层干部都要把自己分管工作进行规划，但收上来之后我发现，所写内容要么是零碎的、具体的工作，要么是一般的工作思路和套话，既没有体现学校发展的宏观思路，缺乏和其他部门的同步性，也体现不出三年发展的前瞻性和发展性，往往是具体工作的简单重复或笼统描述。让我无从下手修改。而第二次制定学校发展规划时，中层干部上交的文本有了很大变化，全局性和具体性、连续性和层次性、常规性和创新性的结合体现较好，在格式上也比较规范，统稿时简单多了。和他们交流时也发现，每个人的工作思路和学校发展思路已经较好地连接在了一起。

3. 指导教师把学校和个人发展建立关联

在学校发展规划制定过程中需要广大教师知晓和发表意见，这也是一个统一广大教师员工思想，形成共同愿景的过程。通过学习讨论学校发展规划，可以让教师更全面了解学校发展中的优势和问题，更清楚地知道学校未来发展方向和思路，更好地把个人发展融入学校发展中。譬如，有的老师根据学校提出的三年内获得市级优质课、立项省市教育科研课题、培养区学科带头人等目标，确定个人发展目标；根据学校办学特色方向、形成的校本课程结构等描述中选择自己的重点发展领域。

我刚到青大附中任职时，教师队伍还不太稳定，每年都有几个教师（且大多为优秀教师）选择考公办教师或跳槽。于是学校不断完善各种奖励机制，提高教师经济待遇，加强教师培训和人文关怀，提升教师职业幸福感，做到“待遇留人”和“感情留人”。后来，在学校发展规划制定过程中，统一办学思想，形成共同发展愿景，描绘学校发展蓝图，也起到了“事业留人”的效果。到2013年第二次学校三年规划制定时，学校教师队伍已经非常稳定，在研讨学校三年发展规划时表现出来的主人翁精神和团队归属感已经与三年前不可同日而语。

二、学校发展规划的本质思考

1. 学校发展规划是进一步明确学校价值观的过程

一所学校的发展方向是由学校价值观决定的，而一所学校价值观则是由学校核心人物（一般为校长或领导团队）所决定的。因为有教育局及其相关领导部门的引导、监督与评价，所以，一般来说，公办学校价值观无须多虑。但在青大附中这样一所董事会领导下，校长负责的新建民办初中学校，其学校发展价值观的确立则非常迫切且事关重大。当时需要明确的几个大问题分别是更看重经济利益还是社会贡献，更注重全面育人还是考试成绩，是走向外延式发展还是内涵式发展？

青大附中是由原青岛市著名国企华青集团（后并入城投集团）为主投资兴办的学校，因此，盈利并不是青大附中办学的第一目标，在办学之初，当时的董事长张镇安就提出“用明天的眼光办今天的教育，用未来的战略做永恒的事业”的口号，反映了办学者的教育情怀和事业胸怀。与青岛大学和育才学校联合后成立的学校董事会则更多吸纳了岛城教育界精英，同时，学校聘请了在岛城二中、一中等名校执教和担任教学管理与党务工作的王国利担任校长，且赋予其学校管理与发展的最大权限。这些都决定了青大附中办学的眼界和定位，确定了走规范办学、高端办学的道路。

但是，这种学校发展价值观在教职员工心中并不明朗。因为，首先，全校教师来自全国各地，大多数并没有长期的公办学校经验，仅看眼前待遇，只比教学成绩是很多教师习惯的思维方式；其次，学校办学之初处于“求生存”阶段，家长对学校实力尚不能完全信任，教学成绩成为学校的生死线，狠抓教学成为学校必须要做的基础工作；最后，学校刚刚建立，各项规章制度尚未建立，学校文化导向并不明晰，各种文化标示并不健全，广大教职工无法清晰感受到学校的发展理念和思路。于是，青大附中借助制定三年发展规划，不仅明确了“不过分追求经济效益、不片面追求教学成绩、不仅仅重视硬件建设”，提出全面发展、规范发展、内涵发展、长远发展的办学思路，提出办社会和老百姓满意的教育，成为岛城民办龙头学校的办学目标，更有相应的各项工作举措阐释学校发展思路。通过学校发展规划制定与研讨过程首次清晰完整地表达了学校价值观。

2. 学校发展规划是基于当下描绘未来的过程

学校发展规划不是做一个学期或学年工作计划，而是基于当下描绘未来的过程。在这个过程中既要有对学校发展优势的全面把握，更要有对学校存在问题的精准分析；既要有对学校未来发展适度超前的理想谋划，更要有实现理想的各项工作的相对具体思路。既不能无视办学中的成绩，更不能逃避现实中的困难；既不能过于理想化，也不能毫无前瞻性；既不能全是宏观的描述、空洞的口号，又不能罗列太多常规的具体工作。整个学校发展规划就是一个现在与将来、理念与措施、宏观与微观的平衡过程。

在这个过程中，精确制定发展目标、全面分析学校现状是制定学校三年发展规划的前提。学校发展目标指出了前进方向和到达地点，指出的路线是否科学合理，确定的目标是否清晰可行影响着前行的动力和信心。为更好描述发展目标，还需要将学校发展规划分解为多个更为具体的阶段性目标，阶段性目标的合适定位与表述会让教职工增强对学校发展总目标的信心。学校现状分析（主要是查摆存在问题）则是起点定位，内外环境、优势、不足等是否分析全面，特别是存在问题与原因是否查摆清楚，决定了学校发展规划的可行性和针对性。两者之间相互关联，确定未来发展目标是基于对当下的判断，而对现状的分析判断（特别是对存在问题的分析）标准则受着未来发展目标的指引，阶段性目标则是联结二者的中介。

在分析现状和制定未来目标过程中，需要大局观、系统思维和超前意识。所谓大局观指的是在制定规划时要不拘泥于学校具体工作，而把学校发展放在整个社会发展趋势、国家政策法规变化、地域教育环境与需求等宏观层面进行思考。譬如我们在制定学校发展规划时就了解了世界范围内教育发展趋势，中国改革开放后民办教育政策演变，并全面调研了青岛市民办中小学发展现状。

所谓系统思维则是要全面考虑学校外部环境与内部优势、辩证分析学校发展的优势和短板、统筹兼顾学校方方面面工作，尤其是考虑到各个因素之间的相互关联、相互作用和动态变化。譬如，在规划学校发展规模有所扩大时，我们就要想到新教师招聘和学校硬件改造策略，同时必然需要加强教师业务培训，提升师资队伍整体水平，必然需要进一步丰富学校课程体系，满足学生发展需求。

所谓超前意识则指要基于教育发展规律和发展趋势，预判外部环境和教育需求变化，预见可能发展机遇和发展平台，预估学校发展速度和发展潜力，并据此作出当前不可能但未来有机会的计划。超前规划时要注意避免两类问题。一类是不尊重现状与规律，仅凭美好愿望，好高骛远、夸夸其谈、无的放矢。二是拘泥于当前状态，不敢展望、因循守旧、毫无创新。当制定具体的超前目标时也往往容易引发质疑。譬如，初次进行学校发展规划时，虽然当时尚没有教师获得市级优质课奖励，但基于学校已经加强教师专业培训、部分学科优势已经凸显，市区给民办学校教研比赛的机会越来越多的情况，以及争创民办品牌学校的追求，在教师专业发展部分中，我明确写上了“三年内要能有教师上省级优质课并获奖”的具体任务指标，但是在教代会讨论中，老师们普遍觉得这个目标不好实现，就按照老师们建议，改写为三年内争取市级以上优质课奖励。但实际上，在规划的第三年，就有两位教师执教省优质课，其中，一位音乐老师还获得了山东省优质课比赛一等奖的好成绩。这件事情让我觉得超前意识在学校发展规划制定过程中是非常有必要的。

3. 学校发展规划是指导学校具体工作的准则和纲要

系统构建学校发展策略是学校发展规划的核心内容，精准分析现状和确定发展目标都是为制定发展策略服务的，因为要从当前状态实现预设目标必须综合考虑多方面要素，全面统整学校各方面工作，制定一系列发展举措，并成为沟通起点（发展现状）和终点（发展目标）的桥梁。学校需要根据当前状态和确定的目标，主要规划发展思路、全局性策略、阶段性策略、重点工作和亮点工作策略以及具体的评价标准，最终形成发展策略体系。发展策略内容是否全面、主线是否清晰、特色是否鲜明、详略是否得当、达成标准是否具体可测都会影响规划的清晰度和可操作性。

由于是对已有办学情况全面反思，对各种内外部条件透彻分析的基础上，基于学校发展愿景确立的系统方案，所以学校发展规划往往是比较科学、合理、周密、到位的，可以在三年的学校发展中统整各方面工作，避免一些短视、偏差和不协调行为，始终保证学校健康可持续发展。也正因为三年发展规划制定过程深思熟虑，宏观思路阐述明确、具体目标描述清楚、各项指标细化到位。所以，随后我们的每学期工作计划和工作总结就变得简单了，就结合上级主管部门任务，根据三年规划来制定计划和总结就可以了。三年后，当再核对三年发展规划与各学期计划总结时，我发现两者一致性很强，各学期计划总结基本是三年发展规划的细化版本，而且一些具体任务和目标是超额完成的。这也让我感觉甚是欣慰，觉得自己当时制定规划时的心血和功夫没有白费，确实起到了指导学校发展的作用。

当然，学校实际发展难以在三年前就精确规划，因此，在三年规划执行过程中要根据实际状况不断反馈和适当调整。在制定过程中也会遇到有些具体工作或任务指标不好确定，这都是正常的，可以在办学过程中对目标、策略进行微调。

因此两次制定学校三年发展规划总的感受是制定过程需要付出深入的思考和细致的工作，但集体研讨过程比制定规划文本更重要、执行调整过程比制定文本过程更重要。同时，通过两次学校三年发展规划的制定，我对办学的整体理解提升了一个层次。

附件：第二次三年发展规划的项目、目标、阶段措施与成功标准

发展项目	目标	分阶段实施步骤及措施	成功标准和完成时间
办学模式探索	科研引领，守正出奇，系统规划，整合资源，形成依托高校、名校，加强国内外交流的开放式、特色化办学特色。	一、探索自主多元的办学模式。（2010.1—2011.1） 具体实施步骤：	
		1. 结合青岛市双百调研课题“青岛市民办中小学发展中的问题与策略研究”的开展，走访调研青岛市其他民办中小学和青岛市社会力量办学管理处，明确守正出奇、自主多元的学校办学思路。再次申报山东省教育规划课题“青岛市民办中小学发展策略研究”。	写成“青岛市民办中小学发展中的问题与策略研究报告”（2011.1） 申报立项山东省教育规划课题
		2. 充分利用和整合大学资源，在教师培训、教育科研、国际交流、小语种选修课特色、科技创新等方面形成特色。进一步加强和育才中学等省市名校联系；积极尝试国际办学合作。	和青岛大学师范学院签订合作协议；与国际交流中心形成稳定合作；参观青大现代实验室；和名校联合举办活动（2011.1）
		3. 加强科技创新类活动的力度，初步形成科技创新办学特色。	第二届科技节的成功举办，成为青岛市科技教育示范校、青岛市知识产权试点学校（2010.5）
		二、在办学体制、课程设置、学生培养等方面不断创新，抢占青岛市民办“高位”教育阵地。（2011.1—2012.12） 具体实施步骤：	
		1. 进一步稳定与兄弟院校的合作关系，特别是加强与国外学校的交流，形成国际化办学的雏形。	和部分合作单位签署友好合作协议（2012.1）
		2. 深化各种合作，不断丰富青大附中的特色课程体系，强化科技创新教育特色，逐渐走向不同于一般公立和民办学校的“高位”教育。	成为山东省科普教育示范基地（2011.9） 举办青岛市民办中小学办学经验交流研讨会（2012.9）

续表

发展项目	目标	分阶段实施步骤及措施	成功标准和完成时间
学校管理	科研引领，守正出奇，逐渐完善管理制度，加强管理队伍建设，充分发扬民主，在加强制度建设基础上追求文化治校。	一、形成具有民办学校特点的制度，统一学校发展思路。(2010.1—2010.5) 具体实施步骤：	
		1. 根据新形势下国家要求和学校实际，制定关于教学教研等各项奖励和违规事件惩处的规定。	形成青大附中奖惩规定文件（2010.1）
		2. 发扬民主，成立教职工工会小组，酝酿适合青大附中发展的有关规定，并在教代会讨论通过。	召开青大附中第一届一次教代会，讨论奖惩规定(2010.1)
		3. 集思广益，碰撞融合，初步形成学校三年发展规划并在教代会上讨论通过，形成学校发展的共同愿景。	召开青大附中一届二次教代会，讨论三年发展规划(2010.4)
		二、完善制度建设和组织机构，改革工资制度，建立青大附中综合评价体系，实现科学化的依法治校。(2010.5—2011.7) 具体实施步骤：	
		1. 加强调研，不断完善管理机构，有计划地对管理人员进行理论培训和外出参观学习，并为完善制度做准备。	送部分教师、干部外出学习
		2. 科学整理建校七年来学校制定的各项规章制度，把制度分为三类：学校常规类、本校特色类、综合评价考核类，并在教代会上讨论形成。	形成青大附中规章制度初稿（2010.10）和讨论稿(2010.12)
		3. 在制度试行基础上，深入调研，科学制定青大附中教职工综合量化考核机制，全面改革工资制度，完善精细化管理制度。	召开青大附中二届一次教代会，形成青大附中教职工综合量化考核制度初稿(2011.1)
		三、营造特色文化氛围、追求文化治校。(2011.7—2012.12)	
		1. 进一步明确学校核心精神文化，展开青大附中精神大讨论。	在全校范围内征集并形成青大附中校歌（2011.10）青大附中精神大讨论(2011.12)
		2. 以精神文化为指导，逐渐形成制度文化。	学校制度的进一步整理和体系化（2012.3）
		3. 进一步加强校园环境文化建设，突出环境育人功效。	校园环境文化的整体形成(2012.5)

续表

发展项目	目标	分阶段实施步骤及措施	成功标准和完成时间
学生管理与德育工作	科研引领、守正出奇，以课程开发意识开展德育工作，构建组织完善、内容科学、方式多样、效果显著的德育课程体系。	一、制定和阐释新的学生培养目标，建设稳定德育队伍，进行德育系列工作的课程化初步探索。（2010.1—2011.1） 具体实施步骤：	
		1. 根据我校实际和基础，提出新的学生培养目标，即“现代君子淑女”。采用各种活动对新目标进行阐释，使学生对“现代君子淑女”这一形象明确化和认同。	“现代君子淑女”教育主题班会、辩论会、征文比赛，“寻找身边真正的君子淑女”等系列活动（2010.5—2011.1）
		2. 建立政教处岗位责任制，达到“人人有事做，事事有人管”；建立德育例会制和德育巡视制度；学生组织健全并能及时调整，及时培训上岗到位发挥作用。同时加强班主任培训。	健全德育组织，启动班主任轮训（2010.5）
		3. 实施“十百千”工程，即学校“千”余名学生对学校中不文明现象进行查找；设立“百”名文明监督岗；选聘“十”名学生担任校长助理，协助校长处理学校的学生管理工作。通过“十百千”工程使学校德育达到新水平。	“十百千”工程（2010.3—2010.7） 德育达标检查达到A级标准（2010.7）
		4. 围绕学校纲领性课题，从“课程领导”观念出发，对德育工作内容与形式进行系列化开发的初步探索。	初步形成德育常规课程、大活动课程、环境课程等系列；从内容上形成循序渐进、适应各年级不同阶段的相对稳定体系（2011.1）
		二、总结经验，不断创新，进行德育工作课程化的深入探索。（2011.1—2012.12）	
		1. 加强班主任培训，有计划地储备、培养班主任人选，使其理论水平、业务能力得到提高，骨干班主任队伍进一步壮大。以更好地实施德育课程。	争创德育先进单位；实行班主任持证上岗制；在优秀班主任基础上评选明星班主任（2011.1—2012.3）
		2. 充分发挥学生在德育课程中的主体作用，形成较为成熟的自主管理制度。	校长助理、学生监督岗等机构制度成熟（2012.3）
		3. 精细化德育内容，逐渐形成具有青大附中特色的稳定而灵活的德育课程体系。	德育课程结构和内容的进一步清晰（2012.1）

续表

发展项目	目标	分阶段实施步骤及措施	成功标准和完成时间
常规教学	科研引领、守正出奇，在加强常规管理基础上，追求“有效集备”“有效课堂”和“有效作业”，逐步形成青大附中“单元核心课集备”“校本教学法创新”“分层作业”等教学品牌，继续保持中考成绩的市区领先位置。	一、完善教学管理制度，教学管理精细化，特别是加强集备活动有效性，教学成绩继续保持在区市领先。(2010.1—2011.1)	
		1.学习并落实市区教研室下发的各种教育教学文件，制定更为规范的教学常规。成立教学督导小组，加强对日常教学质量的过程监控，规范教师教学行为。	建立教师教学常规月总结制度；形成青大附中教学常规手册；成立教学督导小组（2010.9）
		2.开展优秀试卷评选，加强有效作业研究，建立学生作业记录表制度。	优秀试卷初评（2010.4）建立学生作业记录表督查制度（2010.9）
		3.规范教研活动和集体备课模式、精细单元核心课集备改革，规范集备流程，形成集备表格，推广可操作的集备程序。	成熟的单元核心课集备模式形成（2011.1）
		4.进行课堂教学反思的论文撰写指导，通过“视频反思课”推动单元核心课集备改革，提高教师教学反思能力。	“推门课”优秀率达60%以上（2010.9），形成全校教师的教学视频库（2011.1）
		5.支持扶持教师自主教学法探索，形成学校第一批优秀教学法。	评出校内的优秀教学法（2010.9）
		6.严格选修课申报、选择、监督、评价机制，进行校本课程专题讲座，出版第一批青大附中校本教材，并进行表彰鼓励。	出版第一批青大附中校本教材（2010.9）
		7.抓好毕业班教学调研，制定有效措施，实施分层辅导，保持高水平中考质量。	中考成绩保持市南区前列（2010.8）
		8.精心准备教学年会，展示单元核心课集备改革成果，邀请友好学校参加。	成功召开教学年会，打响单元核心课集备品牌（2010.10）
		二、打造有效课堂，开展作业改革，推出在区市有一定影响的教学法，并在校内推广。(2011.1—2012.1)	
		1.对评选的优秀成熟教学法进行校内推广，进一步打造高效课堂。	校内推广优秀教学法（2011.3）
		2.进一步完善单元核心集备操作流程和评价监督机制，提高其实效性。	完善单元核心集备改革（2011.10）
		3.进行有效作业的深入研究，总结有效作业经验，开展优质作业评选。	优质作业评选（2011.12）
		4.加强学校教育教学资源建设，一方面可以购入一些课件、视频、教具，另一方面不断积累老师们的教案、试题、视频。	建立试题库、视频库、课件库（2011.12）

续表

发展项目	目标	分阶段实施步骤及措施	成功标准和完成时间
		5. 针对中考政策变化，不断总结，继续保持中考优势。	中考成绩保持市南区前列(2011.8)
		6. 精心准备教学年会，展示校本教学法创新成果，邀请区内有关学校参加。	成功召开教学年会，打响“校本教学法创新”品牌(2011.10)
		三、深化各项改革，形成青大附中教学品牌，争取中考成绩的市内领先。(2010.1—2011.1)	
		1. 不断规范和精细教研活动和集体备课模式，落实有效作业，形成青大附中教学品牌。	争取在 2012 年中考中位于青岛市前列（2012.8）
		2. 召开教学年会，邀请市内的有关学校和领导参加，扩大学校教学品牌影响力。	成功召开教学年会，打响“专业引领下的课程领导”品牌（2012.12）
教研师训工作	科研引领，守正出奇，逐步形成理论引领与实践跟进相结合、模式创新与制度保障同行动、追求高效课堂与教师专业发展相统一。	一、各项教研项目启动与课题申报阶段。(2010.1—2011.1)	
		1. 邀请教科所专家进行课题研究专题讲座，组织申报省级以上课题。	争取获得省级以上课题 1 项，市级课题 1 项；开好课题开题会（2010.10）
		2. 设立教科研室专职或兼职管理人员岗位，建立健全教科研档案，讨论制定优秀教研组、优秀集备组、青大附中学科带头人评选与奖励条例。	聘任教科研室主任，各种教研制度出台（2010.10）
		3. 开展教学法专项研究课题并指导教师展开行动研究，评选出第一届青大附中优秀教学法，加大对成熟优秀教学法的推广和宣传，争取能出区级以上的研究课或公开课。	第一届青大附中优秀教学法评选；新闻媒体的报道；区级以上的研究课或公开课（2011.10）
		4. 进行有效作业的研究，对全校师生、家长进行问卷调查，撰写调查报告，提出整改意见并进行作业改革的初步尝试。	青岛大学附属中学学生作业调查报告（2010.1）
		5. 利用师院青岛市名师培养工程、结合校外参观和校本教研，进行师德教育和专业化训练，逐渐形成一支骨干教师队伍。	制定青大附中骨干教师培养制度（2010.9）
		二、以课题研究为抓手，全面展开教科研和师训工作。(2011.1—2012.1)	
		1. 组织和指导教师申报第二届青大附中优秀教学法专项课题。	青大附中第二届优秀教学法专项课题申报立项(2011.1)

续表

发展项目	目标	分阶段实施步骤及措施	成功标准和完成时间
教研师训工作	课题研究与教学改进相互促进的教科研工作格局，形成青大附中教科研品牌，建设研究型教师团队。	2. 对成熟的优秀教学法进行全校推广。	教学法宣传推广会暨课例展示研讨会（2011.10）
		3. 实施优秀教研组评选与奖励办法，评选第一批优秀教研组。	评选第一批优秀集备组（2011.10）
		4. 进行课例教案撰写专题讲座，鼓励教师进行单元核心课集备的反思。	第二本教师论文集——单元核心课集备与教学法创新专辑（2011.9）
		三、总结成绩经验，形成青大附中教学教研特色。（2012.1—2012.12）	
		1. 围绕课题研究不断积累材料，总结经验，编辑出版课题结题报告，为课题结题做准备。	出版课题结题总报告（2012.9）
		2. 评选第二届青大附中优秀教学法，打响“专业引领下优秀教学法的校本创生”品牌，争取开全市范围内的展示，继续扩大学校影响力。	教学年会暨课题结题成果展示会召开（2012.9）
		3. 在校本教研中不断促进教师专业发展，提高教师队伍的师德水平和专业化素养，在骨干教师群体中培养学科带头人。	评选青大附中第一批学科带头人（2012.10）

第三章

学校文化设计与建设

实施课程领导的前提是要统一思想，形成共同愿景。而学校发展规划仅仅是一种外在的目标任务，要让全体教职工从内心理解和认同，还应该要着眼于学校文化建设，这也是我的主要分管工作之一。基于对文化和学校文化的深入思考，从学校现状和改革发展需要出发，五年来，我对青大附中学校文化进行了系统的规划设计和逐步建设。

第一节　理论基础：学校文化建设的相关研究

一、什么是文化

“文化”一词是迄今为止使用最为广泛但又最有争议的概念之一，我们每个人几乎都会在一些场合提到、听到和看到“文化”二字，如中国文化、西方文化、传统文化、现代文化、都市文化、乡村文化、海洋文化、内陆文化、茶文化、酒文化，传承文化、创新文化、营造文化、建设文化等。但如果能留意或者深入思考一下，您会觉得对“文化”这个词好像明白又好像不明白，您会发现说者和听者可能所想的完全不同，就像阅读莎士比亚的作品一样，一百个人会对“文化”产生一百个理解。“文化”概念的复杂性曾经令许多大师也感到费解，伽达默尔说：“也许我们知道文化和自己息息相关，然而倾自己之所知也不见得足以讲出文化是什么。”[①] 我国学

① 丁恒杰：《文化与人》，时事出版社 1994 年版，第 50—51 页。

者钱钟书先生也曾戏言："你不说我还清楚，你越说我越糊涂。"① 甚至，法国学者埃尔产生过悲观的想法："企图或者声称给文化概念确定范围是徒然的。"② 可见，文化概念具有多义性、模糊性、争议性。而很多关于"文化"的论著之所以让人云里雾里，也正是因为还没有让读者明白他所论述的"文化"是什么意思，就开始广征博引"文化"，大谈特谈"文化"。

在中国古代文献中，"文"与"化"同时出现在一起，较早见于《易·贲·象》："观乎天文，以察时变；观乎人文，以化成天下。"西汉以后，"文"与"化"才合成为一词，如汉代的刘向在《说苑·指武》中曰："圣人之治天下也，先文德而后武力。凡武之兴，为不服也；文化不改，然后加诛。"晋束皙的《补亡诗》中云："文化内辑，武功外悠。"等等。可见，在我国古人那里，"文化"一词主要指内在的东西，强调人的内在的教养、德行及其与之有关的事物，基本上是一个与天（自然）、武力、外表相对的概念，它具有明显的"文治教化"之意。

在西方"文化（Culture）"一词来源于拉丁文"Cultus"，原义是指人对土壤、土地的耕耘、加工、改良以及对植物的培育，也是一个与自然基本对应的概念，但与中国古代的文化含义相比，其内涵主要指经历了人力改造的外在事物。

值得关注的是，"文化"一词在近现代的使用中被人们不断引申和改造，出现了复杂、多层次的转义。

在近代，给"文化"一词做出明确定义的首推英国人类学家爱德华·伯内特·泰勒（Edward Bernatt Tylor）。1871 年他在《原始文化》一书中，对文化作了如下规定性的描述："从广义的民族意义上说，文化或文明是一个复杂的整体，包括知识、信仰、艺术、道德、风俗，以及作为社会成员的

① 郑金洲：《教育文化学》，人民教育出版社 2000 年版，第 1 页。

② ［法］维克多·埃尔：《文化概念》，康新文等译，上海人民出版社 1988 年版，第 8 页。

人所具有的其他一切能力和习惯。”①

泰勒的文化界说影响了以后的许多学者，他们分别从不同的学科、不同的角度，以不同的方法对文化现象进行了归纳和概括，从而出现了许多不同的文化定义。据美国人类学家A.L.克罗伯与C.克拉克洪统计，1871—1951年间，在世界上的正式出版物中关于文化定义就有164种。而据我国学者郑金洲的统计，当前学术界的文化定义已有310余种。②

尽管界定的方式和语言各异，但对文化存在如下共识：(1) 文化是与自然相对的概念，是人类创造活动中产生的。(2) 文化不是个人的所有物，而是具有社会性，是一个群体概念。文化是“类”的存在物，是人类“类”的生活的结果，③而且文化离不开特定的时间和空间，离不开社会支撑物。(3) 文化是复杂的整合体，不论对文化组成有怎样的解释，但都认为文化有不同要素构成，且各要素间有内在的关联。

二、学校文化内涵与功能

“学校文化”首先是由美国学者华勒（Waller. W）于1932年在其《教育社会学》中明确提出并使用的，他指出“学校文化形成的来源之一是年轻一代的文化，其二是成人有意安排的文化。前者是由学生群体中的各种习惯传统、价值观念以及受影响而产生的情感心理和表现行为等构成。后者则代表了教师的成人文化，由教师群体的各种习惯传统、规范准则、价值观念和心态行为等组成”，是“学校中形成的文化”④。随后，诸多学者从不同视角提出了各自的见解。具有较大影响的是皮特森（Kent D. Peterson）对于学校文化的解释，他认为学校文化是由一套规范、价值观、信仰、仪式、符号和行为等因素构成的有别于其他学校的独特性，也正是这些没有

---

① ［英］爱德华·泰勒：《原始文化》，蔡江浓译，浙江人民出版社1988年版，第1页。

② 郑金洲：《教育文化学》，人民教育出版社2000年版，第2页。

③ 马克思：《1844年经济学哲学手稿》，人民出版社1979年版，第50—51页。

④ 范国睿：《多元与融合——多维事业中的学校发展》，教育科学出版社2002年版，第205页。

明文规定的因素随着时间的推移，使全校教职员工、学生以及家长共同解决问题，一起迎接挑战且面对失败。① 班克斯（Banks）提出，学校是一个有自己文化的社会组织。学校文化是由“规则和标准，社会结构，归属声明，价值观和目标”等组成。他指出，学校文化表明了对学生的一些基本问题和具体问题的态度，包括学校如何对待学生，男学生，女学生，以及来自不同宗教信仰和文化、种族和族裔部落的特殊学生。② 美国学者布鲁克韦尔、考勒曼和麦克顿等从社会学的角度，采用结构—功能主义的观点，以工具理性的实证主义方法论为基础，将学校视为一个社会系统，分析这一系统的结构和功能。他们认为：“学校文化是由学校特有的价值、规范、传统、行为模式等构成，具有社会控制和社会化的功能，限定了教育内容，强烈地影响教师和学生的行动。”③ 但20世纪80年代初，结构—功能主义的研究取向受到了严厉批评，研究方法出现了现象学、解释学、民族志等。1985年出版的《组织文化与领导力》一书，标志着埃德加·沙因组织文化学派的创立。虽然他主要提出了关于企业文化的发展、功能和变化以及构建企业文化的基本理论④，但其理论为学校文化研究提供了重要的方法论基础和研究思路。后期学者们对学校文化的研究基本上遵循这样的研究框架，即先建构学校文化的概念，再研究学校文化的形成、功能、可以解决的问题，用学校文化解释个体心理并通过扩大文化事业来解决一些复杂的社会问题，最后强调学校文化与学校领导的关系。总体而言，西方学者注重将学校文化看成是由全体师生共同创建的规范、价值观、信念等内在精神方面，较少关注物质层面。

我国教育界对“学校文化”领域的研究始于20世纪80年代，早期的

---

① Kent D. Peterson: Positive or Negative. Journal of Staff Development, 2002, 23(3):10.

② 谢翌：《关于学校文化的几个基本问题》，《外国教育研究》2005年第4期，第20页。

③ 钟启泉等：《新课程师资培训精要》，北京大学出版社2002年版，第100页。

④［美］埃德加·沙因：《组织文化与领导力》，马红宇、王斌译，中国人民大学出版社2011年版，第3页。

研究多集中于“校园文化”，将学校板报的宣传、学生的课外活动、文艺演出等活动等同于“学校文化”，较多关注外显的环境与活动。随后，我国学者开始了从文化学、社会学、管理学、教育学、心理学、生态学等多视角的研究，如高占祥主编的《论校园文化》一书收录了对学校文化的内涵、特征、功能、规律、现状、发展趋势及建设思路等问题进行探讨的多篇论文，是从社会学视角研究学校文化专题较早的专著。① 随后，较有代表性的是从“大教育学”视角进行研究，如王邦虎主编的《校园文化论》，比较全面地论述了校园文化的起源与发展，校园文化的结构、主体与客体，校园文化的功能与价值，等等，其中特别强调打造“学校精神”和名人、名校与特色校园文化。② 俞国良的《学校文化新论》从心理学与组织学两个角度对学校文化进行了研究。③ 郑金洲的《教育文化学》则从组织学、文化学的角度探讨了学校文化以及学校亚文化组织。④2004 年 6 月，由季苹主编的《学校文化自我诊断》一书则从组织行为学的角度，对“什么是学校文化？学校文化如何自我诊断呢？学校文化可以改造和建设吗？”等问题进行了实践剖析，并提出了关于学校文化的自我诊断与自我改造的方法及策略。⑤ 徐书业的《学校文化建设研究——基于生态的视角》一书则从生态学理论和生态世界观为视角，将文献分析与访谈结合起来，对变革时期的学校文化建设做了比较深入的分析与研究。⑥ 这种研究发展状况既表明了“学校文化”的跨学科特征，也反映了众多学科领域对“学校文化”的密切关注和深入探讨。

目前，对于“学校文化”虽然有较多界定，但其内涵已经得到了大家的基本认同。顾明远在《教育大辞典》中将“学校文化”定义为：“学校

① 高占祥：《论校园文化》，新华出版社 1990 年版。

② 王邦虎：《校园文化论》，人民教育出版社 2000 年版。

③ 俞国良：《学校文化新论》，湖南教育出版社 1999 年版。

④ 郑金洲、瞿葆荃：《教育文化学》，人民教育出版社 2015 年版。

⑤ 季苹：《学校文化自我诊断》，教育科学出版社 2004 年版。

⑥ 徐书业：《学校文化建设研究——基于生态的视角》，广西师范大学出版社 2008 年版。

内有关教学及其他一切活动的价值观和行为形态。”[①] 在其《论学校文化建设》一文中，将学校文化解释为：“学校在长期的发展历史中积淀而成的全体师生的教育实践活动方式及其所创造的成果的总和。”[②] 郑金洲则认为：“学校文化是学校全体成员或部分成员习得且共同具有的思想观念和行为方式。”[③] 他强调学校文化的动态性，强调学校文化是一个不断积淀、不断发展变化的过程。杨全印、孙稼麟在总结诸多研究成果的基础上认为：“学校文化包括内外两个部分，内在部分是价值观；外在部分是表现形式，包括行为规范、仪式、视觉符号等。其中，价值观是核心，表现形式是外壳；价值观是本，表现形式是末。”[④] 通过对文献资料的梳理发现：与国外研究者相比，我国学者不仅关注精神、价值观念，还将外显形式、制度标准等也纳入了学校文化的范畴，从精神与物质多维度进行定义。

我认为，对于一所学校来说，学校文化就是由学校在办学历史中、在学校空间创造出来的，学校群体的一种生存方式，是学校活动方式与活动结果的辩证统一。它是由学校倡导的办学理念、学校精神等形成的精神文化，各项规章制度构成的制度文化以及学校环境所体现出的环境文化所构成的完整体系，渗透在学校办学运行的方方面面，表现为全体师生的精神追求和行为与思维方式。

当然，从不同的视角，还可以梳理出关于学校文化不同的构成内容：根据学校中不同的亚群体，学校文化分为领导文化、教师文化与学生文化；根据文化呈现方式分为显性文化与隐性文化；根据文化表现形式，分为校园文化、班级文化、教师文化和学生文化；根据文化深浅程度划分为精神文化、行为文化、制度文化与物质文化；根据文化实践层面，划分为管理文化、学术文化与教学文化等。所以，学校文化是由各种文化交织而成的

---

① 顾明远：《教育大词典》，上海教育出版社 1992 年版，第 426 页。

② 顾明远：《论学校文化建设》，《西南师范大学学报》2006 年第 9 期，第 67 页。

③ 郑金洲：《教育文化学》，人民教育出版社 2000 年版，第 240 页。

④ 杨全印、孙稼麟：《学校文化研究——对一所中学的学校文化透视》，教育科学出版社 2005 年版，第 21—22 页。

一个体系，是一个具有自身特性的文化系统，因而也就形成了一个动态平衡的文化生态。

学校文化的功能也是学者们探讨的重要内容，根据已有研究，大多数学者都较为赞同以下几种功能：

（一）**育人功能**

优良的学校文化具有强大的育人功能，而这一过程却是一个“润物细无声”的漫长过程。学校文化与课堂教学密切配合，共同完成培养培育学生的工作，包括品德的培养，知识的启迪，审美的熏陶，把学生培养成为社会需要的、有独立个性的、全面发展的人才。

（二）**传播功能**

学校文化作为社会文化的亚文化，可以传播民族优秀传统文化、现代社会主流文化，有选择地传播大众文化、世界其他国家民族的文化，促进各种文化间的了解、交流、融合和发展。

（三）**凝聚功能**

学校文化能加强师生对学校的认同感、归属感、荣誉感，团结师生，凝聚师生，让师生好好地工作、学习、发展，还可以把学校、家庭、社会凝为一体，形成办学的合力。

（四）**辐射功能**

学校文化作为社会文化的亚文化，既受社会文化的影响，又影响着社会文化。学校文化由于有正确的领导和统一的管理，能成为先进文化的代表，使学校真正成为社会主义精神文明的孕育摇篮和辐射基地，并为社会主义精神文明和物质文明建设提供正确导向。

（五）**管理功能**

学校文化中的环境、制度、校风、校训等对师生都有约束力，它调节、控制着干群关系、师生关系、时空关系等，促进学校的管理。

此外，还有部分学者认同学校文化具备一般文化具有的导向功能、激励功能、控制功能和品牌功能，还具有特殊的教育功能、检释功能、创造功能等。正因为学校文化发挥着如此多的作用，所以对学校文化及其建设的研究越来越重视。以至于学者刘福明确提出“如果一所学校不能形成属于自己的积极、向上的学校文化，那么这所学校就很难有长久的生命力和核心竞争力”。①

三、学校文化建设研究

20 世纪 80 年代国内“文化热”和人们对学校文化的日益关注引发了学校文化建设的高潮。广大教育理论研究者们对“如何用文化塑造学校?”和“如何用教育推动文化的发展?”等问题进行深入的理论研究和实践探索。

学者们在界定学校文化建设的概念时，特别强调了全体师生、自主、多层次、有计划、继承和创新等要素。如褚宏启认为，学校文化建设是全体师生在先进文化的指导下，为形成有利于本校发展的学校文化，以学校精神为核心，融合学校的历史、传统、风格、特色和水准，在长期的办学过程中认真总结、精心培育，找到并实施的有目的、有步骤的建设活动。②石中英提出，学校文化建设就是学校自主理性地对学校已有的文化进行总结、概括、分析和反思，提出与时俱进的符合新要求的文化建设理念并付诸行动，对学校优秀文化加以弘扬和继承，不断发展创新的学校文化的过程。③上述概念不仅较为明确地界定了学校文化建设，也指出了学校文化建设的系统性和动态性特征。

有些学者经过调研和分析，指出了中小学校文化建设方面存在的问题，大致可以概括为：(1) 对学校文化建设的重要性未能充分意识到；(2) 对学校文化建设的内涵理解比较片面；(3) 过分注重形式，忽视内涵；(4) 缺乏长远、系统的规划，缺乏特色，并且不能持之以恒。而且，学者们普遍认为，文化是一所学校凝聚力与活力的源泉，是一所学校的灵魂，教育者应自觉地肩负起推动先进文化与学校文化发展的使命和责任。

---

① 刘福：《论学校文化建设对学校发展的作用》，《西北成人教育学报》2011 年第 5 期。

② 褚宏启、刘传沛：《校长管理智慧》，教育科学出版社 2010 年版，第 62 页。

③ 石中英：《学校文化建设：三个基本概念》，《中小学校长》2009 年第 6 期，第 6 页。

当然，如何进行学校文化建设则是学者和实践者最关注的核心问题。20 世纪 90 年代斯图普 · 史蒂芬就提出中小学学校文化建设应该从典故、标志、价值观以及领导角色等方面进行考虑。而迪尔和彼德森则提出了学校文化建设的完整思路，主要有以下几点：(1) 挖掘学校深层次隐性的假设、信念、价值观；(2) 确立和发展学校的使命和目的；(3) 理清学校有代表性的标志和故事；(4) 设计可以丰富学校经验的仪式和典礼；(5) 依据学校发展过程中教育和文化的需求，重新思考进行中的领导关系；(6) 区分、转变和治理“毒性”教育文化。①

国内学者和一线工作者则从不同视角阐述了学校文化建设的路径。如刘引从学校文化构成出发，认为学校文化，是对社会文化进行了选择、凝练、转化之后的一种文化结构，是办学理念、育人目标、校风、学风的一种综合体现。而学校的文化建设应该从物质文化、制度文化、精神文化三个纬度，从教师文化、学生文化、课程文化和制度文化多方面入手，才能够使学校真正成为文化得以传承并不断创新的场所，才真正能够通过文化和思想的维度来推动人类和社会的发展。② 刘志军和王振存从学校文化建设的主体出发，认为学校文化的建设离不开校长、教师以及全体学生密切参与，结合新课程改革背景提出：“学校文化建设是深化课程改革、提升课程效能的必然要求，而新课程改革的全面深入是学校文化重建的深层动力，因此要充分发挥校长、教师、学生、课堂学习研究在学校文化建设中的引领、主体、动力和优化作用。” ③ 马延伟、马云鹏在对一所个案学校文化与新课程改革进行质性研究的基础上也特别强调校长的作用，指出：“作为文化变革的课程改革将是一个长期的过程；新课程的成功实施，需要引起学

---

① Deal & Peterson. K . D：The Principle’s Role in Shaping School Culture，D.C.，U.S. Department of Education，1990.

② 刘引：《现代学校的文化使命》，《人民教育》2004 年第 Z1 期，第 12—14 页。

③ 刘志军、王振存：《新课程改革视野下的学校文化建设》，《教育科学研究》2009 年第 2 期。

校文化的自觉与重建的努力；校长是优质学校文化的塑造者。”① 还有学者从名校文化建设经验进行研究，如项红专对国内外名校文化建设做了深入研究，并透过其表面的文化魅力与精神气质对其内涵发展的经验给出了总结：“制度导向是名校建设之初的重要保障、课程实现是教育思想和办学理念推动学校持续发展的强大动力、名师示范是名校实现办学效益的突出表现、仪典激励是承载学校文化持续推动学校发展的优良传统、校长垂范是名校文化建设的导航路标、环境熏陶是学校文化外显于物质环境的并凸显浸润作用的重要手段。”② 也有学者是从实践层面进行总结。作为一名基层的教育管理者，申屠永庆结合自己的研究和实践提出了名校文化建设的思路：对传统的学校文化进行提炼、创新学校文化，赋予学校文化以时代特色。还着重谈到了创新学校文化的几点具体建议：深化服务内涵，打造服务品牌；打造教师队伍，打造师资品牌；营造德育氛围，打造德育品牌。③

通过对已有研究文献的梳理，我认为，与系统、全面、深入的学校文化建设理论研究相比，实践层面的探索虽然生动、丰富和卓有成效，但实践研究成果却表现出碎片化、表面化和缺失个性的问题，这显然与教育理论与实践的脱节有关，也与学校文化本身的复杂性有关，以致实践者要么难以把握、总结和提升学校文化建设的经验，要么受理论束缚难以用合适的方式呈现生动、丰富和个性化的学校文化建设过程。

第二节　改革背景：十六字办学方针与文化示范

一、十六字办学方针的提出

刚入职青大附中不久，王国利校长就给我布置了一个任务，那就是提

---

① 马延伟、马云鹏：《课程改革与学校文化重建——一所学校的个案研究》，《教育研究》2004 年第 3 期。

② 项红专：《名校文化建设启示录》，《中国教育学刊》2009 年第 5 期。

③ 申屠永庆：《学校文化创新——名校发展的推动力》，《中小学管理》2004 年第 7 期。

出青大附中的办学理念。因为青大附中在办学之初的“求生存”阶段，忙于招生、教学、管理等常规工作，并没有提出和形成学校的办学理念。后来，与育才中学结盟之后，就简单地把育才中学的校训校风等口号借用过来。在几年的探索过程中，青大附中已经有了自己的一些特色，新的领导班子也有了比较明确的发展思路，这个时候迫切需要提出属于青大附中自己的办学理念。

在查阅了学校办学历史材料、档案、文件、校领导讲话，广泛和教师交流，特别是和王国利校长多次交流的基础上，我提出了“科研引领、优质轻负、守正出奇、自主多元”的十六字办学方针，并进行了全面解读。

教育教学中存在一般规律，进行教育科学研究就是要通过教育现象和教育问题发现隐藏在事物背后的规律和本质，从而根据教育规律进行科学、合理的规划、设计、实施、评价与不断改进。无数历史事实证明，学校教育的发展离不开教育科研的支撑和教育理论的指导，现代优秀学校更是重视科研工作。作为一所大学附属中学，青大附中在教育科学研究方面具有得天独厚的优势，不仅有我这样的拥有教育学博士学位、专门研究课程与教学论的兼职副校长，还有各个学科（包括教育学、心理学）学术研究人才以及各种图书资料室、实验室、科研院所等研究资源，而王国利校长一向重视教育科研工作，也坚信教育科研能够提升工作效率、办学水平。因此，基于这样的考虑，提出“科研引领”，是希望以教育科研工作引领学校可持续发展，以校本教研促进教师专业发展，以科技创新活动促进学生的全面发展。这一点在学校发展中非常突出。譬如说，几年中，我和王国利校长独立承担完成了两项省级教育规划课题，四项市级教育科研课题，其中关于民办教育发展对策的课题、学校科技创新特色创建的课题等都对学校发展起到了重要引领作用。进行的单元核心集备改革和竞争合作主动愉悦教学模式探索，承担的教学模式改革课题研究，都体现了科研引领教师专业发展的特点。学校进行的学生作业量、课外辅导班调查，开展的科技节和系列科技创新活动，都对学生全面健康发展起到了重要作用。

“优质轻负”是学校很早就提出来的一个口号，一是因为这是育才中学多年来坚持的特色和办学理念，二是由于它是历任领导班子都非常认可的一种目标，即在不增加学生学业负担的情况下追求高质量的教学服务和优秀的教学成绩（当时也是这种状态，即学生学业负担不重，但中考成绩却位于全市前列）。当我们再次沿用这一句话时，给它赋予了一些新意。首先，对“优质”的理解要更加全面。它绝不仅仅是指中考成绩或者说是教学成绩，而是立足学生的全面发展。我们为此提出“一所高分学校不等于优质学校”“要为学生升学负责，更要为学生一生负责”以及“不为中考，赢得中考”等引领性口号。其次，“优质轻负”不仅是从教学和学生层面来说的，它另有两层含义。一是办好优质民办学校可以减轻社会负担。近年来青岛市外来人口激增，人民群众需要更多的学校，特别是优质学校，而政府无论从人力、物力还是财力上，都还不能满足这一要求。所以，个人或其他集团以民间投资形式兴办学校减轻了政府和社会的负担，更好地满足了人民群众的需要。青大附中已经成为热点学校，家长想方设法让其子女进入该所学校就是很好的例证。二是学校要提供一个教师专业成长的优质环境，适当减轻教师的各种压力。作为一名有着多年教学经历的教师，我深知教师日常工作的辛苦，除了备课、上课、批改作业等常规工作之外，还有像政治学习、业务研讨、撰写总结、出课研课、考试出题、批阅试卷、学科辅导等多种工作，真正体现了工作的无边界性。而且在竞争激烈的现代社会，家庭负担普遍比较重，很多教师身心疲惫。因此，我们要尽量减轻教师一些不必要的负担，给予教师更多的人文关怀，提升其工作生活质量。譬如，学校要注意创设较好的工作环境、办公条件和福利待遇，让教师保持良好的工作状态；进行的教育教学研究项目和实际工作融为一体，尽量不增加教师额外工作量；学校定期进行体检，关注教师身体健康；学校也会组织一些有益的集体活动，如春游、元旦会餐、野外拓展等，让教师有归属感。总之，要让教师对学校有家的感觉，使青大附中成为优秀教育人才愿意一辈子工作的地方。正是在这种理念引导下，青大附中十分关心教师的工作生活状况。过去几年还有因考取公办教师而造成的师资流失，而近几年主动离开青大附中的教师几乎没有，教师队伍非常稳固。

“守正出奇”源自《孙子兵法》：“凡战者，以正合，以奇胜”。“守正出奇”本意是按着常规发展，却又不固守常规，能突破思维、出奇制胜。之所以把这一句话作为办学理念，一是因为这是青岛大学的校训内容，附属中学用它做校训能体现文化的一脉相承；二是因为作为一所民办学校，仅仅遵守法律（主要体现为民办教育法）、遵守学校办学规范、遵循教育规律、尊重青少年身心发展规律还是不够的，计划经济转型为市场经济背景下的民办教育有着自己的特点，民办学校需要积极主动地进行办学模式创新、课程教学创新和人才培养创新。三是学校希望培养出在思想道德方面具有高尚理想、正确价值观、人生观和世界观、优良道德品质但同时不因循守旧、墨守陈规的具有创新精神和创新能力的人才。青大附中既受各级教育主管部门的行政管理和业务管理，保证守法办学，又在一些具体举措上体现了民办学校体制的特殊性、灵活性和优越性。如租用公办学校场地建教学楼，与青岛大学、育才中学三方合作办学，实行董事会领导下的校长负责制，确立培养现代君子淑女的培养目标，创建科技创新办学特色等都可以说是守正出奇的典型做法。

“自主多元”是学校所追求的一种发展状态，即学校具有自主发展规划，在办学模式、管理体制、文化建设方面形成特色，呈现多样化发展格局；激发教师专业发展意识，促进教师教学个性化发展，形成多种有效的教学教研模式；尊重学生主体地位，激发学生自主发展意识，尊重学生个体差异和多元智能，促进学生朝着适合的方向发展。在与育才中学合作办学过程中，青大附中既吸纳了育才中学一些优秀的教育教研传统和成功管理经验，又根据本校特点进行了改造和创新；在教学模式改革方面，既提出了全校通用的教学程序和教学策略，也提倡教师进行学科化、课型化、个性化改造；以科技创新作为学校特色，以科技节作为重要渠道，重点培养学生科学素养的同时，开展广泛多样的活动，因材施教，给不同才能的孩子提供广阔的发展平台和展示舞台。（以上列举的学校做法都会在后面章节中详细展开）

“十六字”方针提出后，我首先在学校办公会上对校级干部和中层领导进行了详细解读，得到了大家的普遍认可，也听取了他们的一些意见和建议。随后，又在学校教代会上征求大家意见，最终确定后，我在全体教师会上对“十六字”方针进行解读，在全体学生会上进行宣讲，同时还给全体家长写了一封信，解释告知学校办学方针，增进家长对学校办学思想的了解，征得家长对学校工作的理解。逐渐地，“十六字”办学方针深入人心，由外在的口号转化为师生的内在追求，最终体现为青大附中的特色文化。

记得有一次，青岛市市南区教体局组织督导检查，其中一项是了解师生对于学校办学理念的了解和理解情况。督导检查人员随机组织了部分教师座谈会和学生座谈会，当问到学校办学理念时，参与座谈的师生不仅能说出这十六个字，还能比较准确地解读其含义。负责该项检查的领导有些惊异，她说，真没想到作为一所民办学校，青大附中在办学理念宣传方面是所有接受检查的学校中最到位的。

可以说，正是因为有了“十六字”办学方针的准确定位、高位指导、到位宣传，才使得人心凝聚，志同道合。同时也对几年来青大附中保持高速发展和高位稳定起到了重要的推动作用。正如有的学者所说的，有了宏观的追求和相对具体的发展目标，学校的定位就会形成，再加上学校的办学特色，一所学校就有了自己独特的生命力。①

二、有效作业调查：一次“科研引领、优质轻负”的文化示范

经过各种场合和形式的“十六字”办学方针解读，感觉教师们都基本理解了学校的办学理念，但大部分教师还只是把这十六个字当作学校口号，并没有对他们的教育教学行为产生明显的影响。譬如，尽管减轻学生负担，追求“有效作业”是学校一直倡导的策略。但2008年前后，青大附中整体还处于求生存阶段，老师们工作十分敬业，有一部分教师习惯于靠多布置作业、加强重复训练的策略提高学生成绩。尽管学校出台了一些作业量规定，但相应的检查监督措施并没有跟上，经常有家长反映学生作业量过多或作业布置不科学。所以，布置作业多、学生负担重的状态有愈演愈烈之

---

① 许苏、李霞：《教育领导案例及评析》，北京大学出版社2010年版，第15页。

势。怎样解决这一难题，真正让老师们追求“优质轻负”呢？我在学期末针对这一问题，分别对教师、家长和学生进行了关于作业的问卷调查，并对研究结果向全体教师进行了专题讲解和分析，这是对“科研引领、优质轻负”文化的第一次示范（随后的单元集体备课、优秀教学法等改革过程让教师们对科研引领有了更加深刻的认识），也是我进行学校文化建设的一个重要开端。

（一）调查方法

由于本次问卷调查是针对学校实际进行的实践性研究（不是为了发表论文），在发放问卷时并没有取样，而是分别利用中午时间对全体学生进行问卷调查、利用教工会对全体教师进行问卷调查、利用家长会对全体家长进行问卷调查。共收回学生问卷 1423 份、家长问卷 1302 份、教师问卷 54 份。但在统计时，为了节省时间和精力，我们选取了三个年级的 2、4、6、8、10 班的家长、学生问卷（初二 10 班学生问卷丢失）和初中语文、数学、英语、物理、化学、政治 6 个学科教师的问卷进行数据录入（因为一般两个相邻班级为一套教师队伍）。共录入家长问卷 626 份、学生问卷 683 份、教师问卷 45 份。鉴于篇幅所限，调研结果主要呈现学生问卷，家长和教师问卷作为辅助，没有特殊情况其他统计数据不再呈现。

（二）调查结果及其分析

1. 学生平时作业情况调查

（1）平时作业时间见表 3–1：

表 3–1　初中生平时做作业时间

每天作业的平均用时	频数	百分比	有效百分比	累计百分比
1 小时以内	83	12.2%	12.2%	12.2%
1—1.5 小时	119	17.4%	17.4%	29.6%
1.5—2 小时	214	31.3%	31.3%	60.9%
2—2.5 小时	93	13.6%	13.6%	74.5%
2.5—3 小时	56	8.2%	8.2%	82.7%
3 小时以上	118	17.3%	17.3%	100.0%
总计	683	100.0%	100.0%	

从数据上看，学生家庭作业时间差异较大，但大多数学生平均作业量在 2 小时左右，比我们倡导的初一、初二作业不超过 1.5 小时，初三作业不超过 2 小时的要求相比还是稍多一些。另外，家长问卷中的作业时间比学生多，可能有两个原因：（1）家长特别关心学生健康，夸大了作业时间；（2）在家长认为的部分作业时间内学生其实并没有在做作业。

另外，问卷中显示，填写问卷的家长中学生母亲为 455 人，占比 72.7%，学生父亲 155 人，占比 24.8%，其他亲人 16 人，占比 2.6%。而且学生家长本科学历 264 人，硕士研究生以上学历 54 人，家长群体表现出较高的文化素质。而且，家长问卷填写比较认真，看得出家长对子女教育的关注。

（2）平时作业时间的差异分析

①作业与年级呈高度显著差异见表 3–2：

表 3–2　各年级初中生平均每天做作业时间

每天作业的平均用时	年级			总计
	初一	初二	初三	
1 小时以内	45（19.2%）	10（5.2%）	28（11.0%）	83（12.2%）
1—1.5 小时	67（28.6%）	38（19.6%）	14（5.5%）	119（17.4%）
1.5—2 小时	76（32.5%）	53（27.3%）	85（33.3%）	214（31.3%）
2—2.5 小时	31（13.2%）	39（20.1%）	23（9.0%）	93（13.6%）
2.5—3 小时	11（4.7%）	24（12.4%）	21（8.2%）	56（8.2%）
3 小时以上	4（1.7%）	30（15.5%）	84（32.9%）	118（17.3%）
总计	234（100.0%）	194（100.0%）	255（100.0%）	683（100.0%）

作业时间基本呈随年级上升作业量加大的趋势，初一作业最少，属于正常现象。但初三学生做作业时间两极分化现象值得关注。

②作业时间与性别呈显著差异见表 3–3：

表 3-3 不同性别初中生平均每天做作业时间

每天作业的平均用时	性别		总计
	男	女	
1 小时以内	34（10.1%）	49（14.2%）	83（12.2%）
1—1.5 小时	66（19.5%）	53（15.4%）	119（17.4%）
1.5—2 小时	89（26.3%）	125（26.2%）	214（31.3%）
2—2.5 小时	44（13.0%）	49（14.2%）	93（13.6%）
2.5—3 小时	27（8.0%）	29（8.4%）	56（8.2%）
3 小时以上	78（23.1%）	40（11.6%）	118（17.3）
总计	338（100.0%）	345（100.0%）	683（100.0%）

数据显示，每天做作业三小时以上的男生明显多于女生，可能是男生做作业拖沓现象较为突出。

③作业时间与学习水平呈高度显著相关见表 3-4：

表 3-4 不同学习水平的初中生平均每天做作业时间

每天作业的平均用时	学习成绩					总计
	上游	中上游	中游	中下游	下游	
1 小时以内	20（11.9%）	29（14.9%）	12（8.3%）	8（9.4%）	14（15.9%）	83（12.2%）
1—1.5 小时	19（11.3%）	38（19.5%）	32（22.1%）	24（28.2%）	5（5.7%）	118（17.3%）
1.5—2 小时	89（53.0%）	46（23.6%）	40（27.6%）	31（36.5%）	8（9.1%）	214（31.4%）
2—2.5 小时	12（7.1%）	32（16.4%）	29（20.0%）	13（15.3%）	7（8.0%）	93（13.7%）
2.5—3 小时	4（2.4%）	18（9.2%）	20（13.8%）	2（2.4%）	12（13.6%）	56（8.2%）
3 小时以上	24（14.3%）	32（16.4%）	12（8.3%）	7（8.2%）	42（47.7%）	117（17.2%）
总计	168（100.0%）	195（100.0%）	145（100.0%）	85（100.0%）	88（100.0%）	681（100.0%）

学生问卷数据显示，上游学生作业时间相对集中于 1.5—2 小时，而下游学生却有 60%需要 2.5 小时以上，说明学习成绩与作业时间有显著关联。而家长问卷的数据没显示出显著差异。（注：表 3-4 缺失 2 个数据）

④各班级作业量差异分析：

整体调查的主要目的就是要了解各班级情况，逐一对初一、初二、初三各班级学生作业时间进行分析，发现初一各班之间有极其显著差异，其中有两个班作业量大大超过平均值。初二各班有高度显著差异，有两个班作业量控制较好，而有4个班作业量过大。初三各班也有显著差异，总体来看，初三作业量都偏大，有4个班尤为严重，同时，再一次显示出初三学生作业时间两极分化现象。

2. 家长和学生平时作业时间期望

（1）学生期望值见表3–5：

表3–5　初中生期望的每天做作业时间

学生期望每天作业平均用时	频数	百分比	有效百分比	累积百分比
1小时以内	170	24.9%	24.9%	24.9%
1—1.5小时	181	26.5%	26.5%	51.4%
1.5—2小时	217	31.8%	31.8%	83.2%
2—2.5小时	66	9.7%	9.7%	92.8%
2.5—3小时	23	3.4%	3.4%	96.2%
3小时以上	26	3.8%	3.8%	100.0%
总计	683	100.0%	100.0%	

（2）家长期望值见表3–6：

表3–6　初中生家长期望的平均每天做作业时间

家长期望每天作业平均用时	频数	百分比	有效百分比	累积百分比
1小时以内	29	4.6%	4.6%	4.6%
1—1.5小时	99	15.8%	15.8%	20.4%
1.5—2小时	226	36.1%	36.1%	56.5%
2—2.5小时	204	32.6%	32.6%	89.1%
2.5—3小时	59	9.4%	9.4%	98.5%
3小时以上	9	1.5%	1.5%	100.0%
总计	626	100.0%	100.0%	

由家长和学生的问卷结果可以看出，家长对作业的期望值较为集中在2小时左右，而学生则大都希望在2小时之内，其中四分之一希望1小时之内，一半以上希望在1.5小时之内。可以看出，学校要求的作业时间还是比较合适的。

（3）作业期望值的差异分析见表 3–7：

调查数据显示，不同年级学生对作业时间期望值有极其显著差异，如初一学生希望作业量在 1.5 小时以内的占 66.6%，而初二这一比例只有 42.7%。希望作业量在 1.5—2 小时的初一、初二、初三学生比例分别为 23.9%、32.5%和 38.4%，这是一个正常的数据分布。但有三分之一的初三学生却选择了希望作业量在 1 小时以内，表现出了对大量作业的反感和厌学情绪，这值得我们关注。

不同年级家长平时作业期望值也有极其显著差异，不过显示出从初一到初三更有规律的特点，即初三家长群体并没有出现对大量作业的反感情绪。初三家长希望作业量在 2—2.5 小时的有 36.6%，选择 2.5—3 小时的比例也达到 20.3%。

总的来说，随着年级提高，学生和家长的作业时间期望值增加，说明在中考压力下，家长也认为应该加强练习，同时，学生学习自觉性也有所增加。

表 3–7 不同年级初中生期望的平均每天做作业时间

期望每天作业平均用时	年级			总计
	初一	初二	初三	
1 小时以内	56（23.9%）	29（14.9%）	85（33.3%）	170（24.9%）
1—1.5 小时	100（42.7%）	54（27.8%）	27（10.6%）	181（26.5%）
1.5—2 小时	56（23.9%）	63（32.5%）	98（38.4%）	217（31.8%）
2—2.5 小时	15（6.4%）	27（13.9%）	24（9.4%）	66（9.7%）
2.5—3 小时	5（2.1%）	14（7.2%）	4（1.6%）	23（3.4%）
3 小时以上	2（0.9%）	7（3.6%）	17（6.7%）	26（3.8%）
总计	234（100.0%）	194（100.0%）	255（100.0%）	683（100.0%）

不同性别学生对平时作业时间期望值有极其显著差异见表 3–8，与女生相比，男生明显不愿意多做作业。但有意思的是家长对不同性别孩子的平时作业期望值却无显著差异，也就是说家长在作业问题上并没有考虑到男孩女孩的区别。

表 3-8　不同性别初中生期望的平均每天做作业时间

期望每天作业平均用时	性别		总计
	男	女	
1 小时以内	117（34.6%）	53（15.4%）	170（24.9%）
1—1.5 小时	97（28.7%）	84（24.3%）	181（26.5%）
1.5—2 小时	80（23.7%）	137（39.7%）	217（31.8%）
2—2.5 小时	28（8.3%）	38（11.0%）	66（9.7%）
2.5—3 小时	9（2.7%）	14（4.1%）	23（3.4%）
3 小时以上	7（2.1%）	19（5.5%）	26（3.8%）
总计	338（100.0%）	345（100.0%）	683（100.0%）

另外，不同学习水平学生对平时作业时间期望值有极其显著差异见表3-9，上游学生有一半以上希望作业量为 1.5—2 小时，而下游学生有一半以上希望作业量为 1 小时以内，这反映了学习积极性的问题。但家长对不同学习水平孩子的平时作业期望值无显著差异。

表 3-9　不同学习水平的初中生期望的平均每天做作业时间

期望每天作业的平均用时	学习成绩					总计
	上游	中上游	中游	中下游	下游	
1 小时以内	20（11.9%）	65（33.3%）	20（13.8%）	18（21.2%）	46（52.3%）	169（24.8%）
1—1.5 小时	28（16.7%）	63（32.3%）	49（33.8%）	33（38.8%）	8（9.1%）	181（26.6%）
1.5—2 小时	93（55.4%）	41（21.0%）	50（34.5%）	20（23.5%）	13（14.8%）	217（31.9%）
2—2.5 小时	9（5.4%）	18（9.2%）	16（11.0%）	9（10.6%）	14（15.9%）	66（9.7%）
2.5—3 小时	2（1.2%）	6（3.1%）	8（5.5%）	3（3.5%）	4（4.5%）	23（3.4%）
3 小时以上	16（9.5%）	2（1.0%）	2（1.4%）	2（2.4%）	3（3.4%）	25（3.6%）
总计	168（100.0%）	195（100.0%）	145（100.0%）	85（100.0%）	88（100.0%）	681（100.0%）

对三个年级不同班级平时作业时间期望值比较发现，初一和初二年级各班学生和家长作业期望值有显著差异，平时作业布置多的班级学生和家

长对作业量期望值也较大，平时作业布置较少的班级同学和家长作业期望值也较小，说明他们都受到了平时作业量的影响。初三各班学生和家长对平时作业时间期望值没有显著差异。（注：表 3–9 缺失 2 个数据）

3. 周末作业调查

（1）周末作业量见表 3–10 ：

表 3–10 初中生周末（周六、周日）做作业时间

周末做作业用时	频数	百分比	有效百分比	累积百分比
2 小时以内	89	13.0%	13.0%	13.0%
2—3 小时	152	22.3%	22.3%	35.3%
3—4 小时	229	33.5%	33.5%	68.8%
4—5 小时	104	15.2%	15.2%	84.0%
5—6 小时	44	6.4%	6.4%	9.05%
6 小时以上	65	9.5%	9.5%	100.0%
总计	683	100.0%	100.0%	

数据显示，学生反映出周末作业时间集中在 2—4 小时，但三分之二的家长选择却集中在 3—6 小时，仍然是家长反映的情况更严重。

（2）周末作业量的差异分析

进一步分析发现，周末作业量情况与平时作业情况相似。

首先，不同年级周末作业量显著差异。随着年级提高周末作业量也在增加，初一集中在 2—3 小时，初二集中在 2—4 小时，初三集中在 3—5 小时，而且学生和家长反映总体趋势一致。

其次，在周末作业完成时间上，学生问卷没有显示差异，家长问卷却呈现显著差异，家长普遍反映男生完成周末作业的时间较短，估计可能是男生周末作业完成的认真程度不够造成的。

再次，同一年级不同班级也显示出显著差异，仍然是平时作业量大的班级周末作业也是超过其他班级。

最后，不同学习水平学生周末作业时间有极其显著差异。上游学生和下游学生学习时间比较集中在 3—4 小时（但显然完成质量不同），中游学生作业时间却比较分散。

（3）周末作业时间期望值

①周末作业时间期望值见表 3-11：

表 3-11　初中生期望的周末（周六、周日）做作业时间

期望周末做作业用时	频数	百分比	有效百分比	累积百分比
2 小时以内	204	29.9%	29.9%	29.9%
2—3 小时	284	41.6%	41.6%	71.4%
3—4 小时	130	19.0%	19.0%	90.5%
4—5 小时	44	6.4%	6.4%	96.9%
5—6 小时	11	1.6%	1.6%	98.5%
6 小时以上	10	1.5%	1.5%	100.0%
总计	683	100.0%	100.0%	

由结果可以看出，大部分学生希望周末作业时间为 3 小时以内。这也与学校要求是相符的。而家长对学生周末作业时间期望值则多集中在 4—5 小时。

②周末作业时间期望值的差异分析

首先，不同年级学生和家长有显著差异。各年级对可以接受的周末作业时间按由少到多的顺序是：初三、初一、初二。初三有 35.3%的学生（初一学生 32.1%）最渴望周末休息，选择作业量不要超过 2 小时，而初二学生相对还愿意多做点周末作业，只有 20.4%的学生选择周末作业 2 小时以内，而 66.6%的学生选择希望周末作业时间在 2—4 小时。而家长的选择则是表现出从初一到初三依次增加的趋势。初一家长选择 3—4 小时最多，初二家长选择 4—5 小时最多，初三家长选择 5—6 小时最多。

其次，学生问卷中对周末作业量的性别差异极其显著。相比较而言，男生不愿意多做周末作业，女生更愿意多做周末作业，反映出女生学习自觉性较好。家长问卷同样没有显著差异。

再次，不同年级学生周末作业期望值也有显著差异，基本呈现出学习越好的学生越愿意多做一点作业（2—4 小时），而大部分下游学生只愿意做 2 小时以内的作业。家长问卷也没有显著差异，但是数据能显示出有更

多的下游学生家长愿意多给子女布置周末作业。

最后，学生和家长问卷中均未显示出不同班级周末作业期望差异。这一点和平时作业有所不同。

4. 平均睡眠时间

（1）平均每天睡眠时间见表 3–12：

表 3–12 初中生平均每天睡眠时间

平均每天睡眠时间	频数	百分比	有效百分比	累积百分比
6 小时以下	77	11.3%	11.3%	11.3%
6—7 小时	212	31.0%	31.0%	42.3%
7—8 小时	228	33.4%	33.4%	75.7%
8—9 小时	138	20.2%	20.2%	95.9%
9 小时以上	28	4.1%	4.1%	100.0%
总计	683	100.0%	100.0%	

学生问卷结果显示，有百分之四十以上的学生睡眠时间不足 7 小时，只有约四分之一学生睡眠时间在 8 小时以上。家长反映的学生睡眠时间要高于学生问卷，学生反映数据应该更接近实际。

（2）睡眠时间的差异分析

①不同年级有极其显著差异见表 3–13：

表 3–13 各年级初中生平均每天睡眠时间

平均每天睡眠时间	年级			总计
	初一	初二	初三	
6 小时以下	7（3.0%）	15（7.7%）	55（21.6%）	77（11.3%）
6—7 小时	35（15.0%）	47（24.2%）	130（51.0%）	212（31.0%）
7—8 小时	93（39.7%）	73（37.6%）	62（24.3%）	228（33.4%）
8—9 小时	84（35.9%）	50（25.8%）	4（1.6%）	138（20.2%）
9 小时以上	15（6.4%）	9（4.6%）	4（1.6%）	28（4.1%）
总计	234（100.0%）	194（100.0%）	255（100.0%）	683（100.0%）

学生问卷显示，初三学生睡眠时间明显少于初二、初一，初三学生睡眠时间近四分之三不到7小时，只有3%超过8小时。家长问卷结果也印证了这一差异。

②学习水平上有极其显著差异见表3-14：

表3-14 各学习水平初中生平均每天睡眠时间

平均每天睡眠时间	学习成绩					总计
	上游	中上游	中游	中下游	下游	
6小时以下	23（13.7%）	21（10.8%）	8（5.5%）	10（11.8%）	15（17.0%）	77（11.3%）
6—7小时	63（37.5%）	44（22.6%）	44（30.3%）	16（18.8%）	44（50.0%）	211（31.0%）
7—8小时	39（23.2%）	75（38.5%）	56（38.6%）	38（44.7%）	19（21.6%）	227（33.3%）
8—9小时	31（18.5%）	48（24.6%）	31（21.4%）	19（22.4%）	9（10.2%）	138（20.3%）
9小时以上	12（7.1%）	7（3.6%）	6（4.1%）	2（2.4%）	1（1.1%）	28（4.1%）
总计	168（100.0%）	195（100.0%）	145（100.0%）	85（100.0%）	88（100.0%）	681（100.0%）

家长问卷和学生问卷都显示出，中上游学生睡眠状况最好，下游学生睡眠时间最短，可能部分是由于学习焦虑造成的。（注：表3-14缺失2个数据）

③在作业时间方面有极其显著差异见表3-15：

表3-15 初中生睡眠时间与做作业用时的统计

平均每天睡眠时间	每天作业的平均用时						总计
	1小时以内	1—1.5小时	1.5—2小时	2—2.5小时	2.5—3小时	3小时以上	
6小时以下	16（19.3%）	9（7.6%）	16（7.5%）	6（6.5%）	5（8.9%）	25（21.2%）	77（11.3%）
6—7小时	17（20.5%）	12（10.1%）	75（35.0%）	22（23.7%）	21（37.5%）	65（55.1%）	212（31.0%）

续表

平均每天睡眠时间	每天作业的平均用时						总计
	1 小时以内	1—1.5 小时	1.5—2 小时	2—2.5 小时	2.5—3 小时	3 小时以上	
7—8 小时	22 (26.5%)	51 (42.9%)	68 (31.8%)	48 (51.6%)	19 (33.9%)	20 (16.9%)	228 (33.4%)
8—9 小时	22 (26.5%)	37 (31.1%)	47 (22.0%)	16 (17.2%)	11 (19.6%)	5 (4.2%)	138 (20.2%)
9 小时以上	6 (7.2%)	10 (8.4%)	8 (3.7%)	1 (1.1%)	0 (0.0%)	3 (2.5%)	28 (4.1%)
总计	83 (100.0%)	119 (100.0%)	214 (100.0%)	93 (100.0%)	56 (100.0%)	118 (100.0%)	683 (100.0%)

这个数据能够说明，作业多是造成学生睡眠时间短的重要原因。

此外，本问卷还调查了学生每天的做作业习惯、预习复习时间、家长检查作业情况、教师检查作业情况、教师讲评作业情况、家长对作业批改满意度、学生反映的作业批改率、选做作业的情况、面对作业困难的处理情况、用完的作业本或练习册处理情况、对不同类型作业的喜好情况等。每一项都进行了频次统计和针对年级、班级、学习水平、性别等方面的差异分析（限于篇幅不再列举数据和结果）。

（三）调查结果与建议

1. 还是需要科学合理控制作业时间，建议初一平时全部学科作业时间最好在 1 小时左右，不得超过 1.5 小时；初二平时全部学科作业时间最好在 1.5 小时左右，不得超过 2 小时；初三平时全部学科作业最好在 2 小时左右，不得超过 2.5 小时；要保证学生睡眠时间和自己消化知识时间。周末作业时间可以是平时作业时间的 2—2.5 倍。

2. 各集备组要大体统一作业量和方式，不能出现个别教师作业量过多、侵占其他学科现象。对出现明显问题（如作业过多、反馈措施不力）的班级、学科和教师应当针对调查结果，认真反思，从学生身心发展出发，积极改革，维护学校大局。

3. 应该在初一下学期或初二开始尝试分层弹性作业，关注不同学习水平学生。

4. 要关注男女学生作业方面的差异。

5. 加强学生作业习惯培养，特别是预习复习作业的完成，最好强调学生回家先完成复习作业，中间穿插预习作业，要加强检查反馈。

6. 加强作业反馈，注重让学生利用做过的练习和试卷进行检查复习，特别是错题集策略，尤其是初三年级。

7. 争取家长更多地检查、督促学生作业，形成教育合力，特别是初一学生。

8. 各学科可以根据学科特点，布置一些查找资料、兴趣拓展类作业，丰富作业形式，提高学生作业兴趣。

9. 可以采取学习小组制，由一个学习较好学生和 3—4 个学习较差学生形成作业互动小组，完成作业困难的学生可以向其他同学电话问询。

10. 可以把校内作业和校外作业有意识地划分，提高作业效率。

那天下午我用了一个多小时把作业调查情况用图表形式给全体教师进行了汇报。这次大家听得格外认真，很多教师在不断记录着数据。讲完后有的教师感叹，没想到马校长做的调研这么细，还能有这样的分析方法！这种研究确实令人信服！好几个教师会后向我要调研数据。

这就是我在青大附中做的第一次实证调研，数据讲解让老师们非常信服。所以，虽然我点名批评了个别班级和个别学科作业布置的问题，但没有一位老师提出异议。在这次讲座中我也再次表明了学校坚决反对题海战术，切实减轻学生负担的一种决心。同时，这次调研过程和结果的分享生动阐释了学校“科研引领、优质轻负”的文化追求。

第三节　行动研究：学校文化的系统构建

“十六字”方针是学校精神文化的核心，但学校文化是一个完整的、丰富的、立体的系统，学校文化建设是一个长期的过程。为此，我在 5 年的时间里持续不断地进行学校文化的系统构建。

一、青大附中精神文化大讨论

在学校文化建设的过程中，我们始终坚持统一思想为文化建设的前提和展开途径，始终把文化建设中的师生主体地位摆在首位。

“学校精神”是学校在长期成长发展的过程中，教师团队和学生群体积淀形成的文化传统、共同理念和核心价值观。2011 年，我协助王国利校长开展了学校精神大讨论，提出了较为完整的青大附中精神文化核心体系。

首先，青大附中全校师生经过自下而上的充分讨论后，从认同率比较集中的词汇中提炼了四个词，即“尚德、敬业、合作、创新”作为学校精神，其具体诠释如下：

（一）尚德

语出《论语》：“君子哉若人，尚德哉若人”。尚德，意为崇尚德行。寓意学校重视以德立校，以德治校。时代的进步和发展除了依靠科技作为强力的支撑之外，在一个人民的国家中还要有一种推动的枢纽，这就是美德。“德”包含着爱国、文明、诚信、孝悌、勤劳等十分广泛的含义。尚德精神首先是对教师的一种要求和鞭策，教师不仅要治学严谨、学识渊博，更要修德养性、身体力行、率先垂范，成为学生人生的领航人和人生楷模。尚德精神又是对学生的一种引导，学生将在学校的教育帮助下，构建良好的道德观和人生观，为将来成为合格的国家建设者，民族优良文化的传播者、发扬者而奠基。德是做人的根本，更是学校发展的根基。

（二）敬业

知之者不如好之者，好之者不如乐之者（《论语》）。乐学、乐知才能通抵最高境界。对教师的“业”就是教学，严谨治学，诲人不倦；对学生的“业”就是学习，勤奋刻苦，孜孜以求；专一于某种事情不旁及其他的事情就是“敬”，只有从心底发出敬，才能做到勤、做到精、做到乐、做到专一而不浮躁，执着而不抱怨。教师乐教，敬事业，热爱学生，幸福工作；学生乐学，敬学业，身心健康，快乐学习。

（三）合作

联合国科教文组织于 1986 年就提出了教育的四大支柱之一就是“学会合作”。我们今天的社会已经发展成一个人与人之间谁也离不开谁、必须合作的社会。学会合作，这是时代对每个人提出的要求，是教育过程中的一项重要内容。合作是一种美德，合作是一种双赢的智慧。我们倡导师生合作、师师合作、生生合作，教师“只有合作共处，才能共享成功”；学生“自主学习，合作探究”；在竞争与合作中，教师、学生共同进取发展，教学相长。

（四）创新

义出自《大学》引汤之《盘铭》“苟日新、日日新、又日新。”意为与时俱进，追求新高。与青大附中守正出奇、科技创新教育的办学理念形成一脉相承的意蕴。“创新是一个民族进步的灵魂，是国家兴旺发达的不竭动力。”“未来的中国需要培养具有创新思维的人”（钱学森）。创新是学校的生存之基，发展之源，是可持续发展的原动力。学校是孕育创新型人才的摇篮。教师创新，以提高教育教学质量；学生创新，以提高自身素质；学校创新，以提高办学水平。创新，充满了未来的蓬勃生机！

其次，采用在广大师生家长中征集创意和作品的方式，确定了校风、教风、校徽、校歌等一系列文化标识符号。

这是在对全校师生几十个校徽设计稿中选出后，再融合其他作品的亮点创意确立的校徽初稿（后来找专门设计公司进行了美化与完善，最终形成稿还有一些变化）：

图 3-1　青大附中校徽雏形

校徽外圈是青岛大学附属中学的校名，内圈上面的 2003 是学校建校的日子，在旭日东升中闪闪发光。中间是 QF 字母的变形，其内涵既是青大附中的简写，也是追求优质轻负的含义，而且 QF 字母的变化像一艘船、一个小鸭子或一个花朵，而最下面的形状既象征着海浪（表明了青岛海滨城市特点），承载着学生远航，也像一双大手捧起花朵。从校徽设计也可以体现学校的精神文化追求。

下面则是学生原创、集体修改确定的校歌歌词：

> 伴着金色朝阳踏进校园，我们把歌儿快乐唱响。处处洋溢着醉人的书香，朗朗的读书声多么响亮。啊，青大附中，点亮我心中理想，同窗六比志在四方，心中蕴含无限力量。啊，青大附中，点亮我心中理想，同窗六比志在四方，心中蕴含无限力量。
>
> 仰望五星红旗光芒万丈，蓬勃的朝气尽情飘扬。谆谆教诲铭记心上，不懈的努力为青春梦想。啊，青大附中，培养我茁壮成长，尚德、敬业、合作、创新，报效祖国勇于担当。啊，青大附中，培养我茁壮成长，尚德、敬业、合作、创新，报效祖国勇于担当。

从歌词中看出，已经把学校文化讨论确定的“尚德、敬业、合作、创新”学校精神和“同窗六比”德育品牌融入其中。后来又专门请高校音乐教授进行作曲的修改完善，但仍然保留了学生作为词作者和曲作者，整个过程公开透明、大力宣传，充分发挥了校歌征集过程中的文化宣传和文化认同作用。

在整个文化标识设计活动中，我不仅是谋划、组织、发动者，也是主要参与者；不仅上交自己的创意，还评选和修改其他人的作品，甚至联系青岛大学音乐学院教授修改完善歌曲和配音，这些具体的工作都是我来完成的。因而，直到现在，我对校歌、校徽等文化标识的形成过程记忆犹新，对青大附中学校精神文化有难以割舍的感情。

二、制度文化建设

制度文化是学校文化的重要组成部分。它以规章制度的形式，表现出精神文化的内涵，是联结精神文化与环境文化的桥梁，是学校文化中最具有约束力的部分。当我刚到青大附中的时候，学校各项规章制度很不完善，虽然有一本规章制度小册子，但大多是从其他学校搬过来或借助网络拼凑而成的，现实工作中缺乏稳固的办事规则、要求和评价机制，尚没有根据本校实际形成真正有针对性的规章制度体系。

我在青大附中的五年来，从民办中学的办学特点出发，从青大附中发展面临的问题出发，经过充分的调研，如教师座谈会、家长学生的问卷调查、其他学校有效制度的学习和借鉴，通过教代会讨论，进行了大量的制度建设，先后梳理、增加、修改和完善了各项学校规章制度，如教职工奖惩规定、学生评教规则、单元核心课集备条例、优秀教学法专项课题管理规定、校本课程评价办法、学生科技创新奖励条例等，这些制度的建立不因循守旧，锐意创新，追求实效，倡导制度制定中教职工自主性的体现，容许评价的多元存在。无论从制度内容还是制定过程看，都充分体现了科研引领、守正出奇的特征，优质轻负、自主多元的追求。下面以《教师教科研奖励条例》为例，谈谈青大附中的制度文化建设。

（一）《教师教科研奖励条例》制定背景

青大附中是一个建校时间很短的民办学校，教师则来自全国各地，他们有的过去是在外地公办学校，因各种原因来到青岛，满足不了公办学校的要求才去青大附中应聘；有的是在培训机构或非教育单位工作过几年后，跳槽来到青大附中；还有的是大学一毕业就来到青大附中。因青大附中的快速发展，每年都增加较多的新教师，这些教师都很珍惜在青大附中的工作机会，在教育教学工作上非常认真和投入。

但是，我在组织教师教科研工作时，却更多感受到的是应付和阻力。如第一次组织教师上交论文时，我进行了仔细的筛查，发现将近一半的教师的论文都是在网上复制粘贴的。还有，当区教育中心或市教研室分派给学校公开课比赛或其他教学活动名额时，老师们不但不像公办学校教师那样积极争取，还相互推诿，不愿意参加。

这是为什么呢？经过和多位教师的交流，我了解到以下几个原因：

首先，教师缺乏教科研的意识。他们总觉得上课是他们的工作，当班主任是他们的工作。做教育研究、写论文不是他们必须承担的工作，他们要么觉得教科研没用，要么觉得教科研离自己很远。其次，和工资制度有关。学校薪酬制度和公办学校很不一样，老师不是按职称拿工资，而是按实际工作量拿课时工资和岗位工资。因此，对这些教师来说，对于评职称很重要的公开课、辅导学生比赛、教育科研成果等项目并不重要。最后，和评价导向有关。学校每年也会评选先进教师并进行物质奖励，但当时只对中考成绩和优秀班主任进行奖励，对于其他教学科研活动没有任何激励制度。以上情况表明，广大教师只有职业意识，而欠缺专业发展意识。这种状态无论对于教师个体发展还是整个学校的长远发展，都是非常不利的。

（二）制度文化建设过程

根据以上情况，我决定在思想教育和制度建设方面双管齐下。首先，我利用每个月的理论讲座时间，给老师讲教师专业化的意义和教育科研工作的价值，讲解教师专业发展的内涵、路径和策略，介绍做教育科研的思路、方法和技巧，让老师们知道无论在哪所学校，一名优秀的教师应该是一个专业工作者，应该追求不断的专业发展。让老师们理解教科研工作是学校的一项重点工作，“科研引领”是办学理念的内涵，要靠扎实的教科研工作提高教育教学效益，促进学生全面发展，要通过教科研工作提升教师业务水平，促进教师队伍的专业发展。其次，我借鉴了兄弟学校的经验，根据民办学校特点，制定了教师教科研奖励条例。对公开课、各种业务比赛获奖，指导学生比赛获奖，教研论文获奖与发表，各种荣誉称号等均给予一定的物质奖励（见附录《青岛大学附属中学教师奖励条例》），激发、推动、促进教师的专业意识和全面发展愿望。同时，在制度制定过程中我并不是闭门造车、孤芳自赏，而是充分让老师们交流讨论，最后通过教代会正式通过。这个过程更好地营造了支持、鼓励教科研工作的氛围，更充分地表达了学校“科研引领”的办学理念。而且，奖励制度表现出学校的一种明确导向，营造了一种文化氛围，表现出浓厚的人文关怀。

这两项举措收到了明显的效果。老师们逐渐有了专业意识，也对教育科研工作产生了兴趣，学校教科研工作呈现出快速发展的状态。相当一部分老师非常积极地参加学校和各级主管部门举行的教科研活动，学校教科研工作有了明显的改善。记得在2011年，学校第二次组织山东省教研论文比赛时，老师们上交很积极，经过筛选上报23项成果获奖，其中有7项获得了山东省中小学教育科研成果一等奖，10项获得二等奖。这在青岛市众多学校中表现最为突出，是青大附中历史最好成绩，创造了一个不大不小的奇迹。其中，一等奖获得者里有青大附中工会主席兼校办主任李君，她是一名隶属华青集团的行政管理者，是青大附中的元老，对于民办学校管理有很多体会，但她却从未写过教研论文，我就鼓励指导她把实践经验总结梳理出来。最终，她的论文获得了省教育科研成果一等奖，她特别高兴。好多老师也是第一次感受到教科研成功的快乐。

就在本书写作完成之际，我遇到了一位原来在青大附中工作后考录公办学校的青年教师。她对我当时制定教科研奖励政策一事非常感激，说正因为这个政策，使她真正认识到教科研的意义，也正因为当年那次省教研成果获奖让她在以后职称晋升和个人发展方面颇为受益。

2010年是《青大附中教师奖励基金管理条例》执行第一年，用于全校教师教科研奖励的总金额只有1万多元，第二年时奖励总金额有3万多元，2012年后奖励总金额就超过了10万元。这也从侧面反映出激励政策对于促进教师专业发展起到的积极作用。

附：青大附中教师奖励基金管理条例（试行）

（自二〇〇九年九月一日起实行）

为进一步调动教师在教书育人，管理育人，教育科研等方面的积极性，促进学校内部机制改革，达到激励竞争，启动活力，提高教师素质、教学质量和办学效益之目的，经学校研究决定，每年在教师节期间将对在思想品德教育、班级管理、教学教研、各项竞赛及其辅导等方面做出显著成绩者予以表彰奖励。

一、个人奖励项目

（一）综合荣誉称号

获得综合荣誉称号，如优秀教师、师德标兵、先进个人、劳动模范等，按以下等级奖励。

级别	校	区	市	省	国家
奖励金额	300	400	500	600	800

说明：①本项奖励只限于政府部门和教育主管部门组织评选的；工会、共青团、少先队系统的相应奖项，如优秀团员、工会积极分子、优秀大队辅导员等奖金减半。②某一项荣誉多次获奖，只奖励最高奖项，③一年内获得多个综合荣誉，可以累加奖励，但依照依次减半的金额奖励，奖励金额最多不超过一项奖励的 2 倍。

（二）专项荣誉称号

获得专项荣誉称号，如学科带头人、专业拔尖人才、优秀班主任、优秀教研组长、先进集备组长、教学能手等，按以下等级奖励。

级别	校	区	市	省	国家
奖励金额	200	300	400	600	800

说明：①本项奖励只限于教育行政部门组织评选的；②某一项荣誉多次获奖，只奖励最高奖项，③一年内获得多个专项荣誉，可以累加奖励，但依照依次减半的金额奖励，奖励金额最多不超过一项奖励的 2 倍；④获得先进教研组长、先进集备组长的可以同时享受组内人均奖。

（三）优质课、公开课、教学基本功大赛奖

在校级以上举行的课堂教学比赛、展示，按下表等级奖励。

级别等级	校	区	市	省	国家
一等	200	300	400	500	600
二等	150	200	300	400	500
三等	100	150	200	300	400

说明：①未评等级的优胜奖及展示课按同级三等奖奖励。②一级一级举行的同一次赛课按最高级别奖励，不累加；③一年内参加两次以上优质课或公开课，可以累加奖励，但依照依次减半的金额奖励。

（四）教学研究奖

1. 获奖论文

教师撰写的教育教学、管理类等专题研究论文获区级以上奖励的按等级给予以下奖励。

级别等级	市	省	国家
一等	200	300	400
二等	150	200	300
三等	100	150	200

说明：①本项奖励限于教育行政部门组织评选，其他非教育局、教育厅的教育机构(如教育学会)组织的评选减半奖励，政府（主要是社科联）组织的每年一度的社科奖获奖等级上升一级奖励；②未评等级的优秀论文奖按同级三等奖奖励；③同一篇文章获多个奖，只按最高奖项奖励，不累加；④一人 2 篇论文获奖，按 1.5 倍奖金奖励，3 篇以上按原奖金的 2 倍奖励；⑤多人合作的奖励只奖第一作者。

2. 发表论文

教师撰写的教育教学、管理类等专题研究论文在正式发行学术刊物、报纸或在学校论文集（3 年收录 1 集）中发表的，按等级给予以下奖励。

级别	校论文集	市	省	国家
奖励金额	200	200	300	400

说明：①同一篇文章发表于多个刊物或报纸，只按最高奖项奖励，不累加；②多人合作的奖励只奖第一作者。③一人 2 篇论文收入学校论文集，按 1.5 倍奖金奖励，3 篇以上按 2 倍奖金奖励；④学校论文集中的文章如果已获得其他奖励并且学校已经支付奖金，则该文章只奖励 50 元；⑤发表论文必须在 1000 字以上，否则不予奖励。同一篇文章、同一时期既发表又获奖，按最高金额奖励，但不累加。

3. 优秀教学法

教学法是教学研究和改革领域的综合体现，按以下等级奖励。

级别	校	区	市	省	国家
奖励金额	300	400	500	600	800

说明：逐级评选的同一个教学法按最高级别奖励，不累加。

（五）指导学生奖

1. 所带班级获“先进班集体”或“优秀团支部”等荣誉称号者，对班主任教师按等级给予以下奖励。

级别	校	区	市	省	国家
奖励金额	200	300	400	500	600

说明：①对于中途接班获得优秀班集体的，接任该班班主任一年以上者全额发放，不足一年但满一学期的奖金减半；②若该班主任同年也获得“优秀班主任”专项荣誉奖，两项奖励不累加，按最高奖金额发放。

2. 指导学生学科（语文、数学、英语、物理、化学、生物、地理、政治、历史、信息技术学科、音乐、体育、美术）竞赛中获奖的，对指导教师按等级给予以下奖励。

级别等级	区	市	省	国家
一等	150	200	300	400
二等	100	150	200	300
三等	50	100	150	200

说明：①各级学科竞赛指教育主管部门（各级教委）组织并发证的活动；教研室或者省级以上学科教学委员会组织并发证的以及经学校批准和组织参加的奖金减半；②对指导教师的认定原则上看证书或文件，有异议的，由办公会认定；③同一科目、同一参赛对象、同一竞赛重复得奖的，按最高层次奖励；④一人辅导 2 个学生在一次活动中获奖的，按 1.5 倍奖金奖励，3 个以上按 2 倍奖金奖励；⑤获奖等级由组织竞赛的单位级别确定，获奖人数以正式通知为准。

3. 指导学生综合实践活动、研究性学习、科技活动竞赛获奖。

凡根据各级教育主管部门的正式通知（其他群众、学术团体和刊物组织的各项竞赛不包括其内）对学生进行有组织、有计划的培训，参加小发明、小制作、小论文在各级获奖的，给指导老师奖励办法同学科竞赛奖励。

4. 指导学生音体美活动竞赛获奖。

凡根据各级教育主管部门的正式通知（其他群众、学术团体和刊物组织的各项竞赛不包括其内）对学生进行有组织、有计划的培训，参加音乐、体育、美术等有关内容的比赛并获奖的指导教师，其奖励办法同学科竞赛奖励，但相应奖金减半。

5. 教师辅导学生在各级报刊杂志上发表文章（版面上必须注明辅导教师姓名），按教师发表文章的四分之一发放奖金。

6. 因某项活动辅导成绩突出被上级评为优秀指导教师的，按同级别指导学生获奖的二等奖进行相应奖励，如也有指导学生奖，不与指导学生奖累加，按最高奖励金额奖励。

注：以上各项指导奖励是对指导学生个人获奖的而言，如果指导学生集体获奖，则奖金为指导学生个人获奖的两倍。

（六）教师参加的由教育主管部门或政府部门组织的其他活动，包括文体活动、艺术比赛、演讲比赛、作文比赛、自制教具等获得奖励的，按指导学生音体美活动获奖金额奖励。

二、集体奖励项目（优秀教研组和先进集备组）

教师集体在教改中积极工作、认真研究、成绩突出、表现出色，被评为优秀教研组和先进集备组的，按等级给予以下奖励（表中奖金为人均奖励金额）。

级别	校	区	市	省	国家
奖励金额	200	300	400	500	600

三、总体说明

1. 以上规定奖励的人员范围是青大附中全体教职员，其荣誉称号或获奖项目必须是在青大附中期间获得的；

2. 奖励的时间范围是上年度 9 月 1 日到本年度 9 月 1 日，如果比赛结果已经公示或文件已经下达，虽然现在还没有证书，也可以算作今年奖励范围；

3. 高考和中考奖励规定将单列执行，中考奖励与本规定中各项奖励都可以重复获得；

4. 本管理规定现在作为试行稿，将在试行过程中不断调整和完善，待教职工代表大会讨论通过后再作为正式制度长期实行；

5. 对有争议的奖励要求由学校办公会研究决定，校长拥有最终解释权。

三、学校环境文化建设

（一）一期学校环境文化设计

刚到学校任职，王国利校长就给我布置了进行校园环境建设的任务。因为建校时间短，学校还没顾得上对校园进行整体设计。甚至学校校牌等重要标志也不醒目，各楼层只是散落着一些名人画像和励志格言等，而且看上去也很陈旧了。整个校园环境没有系统设计，表现不出任何特点，更不能反映学校精神文化的内涵。

整个校园很小，怎样利用狭窄的空间进行系统规划呢？我着实费了一些脑筋，不仅查阅了一些有关环境文化建设的文章，还去考察了几所有特点学校的校园环境，慢慢形成了建设的思路：首先，学校环境文化建设是个系统工程，不可能一蹴而就，要分批完成。因为学校环境建设几乎是个空白，所以，首批次就要以展板为主要表现形式，在楼层间形成基础环境，并保持相对稳定。其次，要以学生作品和学校活动图片为主，在楼梯和楼层间形成系列，充分展示学校特色，表现十六字方针的内涵。最后，不断充实和更新学生作品和学校活动图片，使得学校特色展示有活力。

有了这样较为成熟的想法，我联系了一个专业的文化环境设计公司，就思路和方案设计与他们交流，希望能借助他们尽快完成设想。真正做起来我才发现，这绝不是一个我把思路说出来交代给他们就可以完成的事情，而是一个很复杂辛苦的过程。一方面需要借助他们的专业技能，如美术设计、材料选择、造价预算、具体施工等，但另一方面，具体创意、素材，甚至包括构图、字体都不能完全由他们确定，需要把我的想法尽可能明确地告知他们，再审查他们的具体设计，很多时候需要我来提具体方案。譬如，教学楼二楼主题确定为“科学求真”，但是找哪些关于科学技术的素材？展示哪些科学家的贡献？主色调是什么？用什么图片？展示顺序是什么？放在走廊什么位置？这些具体的事情都需要我来决定。

那一段时间，我真的就像给自己的新家进行装修一样，几乎除了听课之外，其他时间都在进行具体设计和审查公司提供的设计方案。在环境文化一期工程完工之后，我开玩笑地对装饰公司的人说，我现在也能开校园文化设计公司了。

一期环境文化建设，我主要做了以下几件事情：

首先，对教学楼外部进行了装饰，不仅在楼顶做了“青岛大学附属中学”几个荧光大字，能从很远的地方看到学校名称（过去很多人找不到学校），还在大楼侧面墙上做了“科研引领、优质轻负、守正出奇、自主多元”十六个大字，让每个进入学校的人能首先看到学校的办学理念。

其次，对门厅进行了规划。借鉴周恩来总理曾就读的天津南开学校做法，在门厅进门处设置了一面大镜子，镜子上刻有“容止格言”（面必净，发必理，衣必整，纽必结；头容正，肩容平，胸容宽，背容直。气象：勿傲、勿暴、勿怠；颜色：宜和、宜静、宜庄）。旨在让学生一进校门，就注意自己的言行仪表。大镜子对面则是校徽（是在向全校师生征集、评选出最优秀设计的基础上修改完成的）和办学十六字方针，还有全面介绍学校的六块系列展板（包括学校简介、办学模式、学校荣誉、领导班子、教师队伍、学生获奖）。另外，也装修了厅内柱子，柱子周边设计为校友礼物展示。这可以介绍各届毕业生情况，是学校发展历史的重要见证。这样，外来人员一进教学楼就能对学校发展有一个整体的认识。

最后，我对1—6层楼的走廊进行了系统规划。一楼主题是“习惯养成”，不仅有“教育就是培养习惯”的格言，“播种行为可以收获习惯、播种习惯可以收获性格、播种性格可以收获命运”的名言，还有“教学楼内脚步请轻一点、动作请轻一点、说话请轻一点”的温馨提示，以及放在学校一楼走廊最显著位置的“同窗六比”。而且把中学生守则及青大附中生活和学习习惯口诀，也用展板的形式固定在墙上。因为每个学生每天都要经过一楼，这些展板无时无刻不在提醒着他们好习惯的重要性。

学校自编的生活好习惯口诀：规范着装、爱护校服，按时出勤、行动统一，右行礼让、轻行慢步，见面问好、礼貌用语，讲普通话、文明适宜，不用手机、遵守纪律，爱护公物、爱惜粮食，午餐班车、安静有序，认真值日、不扔杂物，尊敬老师、言行有礼，爱护环境、节约第一，行为习惯、贵在自律。

学校自编的学习好习惯口诀：次日功课、提前预习，当晚学毕、收拾文具，来到教室、马上学习，各科作业、按时交齐；二分钟铃、摆书静息，认真听讲、主动学习，不懂就问、大胆质疑，当天作业、日清日毕，书写工整、改错仔细，先做复习、作业练习，及时巩固、阶段整理，良好习惯、终生受益。

2—4楼分别设置了“科技”“人文”和“艺术”三个专题，通过图文并茂的方式集中展示了科技发展历史与最新科技成果、人类思想文化发展史与代表性人物流派、古今中外艺术形式及代表性作品。在这三个楼层，分别对应着“科技求真”“人文求善”和“艺术求美”，希望学生能够耳濡目染，给学生以“真善美”的陶冶。5楼则主要是针对初三学生，因毕业班中考压力大，就用一些励志或智慧小故事对他们进行理想信念教育或心理疏导，培养他们自信、自强、乐观、向上的精神。6楼是教师办公室，所以展板内容主要是一些关于基础教育课程改革要求、教育理念、教育名言、教师专业发展、学校教学要求类的内容。而且，每一楼层使用了不同的主色调，每一楼层都有一个“引言”，到教学楼走一圈就像是看一套系列丛书，给人以完整系统的感觉。2—6层楼卷首语分别为：

2楼：科学求真——科学是认识世界的钥匙。有了这把钥匙，我们才能逐步认识世界，从而进行改造世界的伟大实践，使世界在沿着本身运行规律运动的同时变得更美好。科学的本质就是求真，科学和技术不断融合一起为我们创造美好的未来。

3楼：人文求善——人文精神是一种普遍的人类自我关怀，表现为对人的尊严、价值、命运的维护、追求和关切，对人类遗留下来的各种精神文化现象的高度珍视。围绕着“人类应当怎样生存”，古今中外多少哲人贤士都做了深刻的思考，也书写了整个人类的文明史。

4楼：艺术求美——美是全方位的、无所不在的。丰富多彩的艺术形式是追求美、展现美、升华美的大舞台。美是真实的，有时又是虚幻的；美是含蓄的，有时又是夸张的；美是质朴的，有时又是华丽的；美是有生命的，但是，她是永远不枯朽的。

5楼：心灵驿站——没有人生的目标，只会停留在原地，听天由命；没有远大的志向，只会变得慵懒，叹息茫然。想不让机会就这样溜走，青春就这样逝去，只有靠志向和理想冲出迷茫的旋涡，崭新的人生之页将会为你从这里掀开。

6楼：教研之路——如果你想让教师的劳动能够多给教师一些乐趣，使天天上课不致变成一种单调乏味的义务，那你应引导每一位教师走上从事一些研究的这条幸福的道路上来。——苏霍姆林斯基

（二）二期校园文化建设

一期校园文化建设之后，整个校园感觉有规划了，有思想了，但还缺

少学校自己的东西，缺少学生的东西。另外，一期校园文化建设只是把“科研引领、优质轻负、守正出奇、自主多元”十六个字挂在了校园中，但这十六个字办学方针的精神内涵并没有体现在校园中。

因为校园很小，一期工程中几个楼层都已经规划完了，二期工程我主要利用的是对两个楼梯的设计。

在主楼梯墙面呈现的是学生的科技创新作品和学校获得的科技创新荣誉，以突显学生科技活动和学校办学特色，同时很好地阐释了“科研引领、守正出奇”的内涵。展板一般包括：学生科技创新的作品名称、学生姓名、班级、个人照片、作品照片或图片，对科技作品原理、功能、用途等方面的简介，作品获得的荣誉称号等。

为了制作的内容统一和提高内容质量，我首先精心挑选各级各类比赛学生的获奖作品，召集这些学生开会讲明展板要求，让学生们自己组织语言和提供照片，然后逐一检查修改定稿后，交付文化设计公司进行版面设计，最后，由我审阅设计效果图后再让公司人员进行制作和挂墙。尽管工作很细碎，也没有协助我来完成这项工作的老师（民办学校不养闲人，每位教职工工作量都不小），但为了追求效果，我只能一项项地认真去做。作品上墙后，效果非常好，不仅突出了学校科技创新特色和科研引领理念，而且被展示的学生非常兴奋，其他同学很羡慕，营造了浓厚的科技创新氛围。

另外一侧的楼梯，展示的是学生丰富多彩的活动、比赛与作品。从1楼到6楼，既有学校优势特色项目的成绩展示，像健美操、篮球队、管乐团、舞蹈队，趣味运动会、艺术节等，也有各方面表现突出的明星学生介绍，如学科竞赛、才艺大赛获奖者和运动达人、社会活动名人等，还有学生的一些艺术作品，如书法、绘画、篆刻、摄影展示等。以上这些内容也是以展板的形式呈现，体现着“优质轻负、自主多元”的内涵。

可以说，两期校园环境工程奠定了整个校园的文化基调，随后的校园建设工作只是在此基础上的修补和完善。譬如，在两名学生作词作曲的基础上确定了校歌，并把校歌呈现在一楼另一侧的门厅。两侧楼梯的展板并不是固定不变的，学校会不断增加和更新展板内容，始终保证能全面展示学校开展的新活动和不断涌现出的学生明星。

第四节 理性思考：学校文化建设的反思

一、学校文化建设的特点

首先，学校文化具有人为性，即学校文化应该是学校创造形成的。因此，学校文化建设的过程是一个有意而为、系统设计的过程，这是学校主要领导者教育哲学和教育信念的展现，在把教育哲学和教育信念外化的这个过程中体现了文化建设的目的性、计划性和创造性。回顾学校文化设计与建设的不同阶段，应该都能体现了这一点。

其次，学校文化形成具有历史积淀性，所以，学校文化建设不可能一蹴而就，而是在一个较长阶段内渐进形成的。如果是一所古老的学校，学校文化是自然积淀的，即使是一所新校的文化创建也要考虑这所学校产生的背景和定位，以及办学之处的内外部影响。在青大附中五年的学校文化建设过程中，精神文化体系的逐渐完整、制度文化的不断规范以及环境文化的多期施工都表现了这一特点。

再次，学校文化具有复杂整体性，是融合多种因素而形成的一种整体效应。虽然在理论上可对学校文化的内部构成要素作细致地分解，但它本身总是以整体的方式发挥作用。也就是说，精神文化、制度文化和环境文化各要素之间有内在的、密切的关联。其中精神文化无疑是核心，制度文化和环境文化建设都应该体现精神文化的内涵。譬如说，《教师教科研奖励条例》的颁布是青大附中发展历史上的一件大事，它改变了学校的评价导向，真正体现学校精神文化内涵的制度建设，因而也成为学校制度文化的一种象征。学校两侧楼梯的规划设计更是体现了学校的办学方针以及在此方针指引下的办学成果，也成为精神文化的外部表征。

最后，学校文化是文化建设过程和文化建设结果的统一。整个学校文化的建设过程不仅产生了文化成果，如学校精神文化体系、各种规章制度和外部环境。文化建设的酝酿、研讨、宣传过程本身也是学校文化解读过程、认同过程和潜移默化的文化过程，甚至这个过程本身的特征与策略也体现着学校文化的内涵。如动员全校师生讨论学校精神、创作校徽校歌都体现了自主多元的价值追求。

二、学校文化建设的作用

人的观念、思想和行为往往受到周围环境的影响。在一定的文化氛围下，个人原有的观念、思维方式和行为习惯会自觉或不自觉地受到影响，特别是当个人的价值观念、行为方式与其所置身的组织文化氛围不和谐甚至相冲突时，个人就会倾向于慢慢地改变自身以谋求与组织整体氛围的和谐一致，这便是文化的导向功能。青大附中的教师来自四面八方，有的在原单位已经形成了一些观念、思维方式和行为习惯，有的刚刚进入教师工作岗位，还没有形成稳定的观念、思维方式和行为习惯；青大附中的学生更是处在价值观念、思维方式和行为习惯的形成时期。但在青大附中这个文化环境中，他们就会逐渐认可和接受学校所倡导的办学和教育理念，并朝着学校文化要求的方向发展。这一点，随着学校文化体系的逐步丰富和发展，学校文化的导向功能会日益显著。

文化除具有导向功能外还具有约束功能。文化的约束功能既表现为“硬约束”又表现为“软约束”。“硬约束”主要是指某区域组织或单位部门所制定的硬性的规章制度、行为规范等对其内部成员的行为所起的刚性强制作用，“软约束”则主要指区域组织或单位部门内部大多数人所普遍认可的观念、思维习惯、行为方式等对全体师生员工的行为所起的柔性牵制作用。无论是教师观念、思维习惯、行为方式的改变还是学生观念、思维习惯、行为方式的形成都不是一件容易的事情，在这个过程中已有的不符合学校文化要求的旧观念、思维习惯和行为方式可能会随时跳出来。所以，特别需要硬性制度的制约和软性舆论的牵制。而且随着时间的推移，“软约束”功能变得日益强大。

良好的学校文化还能产生一种激励机制，这种机制能够使组织内部的成员自觉地从事对组织有价值的活动，形成一种内部动力，进而调动全体成员的积极性。无论是学校的舆论倡导还是规章制度，都会激励师生员工努力争取获得认可和奖励。正如学校指定的奖励条例引导教师专业的全面发展；组织的各种公开课、优秀教研组、优秀个人的评选活动激发了教师参加课改的积极性；《学生科技创新量化考核标准》激发了学生科技创新活动的热情等。

三、“文化治校”是一种境界

（一）学校管理的三重境界

通过在青大附中几年的文化建设，我深刻理解了学校管理的三重境界：人治、法治和文治。

几乎每所学校都要或长或短地经历“人治”阶段。青大附中的“人治”阶段在学校建设之初，那时忙于招生宣传、人员招聘、常规教学和学生管理等日常性工作，处在“求生存”时期，学校根本无暇顾及文化建设，没有适合的办学理念，没有明确的文化口号，没有精心设计的文化标识，甚至缺少系统的制度建设。在这一阶段，决定学校管理水平和发展方向的是领导班子中的核心成员，靠他们朴素的教育理念、丰富的教育管理经验，更重要的是人品和眼界。遇到需要解决的问题和需要确定的选择都依赖领导者的素质和能力。但在这个时期，存在两大问题：一是因为过分依赖个别人，而缺乏监控监督、民主协商等机制体制，若主要领导者的人品、眼界、素质、能力、经验等方面出现问题，则学校内部管理会出现危机，学校发展方向会出现偏差，甚至会遭遇重大失误和难以挽回的损失。二是容易造成个人权力集中，教职工的工作表现只是为了迎合主要领导。甚至容易造成教职员工当面一套背后一套，只在领导面前做样子，私底下没有工作规矩和底线。造成领导勤勉则井然有序、领导不到位则一团混乱的局面。

当学校发展进入一个相对稳定时期，人们会越来越认识到，仅仅依靠领导者的管理是低效的，头痛医头脚痛医脚的做法是行不通的，迫切需要对学校管理的机制体制和规章制度进行规范化、系统化的建设。当然，经过一段时间的摸索之后，学校在体制机制和规章制度方面已经进行了初步的建设。在此基础上进一步建章立制并形成体系（包括学校办学理念、各类岗位职责、各项工作规范、各种奖惩条例等)，从而规范学校管理的阶段即称为“法治”。该阶段的特点是对学校各项工作的发展运行、对教职工工作行为的评价奖惩不再依赖于领导者的好恶和倾向，而是要按照各项规章制度、政策文件中的规定。这一阶段改善了“人治”阶段的过分依赖个别人和权力过于集中带来的弊端，是学校管理的一大进步。但是，“法治”阶段也容易出现两个问题：一是必须依赖于完备齐全的规章制度。若规章制度有漏洞或相互之间有矛盾，则管理工作就可能出问题。所以往往需要不断补充、更新和完善各项规章制度，变革管理机构和运行机制，从而使得规章制度文本越来越厚，管理程序日益烦琐，甚至成为束缚人们创造力的羁绊。二是必须依赖于规章制度的执行力度。针对工作需要建立各项规章制度需要付出大量精力，严格执行各项规章制度更需要努力。如果规章制度仅仅落在纸面上而没有得到严格执行，则不仅产生不了管理效益，而且可能会起到消极作用。

当学校意识到“法治”阶段也有弊端时，必然会关注“文化”在学校管理和发展中的作用。许多历史悠久的老校、名校，都有大家内心真正认可的价值观和教育理念，可以排除外界许多不良影响和干扰，并凭借信念的力量屏蔽与学校价值观和教育理念不符的世俗的、功利的、浮夸的舆论与潮流。这些学校除了成文的规章制度更有许多内在的规则与传统，让人们自觉依照和遵守，这些内在的规则与传统会通过各种仪式、活动，通过日常对话与交流反映出来，以至于来到这些学校的新教师也会很快被其他教师的意识和习惯所感染和引领，这种内在规则和传统的制约力甚至超过成文制度文化。这些学校往往还有多年累积而成的景观、器物和各种文化标识，甚至一草一木都有故事和寓意，这些环境也会对人产生潜移默化的影响。因此，学校开始有意识地进行精神文化、制度文化和环境文化等方面的系统建设，以期达到“文化治校”的境界：全校的教职工不再依靠外在约束，而是形成一种价值观共识和内在规范认可，形成一种精神气场和舆论氛围，形成学校的向心力、凝聚力和认同感，从而为学校发展同心协力。

（二）从“人治”到“文化治校”是一个漫长过程

在青大附中文化建设的过程中，我也深刻感受到，“人治”“法治”与“文治”是学校发展必经的三个阶段，无法跨越也没有捷径。从“人治”到“文化治校”是一个漫长的过程，需要艰苦不懈的努力。

首先，文化建设需要明确的意识。学校要在发展过程中才能逐渐形成文化建设的意识。因为不经历“人治”和“法治”阶段，就意识不到“人治”和“法治”的弊端，如果发现不了“人治”和“法治”的弊端，就缺乏文化建设的愿望和需求。而学校领导者的文化意识尤为关键，因为他们是学校文化建设的发起者，往往通过他们的引导和激发，广大教师才产生文化意识。譬如，王国利校长正是在长期的学校管理中具备学校文化的意识，在青大附中发展过程中意识到文化建设的必要性和紧迫性，才强调学校文化建设是一项重要的、长期的战略性任务。

其次，文化建设需要系统的规划。仅有文化建设的意识是远远不够的，作为学校领导者要了解学校文化的内涵与特点，知道精神文化、制度文化、物质文化的组成要素及其相互关系，从而才能在学校文化建设中注意不同层次文化的内在一致和相互促进作用，进行系统的设计。一般来说，学校文化的设计首先应该基于学校发展历史、社会需求和教育理念等，确立学校办学理念、培养目标以及校训、师训、教风、学风、校徽和校歌等文化标识，然后根据办学理念等，结合学校实际完善岗位职责、日常工作规范、重要活动规则以及奖惩激励条例等各项规章制度，继而在学校环境建设中通过景观、标语、展示等进一步体现学校价值观和渲染文化氛围。即以精神文化为指引，以制度文化为保障，以物质文化作为外部表现，相互促进，共同形成学校文化体系。

再次，文化建设需要适合的策略。文化是一个“虚虚实实”的东西，说它“虚”是因为大多文化往往看不见摸不着，即使是印在手册中的制度、挂在墙上的标语也需要解读才能理解它的内涵；说它“实”则是因为在不同学校确实能感受到不一样的文化氛围，体会到文化的历史积淀与传承。也正因为这样，不同于课程建设和教师队伍建设，文化建设应该根据不同类型文化的特点选择不同的策略。精神文化的形成需要认真讲解提出的原因，深刻全面解读其内涵，并组织广大师生参与到各种文化标识的设计之中，充分发挥其主人翁地位，在参与讨论中深入人心，一旦确定后则在各种活动、场合中展示和宣传；如果说精神文化体系适合一次性构建的话，制度文化则需要在办学实践中逐渐丰富和完善，要在学习借鉴先进经验的基础上凸显学校的精神文化追求，体现学校的办学理念和管理特色。当然，在这个过程中也需要广大教职工的意见和建议，往往通过教代会等方式进行旧制度的完善与新制度的讨论，并在执行过程中强化制度所追求的价值导向和管理理念；物质文化则是需要根据学校环境与条件，进行总体规划和分期分批实施，一方面把具有文化意蕴的师生活动产品以合适的方式予以保留或再造，另一方面要创造一些器物、图标、景物等以更好地凸显学校的精神追求和教育理念。

最后，文化建设需要坚持和耐心。文化是历史积淀的，没有历史就没有文化。因此，即使精心设计、科学规划、扎实推进，学校文化的真正形成也需要漫长的过程。绝不能急于求成、追求表面热闹，而是要静下心来，浸润沉淀中自然而然地形成文化。虽然青大附中精神文化大讨论后，基本的精神文化理念已经确定，但从口号提出到理解内涵、从耳熟能详到深入人心，需要一个相当长过程，甚至这个过程中有些口号就淡漠了、流失了；尽管不断淘汰和改变旧制度，形成新制度，制度手册越来越厚实，但总感觉有越来越多的东西需要规范；几期的环境文化建设虽然也是冥思苦想和精心打造，但感觉还远远不能充分表达与展示。因此，我感觉在青大附中的几年中，仅仅处于“法治”的初级阶段，虽开始有意识地进行文化建设，也做了一些有益尝试，但离“文化治校”状态尚有较大差距，学校文化建设任重道远，需要一代一代青大附中人的持续努力。

第四章

学校课程规划

2008 年，山东省新颁布了《规范办学 40 条》，各级教育主管部门都特别强调开足、开齐、开好三级课程。于是，学校课程规划成为我的重要工作任务，也是我在青大附中实施课程领导的核心工作。

第一节　理论基础：学校课程规划的相关研究

新课程改革至今已接近 20 年，这 20 年不仅是自上而下推行新课改的 20 年，也是我国学校课程建设的 20 年。新中国成立至今，我国共经历了八次课程改革，前七次主要以编纂和修订教学大纲和课程计划为主，课程改革其实就是“教学科目”改革。2001 年第八次课程改革明确提出实行三级课程管理体制，从此，我国学校课程建设不仅包括国家课程与地方课程的有效实施，还包括校本课程的合理开发。因此，学校需要统整性、创造性地进行学校课程规划，并基于学校课程规划进行学校课程建设。

一、学校课程规划的产生与发展

1988 年，陈侠先生发表了《对义务教育课程规划的几点建议》一文，第一次使用了“课程规划”的概念，并在文中就课程规划目标的问题，在采用综合课程、设置选修课程等方面提出了若干建议。[①]1994 年，林保圣

① 陈侠：《对义务教育课程规划的几点建议》，《课程 · 教材 · 教法》1988 年第 1 期，第 36—37 页。

和卢宪鸿先生在《新加坡的教育改革——课程规划与发展》一文中详细地阐述了新加坡1980年在课程规划、课程发展、教育制度等方面的课程改革机制，为我国课程规划打开了新的视野。[①]1997年和1998年，王斌华先生先后发表了《课程规划导论（上）》和《课程规划导论（下）》两篇文章，详细地论述了课程规划的发展轨迹，课程规划的过程、影响因素、参与主体、评价标准等问题，为以后的课程规划研究奠定了坚实的理论基础。[②]2001年我国实行第八次基础教育课程改革，课程管理的权力被下放到学校层面，如何在学校层面对课程进行有效的规划，日渐成为各界关注的问题，越来越多的学者开始将学校课程规划作为一个独立的问题进行研究。

建国以来，我国在课程管理模式上一直采用的是集权模式，但是随着社会的发展，这种课程管理模式逐渐无法适应时代的要求。2001年，国家颁布了《基础教育课程改革纲要（试行）》，明确提出“改变课程管理过于集中的状况，实行国家、地方、学校三级课程管理，增强课程对地方、学校及学生的适应性”，开启了课程改革的新局面。自此，学校被赋予了一定自主权，不再仅仅是国家课程忠实的执行者和被动的实施者，而成为课程的开发者、设计者、规划者和思考者。

对学校来说，在三级课程管理体系下终获解放，可以根据本校的实际情况，充分利用各种资源，规划出适合自己的课程方案，推动课程改革的进行，形成学校特色，促进学校的发展；对教师来说，这是一次理念得到洗礼、精神得到充盈、能力得到提高、专业得到发展的宝贵经历，成功的课程规划将能够帮助教师从以前繁重枯燥的教学活动中获得真正的自由和解放；对学生来说，他们将成为课程规划的最大受益者，成功的课程规划将意味着每一学生都能接受到更加科学有趣、高效多元的课程，既能达到

---

① 林保圣、卢宪鸿：《新加坡的教育改革——课程规划与发展》，《上海教育科研》1994年第6期，第7—9页。

② 王斌华：《课程规划导论（上）》，《外国教育资料》1997年第6期，第53—58页；王斌华：《课程规划导论（下）》，《外国教育资料》1998年第1期，第3—5页。

共性的发展目标，又能获得个性的发展，成长为符合时代要求的人才。总之，随着新课程改革的日益深入，人们开始将视野放在更大范围的课程问题上，而不再像过去那样只是在有限的范围内进行技术化的处理或者修修补补。①

“在学校层面的课程权责中，最为核心的就是学校课程规划。”②学校课程规划已经成为学校课程管理的核心工作，一方面关系到学生的成长，也关系到学校教师专业能力的提升；另一方面，对国家课程、地方课程和校本课程进行整体规划和实施既是学校的权力，也是学校的义务。学校课程规划对于有效落实国家课程，合理开发校本课程，彰显学校特色，实现学校价值，促进学校发展也有着极其重要的意义。“教育，需要学校作出自己的抉择。”③在这种大背景下，学校课程规划势在必行，成为突破课程改革瓶颈的必经之路。

二、学校课程规划的内涵

关于学校课程规划的定义，崔允漷④教授认为学校课程规划是学校对本校的课程，进行设计、实施、评价的一种全面的规划。其追求是学校本位的课程，即在具体实施国家课程与地方课程的前提下，通过对本校学生的需求进行科学的评估，充分利用当地社区和学校的课程资源而开发的多样性的、可供学生选择的课程。张相学⑤认为，学校课程规划是指学校作为课程规划的主体，依据国家和地方的课程政策，结合自身的培养目标和办学条件，从社会环境、家长期望和学生需要出发，对学校课程的设计、

---

① 靳玉乐：《学校课程领导论——理论研究与实践探索》，人民教育出版社 2011 年版，第 13 页。

② 陈素平：《学校课程规划的分析与思考——以温州为例》，《上海教育科研》2014 年第 5 期。

③ 靳玉乐：《学校课程领导论——理论研究与实践探索》，人民教育出版社 2011 年版，第 13 页。

④ 崔允漷：《学校课程规划的内涵与实践》，《上海教育科研》2005 年第 8 期。

⑤ 张相学：《学校课程规划的依据、原则与过程》，《教学与管理》2009 年第 34 期，第 6—8 页。

实施、评价及相关因素与条件作出的整体构建，以促进国家课程、地方课程和校本课程在学校层面的整合，实现学生、教师与学校的最佳发展。他提出以课程愿景、组织制度、课程方案、行动方案、评价方案为内容构建了课程规划体系。靳玉乐、董小平[①]认为学校课程规划是指“学校以本校为基础，对学校课程（包括国家课程、地方课程和校本课程）的设计、实施与评价等进行整体的设计和安排，其实质是学校课程的校本化过程。学校课程规划包括三个向度：课程愿景描述、组织设计和方案设计。”也有学者认为，学校课程规划不仅仅局限在课程的设计实施层面，其内涵要更加丰富，例如陈素平[②]认为“在某种程度上，学校课程规划包含统领了学校的课堂变革和课程建设两方面”。崔允漷[③]也提到“学校课程规划还必须包括教学内容的改进、教学方式的改进、课程评价改进、综合实践活动和校本课程的实施、相关的组织机构和制度的建立、教师专业发展等方面的内容。”也有的学者特别强调学校课程规划的动态性和持续性特点。学校课程规划的提出需要通过建立课程规划组织、研究学校课程的问题与发展方向、拟订学校课程规划草案、多方征求意见来实现。“学校课程规划，就是学校课程共同体为了达成本校整体发展规划的要求，基于对本校传统与优势的清晰认识，持续不断地对学校的课程（国家课程、地方课程以及校本课程）进行整体设计与安排的过程。”[④]

由此我们可以看出，学校课程规划不仅仅是课程的问题，也包含课堂教学、文化制度以及教师发展等外围支撑体系的构建问题。通过对已有概

---

① 靳玉乐、董小平：《论学校课程的规划与实施》，《西南大学学报（社会科学版）》2007年第5期，第108—114页。

② 陈素平：《学校课程规划的分析与思考——以温州为例》，《上海教育科研》2014年第5期，第74—77页。

③ 崔允漷：《学校课程规划的内涵与实践》，《上海教育科研》2005年第8期，第4—6页和第20页。

④ 和学新、乌焕焕：《学校课程规划的内涵与价值追求》，《教育学术月刊》2010年第5期，第86—89页。

念的界定，我尝试从四个方面对学校课程规划的内涵进行归纳，即学校课程规划的主体、学校课程规划的情境、学校课程规划的内容和学校课程规划的目的。

1. 学校课程规划的主体

学校课程规划的主体是学校，包括校长、资深教师、学校管理人员等，所有的环节都是由学校内部人员合力进行，而不是由其他部门代为规划，这是三级课程管理体系赋予学校的权力也是其义务。当然，在学校课程规划的过程中，学校需要借助于一些校外力量的支持，如课程专家、学科专家、教育行政部门、社区人士、学生家长等，但是这些力量仅仅是学校课程规划的参与者，不能替代学校的主体地位。

2. 学校课程规划的情境

学校课程规划是发生在学校范围内的，而不同的学校在精神文化、物质文化等方面必然有所差异，因此，学校课程规划必须是基于学校的实际，即学校的地理环境、人力资源、物力资源、文化氛围、办学理念、学生特点等基础上，具有适切性和个性化的特点。

3. 学校课程规划的内容

学校课程规划的内容是学校课程规划的内涵主体，根据已有研究和实际调查，将其分为两大维度：一是课程本体建设，指学校内部所有课程（国家课程、地方课程和校本课程）及教学实践活动的设计、实施、评价等过程；二是外围体系建设，指除了学校课程体系之外的制度建设和教师队伍建设等问题。（如表 4-1）

表 4-1　学校课程规划的内容维度表

维度	操作性定义
课程本体建设	学校内部所有课程（国家课程、地方课程和校本课程）及教学实践活动的整体设计、实施、评价等过程，具体而言，主要包括确定目标、设计方案、课程实施、课程评价等环节。

续表

维度	操作性定义
外围体系建设	(1) 学校的制度建设，主要包括学校的愿景建设、文化定位、办学理念以及各项管理制度的制定。(2) 教师队伍建设，包括教师的教育理念、专业能力、创新能力、科研能力等。

4. 学校课程规划的目的

学校课程规划的目的就是要以课程品质提升为抓手，促进学生的全面化、个性化发展，提高教师的专业发展水平，实现学校的整体发展。因而，课程规划必然是一个不断完善、持续改进的过程。

综上所述，学校课程规划，是学校为实现学生、教师和学校的全面发展，基于学校实际情况和发展愿景，充分调动各种因素，对学校的课程、教学、文化、制度以及教师专业发展等各个方面进行全面设计和实施的过程。

三、课程规划相关概念辨析

这样看来，学校课程规划的边界其实还是很广的，而且和传统上的一些课程术语（如课程管理、课程整合、课程领导）有内在关联和交叉，但也有其单独存在的必要。

1. 课程规划与课程管理

课程管理（Curriculum Management）是一个众说纷纭、难以界定的概念，从字面意义上来看，它是以课程为对象进行的管理活动。《教育大辞典（第一卷）》将教育管理界定为“对课程编订、实施、评价的组织、领导、监督和检查。”① 有的学者认为，课程管理是“在一定社会条件下有领导、有组织地协调人、物与课程的关系，指挥课程建设与课程实施，使之达到预定目标的过程”。② 还有的学者认为课程管理有宏观和微观、广义和狭义之分，如彭虹斌认为“我们可以将课程管理分为课程行政管理和学校课程管理。前者是国家对课程的行政管理，包括立法、课程政策的制定、课程

① 顾明远:《教育大辞典（第1卷）》，上海教育出版社1990年版，第201页。

② 廖哲勋:《课程学》，武汉：华中师范大学出版社1991年版，第328页。

标准的颁布、教科书的审定、学校课程实施和评价的监督。后者包括学校课程日常管理和学校课程领导，是学校对如下项目进行的管理：课程目标的校本化确认，国家课程、地方课程的校本化选择和组织，课程实施和课程评价”。① 在我看来，课程规划和课程管理既可以看作是你中有我、我中有你的相互包含的关系，也可以看作是彼此独立、相辅相成的关系。从后者的角度来看，课程管理是立足于课程本身之外的一种协调、组织、领导、监督的保障体系，是以课程为出发点，核心在管理。课程规划与课程管理相辅相成，如同火车的两条轨道，高效的课程管理能够协调多种因素，创造条件，保障课程规划的顺利实施；反过来，成功的课程规划又能帮助完善课程管理的功能，提高课程管理的效率。

2. 课程规划与课程整合

课程整合（Curriculum Integration）的研究由来已久，最早源于赫尔巴特的“统觉”理论，大致经历了学科中心课程整合、儿童中心课程整合、社会中心课程整合和人性中心课程整合四个阶段。由于研究者的视角不同，因此对课程整合的理解也不尽相同。于翠翠将以往课程整合的解释分为两种立场，一种是结构整合立场，即将课程视为科目或学科，着力于如何把彼此分散的课程要素有机地联系在一起；另一种是理念整合立场，将课程视为学习经验，是一种经验、知识、社会的整合。② 目前，我国的课程整合以前者居多，是一种狭义的课程整合，主要是指对学校中的课程进行分化、选择、设计，合并相似的内容，删减重复的内容，形成新的课程体系的过程。因此，从这一层面上来看，课程规划与课程整合是整体与部分、上位与下位的关系。课程整合包含在课程规划之内，是课程规划的有机组成部分，也是当前学校课程规划的突破点和着手点。

---

① 彭虹斌：《新课程背景下的校长课程管理》，《课程教材教法》2005 年第 11 期，第 12—16 页。

② 于翠翠：《课程整合的现实问题与可能路径》，《教育理论与实践》2013 年第 34 期，第 61—64 页。

3. 课程规划与课程领导

如前所述，课程领导是一种内涵丰富、范围广泛的课程实践活动，涉及学生学习、教师发展、课程教学、文化建设等多个方面的问题，因此从单一的角度出发对其进行界定是有失偏颇的。黄旭钧将课程领导界定为：基于学校课程的愿景，厘清课程的意义与范围，认清自己的角色，制定具体的课程目标，领导成员针对课程目标与计划、课程设计与发展、课程实施、课程评价进行周详的规划，发展适合的学习方案，并且在教师的课程进修、研讨、研究、咨询、评价等方面给予充分的支援与引导，以发展教师专业职能，塑造合作的学校文化，协调整合各种势力与有利的资源，支持教师的教学，进而提升学生学习的成果与品质。[①] 由此看出，课程领导在内涵上更大于课程规划，课程规划是课程领导过程中的核心部分，也是课程领导的重要职责。

四、学校课程规划的研究焦点

1. 学校课程体系构建

学校课程体系构建是学校课程规划的核心内容。有学者[②] 提出课程体系包含了学校的教育哲学、课程目标、课程内容、课程结构、课程实施、课程评价等一系列要素。其中，学校教育的理念哲学是学校构建校本化课程体系的方向引领，在这个方向的引领下，课程体系的目标、内容、结构类型、实施以及评价都要与学校的教育哲学保持一致的状态才能实现学校课程体系的整体性和系统化。课程体系的构建过程是从学校教育哲学出发，在教育理念的指导下，制定学校契合实际的课程目标，然后对实现目标的课程内容进行整体设计，形成内容上的纵向连贯和横向衔接，进而实现课程内容的逻辑化结构，并采用合适的方式方法进行实施，最终对实施的结果予以相应的评价，以测试目标的达标程度，形成对目标进行实时调整机

① 黄旭钧:《课程领导：理论与实务》，心理出版社 2003 年版，第 29 页。

② 张露:《小学校本化课程体系构建的实践研究》，西南师范大学硕士论文，2017 年。

制，最终实现课程体系各要素的良性循环互动。

在学校课程规划实践研究中，往往也是站在办学理念的高度，在课程组织建设、资源、时间等方面将三级课程很好地结合起来，提高办学效果，促进学校发展。如沈淑芳、钱进在黄宵艺术实验小学的校本课程建设实践中，提出一个科学有序的组织领导系统是课程顺利实施的外部保障（图 4-1）。① 并基于这种思路，构建有效的课程管理体制。

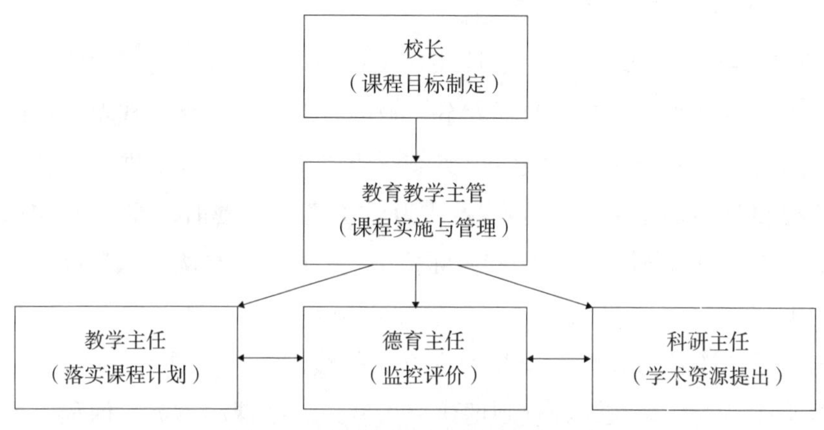

图 4-1 学校课程管理组织领导系统

2. 学校课程规划的模式

对于学校课程规划的模式，学者们在实践基础上也进行了总结。主要涉及学校课程规划的内生模式、学校课程规划的外引模式、学校课程规划的分化模式。内生模式是建立课程规划团队、收集资料、确定学校课程目标、构建课程标准，然后再进一步补充收集资料，在此基础上构建预方案，然后在全校范围进行审核、修改方案、描述方案。② 外引模式是引进其他学校的课程规划方案来建构本校的课程规划方案。先收集同类学校方案、建立评审团、确定筛选方案标准、从众方案中选择适宜的方

① 沈淑芳、钱进：《构建以艺术教育为中心的校本课程体系研究》，《教育科学与艺术》2014 年第 6 期，第 80—81 页。

② 王婷：《学校课程规划研究——以 A 校为例》，山东师范大学硕士论文，2011 年。

案，然后进行修改补充从而最终形成本校的课程规划方案。[①] 靳玉乐、董小平提出“分化模式”是先将学校课程分为几块，然后部分模块的规划由学校自主生成，其余的模块引进或借鉴其他学校的规划计划。这三种模式清晰界定了构建课程规划方案的三种倾向，即以学校开发为主、以引进为主、引进和开发并重。在实际操作中一般以某模式为主，其他模式为辅。[②]

3. 学校课程规划框架

骆玲芳、崔允漷[③] 认为学校课程规划的框架包括：确定学校的愿景和使命、构建九年一贯的课程方案、确定有效教学的纲要和发展性课程评价的纲要、编制综合实践活动实施框架和校本课程开发框架、实现学校课程委员会的运营。该学者还认为“在建立愿景前，要运用 SWOT 分析和 FAPO 分析来了解学校实际情况”。徐高虹[④] 认为“学校课程规划的框架应包括愿景的建立、学校课程领导力的提升、教与学政策的制定、适切课程的提供、学校课程方案的编制、行动方案的建立”。周海银[⑤] 则认为“学校课程规划的研究内容还包括课程方案，课程实施和评价、校本课程开发、课程管理机构的运行、教师的专业发展等方面的内容”。

4. 学校课程规划的案例研究

与理论研究相比，课程规划实践探索相对滞后，也有一些学者和实践专家基于学校课程规划的实际案例进行研究。如冯新瑞和梁烜（2008）对

---

① 王婷：《学校课程规划研究——以 A 校为例》，山东师范大学硕士论文，2011 年。

② 靳玉乐、董小平：《论学校课程的规划与实施》，《西南大学学报（社会科学版）》2007 年第 5 期，第 108—114 页。

③ 崔允漷、朱伟强：《基于标准的课程设计：界定目标》，《外国教育研究》2008 年第 8 期。

④ 徐高虹：《学校课程规划的框架建构》，《现代中小学教育》2008 年第 12 期，第 21—25 页。

⑤ 周海银：《学校课程建设的内涵》，《教学月刊：中学版（教学管理）》2015 年第 10 期，第 43 页。

综合实践活动的课程规划进行了思考并提出了方案制定过程。[①]夏雪梅通过对上海200多所中小学课程规划文本进行分析，为我们呈现了上海学校课程规划改革的现状。[②]刘光余等（2010）以上海某校课程规划为实例，阐述了学校课程理念建构的具体过程与方法。[③]王婷以个案研究法对学校课程规划的问题原因进行了研究。[④]韩振海在2011年硕士论文《农村初中学校课程规划存在的问题与对策研究》中对我国农村学校的课程规划情况进行分析，剖析原因并提出对策，将研究视角扩大到农村学校。[⑤]陈素平通过调查，对温州市40所学校的课程规划文本进行分析，详细阐述了学校课程规划的特点及存在的问题。[⑥]

总体而言，不论在理论层面还是实践层面我国学者对学校课程规划的研究都还处于起步阶段，研究数量尚且不多，理论体系尚不完善，实践研究还不丰富。

第二节 改革背景：对学校办学方式与培养目标的思考

课程是一个古老概念，从其产生之初就对应着培养目标，无论是哪种课程都是育人的，无论课程怎样变化都是为了更好地育人。所以当课程论

---

① 冯新瑞、梁烜：《学校综合实践活动课程规划及其方案制定》，《教育科学研究》2008年第11期，第38—41页。

② 夏雪梅：《从学校课程规划文本看上海中小学课程改革现状》，《教育发展研究》2009年第8期，第15—16页。

③ 刘光余、张利民：《植入实践的理论——以上海某校课程规划为例谈学校课程改革中的理念建构》，《全球教育展望》2010年第10期，第35—38页。

④ 王婷：《学校课程规划研究——以A校为例》，山东师范大学硕士论文，2011年。

⑤ 韩振海：《农村初中学校课程规划存在的问题与对策研究》，山东师范大学硕士论文，2011年。

⑥ 陈素平：《学校课程规划的分析与思考——以温州为例》，《上海教育科研》2014年第5期，第74—77页。

诞生之时，博比特就是从为未来成人生活准备的角度进行课程设计，随后，查特斯加入“理想”的成分设计课程来更好地满足为未来育人的目标。泰勒更是把课程目标和课程评价内在链接，形成经典的课程开发目标模式。虽然泰勒的课程目标开发模式饱受批评和质疑，但至今并没有人撼动课程开发的四个基本问题，也没能撼动课程目标在课程开发中的决定性作用。因此，在学校课程规划之初我首先要考虑的还是学校育人目标的问题。

一、确定学校的办学定位：素质教育大方向不动摇

要培养什么样的人是办学者首先要考虑的，这也是像青大附中这样的民办学校得以存在的前提。首先，作为中华人民共和国的学校，我们要培养德智体美全面发展的社会主义事业的建设者和接班人，因此，根据国家教育方针，注重立德树人，全面实施素质教育应该是学校始终把握的方向。其次，作为一所初中学校，面临着中考升学的任务，学好基础课程，让绝大部分学生能够升入高一级学校（包括普通高中和职业高中）是学校的分内之事。特别是作为一所民办初中学校，教学成绩、升学率是学校生死线，教学质量必须是要保证的。最后，青大附中是一所高收费民办学校，家长花高价把孩子送到这所学校，当然也抱有较高的教育期待，希望孩子得到优质全面的教育。

什么是优质全面的教育？素质教育还是应试教育？精英教育还是大众教育？整齐划一教育还是注重个性的教育？对这些问题的理解决定了学校发展的大方向。

实际上，素质教育与应试教育一直是当代中国基础教育发展的主要矛盾。1977 年恢复高考后，通过高考改变命运成为了全社会认同和关注的焦点，这种认识一方面提高了全社会对教育的重视，另一方面也逐渐催生了应试教育、加班加点和题海战术，片面追求升学率带来了太多的教育问题，也引发了有识之士对基础教育的深深忧虑。于是，80 年代至今，始终引领基础教育改革的一个词汇——“素质教育”开始产生了。刚开始，素质教育就是针对应试教育的弊端而提出，其内涵并不明确，在不断的讨论、争论和辩论中，逐渐明确了面向全体、全面发展、注重个性、以实践能力和

创新精神培养为核心的基本内涵。

但很长一段时间，素质教育仅仅是一种教育理念，很多家长和老师都认同这种理念，却不愿改变自己的现实选择。因为，学生家长的高度关注，上级领导的重点关注，社会民众的选择性关注都使得应试教育思想根深蒂固，应试办学思路很难转变。一时间，“素质教育轰轰烈烈、应试教育扎扎实实”“小学是素质教育解放区、初中是素质教育游击区、高中是素质教育敌占区”等说法非常流行。直到国家基于“为了每一位学生的发展，为了中华民族的伟大复兴”，在世纪之交启动了新一轮基础教育课程改革，才逐渐推动素质教育由理念走向实践。

素质教育提出的30多年是社会发展迅速、社会观念巨变的时期。信息化时代对未来人才知识运用与创新的要求越来越高，人们对学习、人才等概念有了新的认识，越来越认可终身学习与发展的理念；高等教育普及化一方面让更多的青少年有上大学的机会，出国留学、民办高校、网络学习等多种入学渠道使得高考变成了立交桥，不再是千军万马过独木桥，另一方面也让大学毕业生甚至是研究生面临残酷的就业竞争，上大学不再与铁饭碗有必然关联。在这种发展态势下，整个社会对基础教育，家长对孩子教育问题无疑是越来越重视了，但重视的视角或方向已经开始发生变化，教育观念日益显现差异化和多元化。越来越多的家长开始真正认同素质教育，对学校、教师的评价不再仅仅关注教学成绩。

青大附中的生源状况很好，从家长群体整体来看，父母学历高、能力高、社会地位高、经济基础好的家庭较多，同时，他们对子女教育的期望值整体较高，对素质教育的认可程度也相对更高。这一点在相关调查问卷中、教师反馈中都可以有所反映，在与一些家长的交流中，我也有明显感觉。因此，青大附中更应该确立素质教育的大方向，坚定不移地进行素质教育。

二、找准培养目标的定位：更高一点和更有特色

办学定位决定了学校课程规划的大方向，但培养目标才是影响学校课程规划具体内容与策略的直接因素。因为要达到培养目标就需要开设各种课程，各个课程目标实现后才能实现培养目标。换句话说，学校课程规划的最

终目的就是要实现培养目标。针对青大附中办学定位、现实状况和发展态势，我们确定了比普通公办初中学校更高一点和更有特色的培养目标定位。

（一）公办学校与民办学校的定位与招生方式差异

在当代中国，虽然民办教育发展还处于一个较为初级的水平，但民办教育与公办教育的定位也是比较明确的。公办教育是主体，民办教育是补充。公办教育（特别是义务教育阶段公办学校）主要是满足教育公平，然后在教育公平基础上提升教育质量和办出学校特色。因此，一般公办初中划片招生且不需要进行小升初的选拔考试，符合基本入学条件的学生，学校无权拒收，外来务工子女或初中转学者教育主管部门也会进行接收安排和调配。更为重要的是义务教育阶段所有公办学校都是免费的，属于公益事业。而民办学校则不属于社会公益教育体制内，它首要的不是满足教育公平，而是保证教育质量和办出学校特色，给家长提供可以选择的另一个受教育渠道，这个选择的代价就是到民办学校需要交学费（很多还是较为昂贵的学费）。所以，《民办教育促进法实施条例》规定，民办学校有一定招生自主权。但是，根据《义务教育法》，民办初中也属于义务教育阶段，所以，民办初中如果报名人数超过招生人数也应该实行电脑随机派位的方式。也正因为有这两种声音，所以全国各地民办初中学校的招生管理并不统一。如果让民办初中没有地域限制，进行自由考试选拔优秀生源，则周边公办学校意见会很大，因为这将影响整个区域教育均衡；如果要让民办学校完全按公办学校划片招生、超出招生名额电脑派位，则民办学校会觉得受限制太多，政府支持力度不够。但总的来说，民办初中的招生应兼顾公平性与选择性是大多数地区的共识。

也是在这种背景下，青大附中的招生方式也是一波三折。刚建校时招生困难，学校加大宣传力度，甚至老师们也被分配了招生指标。当育才优秀教师团队加盟，特别是第一届毕业生中考成绩出来后（2005 年之后），招生数量已经不是问题，怎样选拔优秀生源成为学校招生要考虑的首选问题。学校开始采取面试等选拔录取的方式进行招生，额满为止。2007 年招生日当天，为了能进入青大附中，家长凌晨开始排队报名，2008 年家长在招生前一天晚上就排队报名，2009 年家长排队报名时间甚至提前到了 24 小时。针对这种发展态势，青岛市教体局也曾要求青大附中执行超额生源电脑派位的政策，但由于青大附中办学背景比较复杂（当时隶属华青集团，华青集团不仅办有小学，还与青岛大学有保证招收大学教职工子女的协议等特殊情况），制定了对外招生数量很少、额满为止的招生方式，甚至 2010 年后不再面向社会招生。随着青大附中办学业绩越来越好，招生更是日益火爆、名额难求。

（二）**培养目标追求高标准**

在这种招生方式下，要想进入青大附中非常艰难，家长能选择让孩子到青大附中受教育，就意味着他有更高的教育期望，意味着他愿意付出一定的经济代价来换子女的教育回报。虽然青大附中还不属于贵族学校（其办学定位不是贵族学校，学费、课程、师资等也达不到贵族学校的标准），但既然家长把子女送到青大附中，学校就有责任努力达到家长更高的教育需求。

那家长的教育需求有哪些呢？坦诚地讲，在与众多家长交流中感受到家长的第一需求还是孩子能够考一所好高中。作为山东省经济最发达的副省级城市，青岛市每年升入普通高中比率却是山东省最低的（或许与青岛市大力发展职业教育有关系），每年只有一半的初中毕业生能考入普通高中继续学习，而另一半则要进入职业学校。有些公办初中学校的普高率能达到 60%以上，但情况较差的公办初中每年却只有 20%左右的普高升学率。青大附中 2008 年的普高升学率已接近 70%，也正是因为这一点，很多家长想尽各种办法要让孩子进入青大附中。因此，青大附中培养目标的第一标准是要有更高的普高升学率。

但仅有高升学率是显然不够的，因为青大附中要走素质教育发展之路，绝不仅仅关注升学率。办校以来，青大附中生源日益优秀，学生家庭教育环境较好，且家长对素质教育的认可和需求较高，学校就应该在全面发展方面有更高要求，在人才规格上有超越之处。所以，学校提出了“现代君子淑女”的形象目标，除了高质量的国家课程之外，设置了更全面的课程体系，创设了更丰富的校本课程，开发了更多校外教育资源，让学生有更为多样的个性化选择。

（三）培养目标更有特色

如果说培养目标的高要求是因为青大附中的高收费、生源好和家长期望值高等这些基础型因素，那么培养目标更有特色则源自青大附中办学机制独特性的优势。

首先，民办学校在内部管理和外部资源整合方面有更灵活的机制。青大附中在内部人员管理方面自主权更大，学校教师的聘用不重学历，一般无须笔试且面试不重形式，主要就是试讲与答辩，校领导与教研组通过简历、面试和答辩判断教师的整体素质、教学技能和发展潜力，从而决定其是否任用。无须编制、无须上级部门审批。在教师工作安排与评价方面，更是不论资排辈、不看重职称学历、不看重原有荣誉称号，只关注工作实绩和敬业状态。所以大多年轻教师获得了很好的发展机遇，很快能独当一面、担当重任。当教师在管理和教学中出现态度与业绩双差或触犯师德等底线问题时，学校也会直接辞退。所以，这样的管理方式更能激发教师创造活力，赋予教师更多课程领导力。

青大附中在外部资源整合方面灵活性更强。青大附中学生家长群体素质较高，其中有党政军界领导、高级知识分子、科研技术人员、成功创业者、公司高管等各界精英，他们掌握着很多资源甚至本身就是很好的教育资源。而作为一所民办学校，青大附中管理决策比较快、财务管理约束也相对较小，在利用外部资源方面也有体制优势。如把某些资源作为实践教育基地、与有些机构能形成长期合作、引进教育资源进行联合培养等，这样的合作比公办学校更快捷和方便。校外资源优势与机制灵活性都可以让学校课程资源变得更加丰富，让课程更为开放。

其次，与青岛大学合作提供的特殊机遇。熟悉基础教育的都知道，绝大部分高校附属学校都是当地的优质学校和热点学校。因为高校可以给中小学提供从教育思想到管理方式、从专业人才到高端资源的多维度支持。特别是青岛大学是一所拥有 100 多个专业，涵盖医学、理科、工科、人文、社科、艺术、体育等多领域和学科的综合性大学，同时，又有专门的师范学院和教师教育传统。而且我本人又是课程与教学论博士，怎么把青岛大学资源和个人专业优势利用起来，在人才培养方面真正办出特色和水平，也是我上任之初重点考虑的问题。

鉴于此，我们在培养人才理想标准方面也加入了一些要突显的特质，譬如说培养学生较突出的科技创新能力、全面的艺术素养和国际视野。因为青岛大学可以为青大附中培养学生这些特质提供更好的支持。譬如在随后的实践中，在学校课程规划和特色课程开发建设方面，充分发挥了个人专业优势；在课程实施过程中，有机整合师范学院各学科教育专家资源；在选修课程开发过程中，巧用了高校留学生多语种的优势；在开展科技创新教育活动中，发挥了大学理工科实验设施和科研指导力量的优势；最后，在艺术教育方面，也利用了音乐美术学院的教育资源。

第三节　行动研究：学校课程规划与实施

一、学校课程规划思路

（一）提高国家课程质量

国家课程是学校必须遵照执行的，是培养德智体美全方面发展人才的必备课程，中考考试科目也都属于国家课程，所以国家课程实施必然是学校课程规划的重点。在国家课程层面，其课程标准、教材、课时数都是规定好的，校长能做的核心工作就是如何确保开展规范且高质量的国家课程。因此，在青大附中五年期间，我主要是通过单元核心集体备课改革和竞争合作主动愉悦教学模式创新来完成的。（详见第六章、第七章）

（二）加强德育类活动课程

就像之前分析的那样，作为一所建校时间不长的私立学校，与教学工作相比，青大附中德育工作相对薄弱。所以在课程规划之初，学校就非常重视德育课程建设。德育课程绝不是仅限于思想政治课上，而是体现在各门课程教学过程中，渗透在学校各种教育活动中。为此，一方面，我们针对学校实际，提出个性化、具体化的德育课程目标；另一方面，要求所有任课教师在课堂教学中注意对情感态度价值观目标的设计和实施，并把学校进行的各类德育活动像课程一样系列化设计，最终形成青大附中的德育类课程。

1. 提出“同窗六比”和“现代君子淑女”，把德育课程目标个性化、具体化

建校之初，青大附中学生的家庭经济条件普遍较好，盲目攀比现象比较严重。有些孩子在一起，经常会比谁家有钱、谁的爸爸官大、谁家有豪车、谁的鞋子是名牌、谁的学习生活用品最奢侈。这样的攀比风实质上反映了学生们的人生观、世界观、价值观上存在的问题，也形成了对校风学风的不良影响，成为学校德育迫切解决的具体问题。

针对这些现象，2009 年，王国利校长提出了“同窗六比”，即思想上比进步、学习上比刻苦、知识上比丰富、生活上比简朴、交友上比互助、目标上比高度。当王国利征求我对“同窗六比”意见时，我非常赞同，只在个别字词上润色了一下，就在全校予以发布和宣传，并逐渐成为青大附中一个与众不同的特色品牌。我认为，王国利校长倡导的“同窗六比”，它提出了对学生生活、学习以及思想上的具体要求，是对学生思想品质、价值追求的正确引导，实际是用通俗语言提出了学校的个性化德育目标。

在实践过程中，学校对“同窗六比”德育指导思想进行分解。对每个阶段，都有不同的要求侧重点，即初一、初二、初三年级分别把“学习上比刻苦，生活上比简朴”“交往上比互助，知识上比丰富”“思想上比进步，目标上比高度”作为主题教育内容。

“现代君子淑女”是王国利校长 2010 年提出的学校培养目标，她委托我对此做进一步解读。我查阅了一些资料，给出了“现代君子淑女”的学校解读：从性格气质来说，现代君子要正直诚信、谦虚好学、注重礼仪、豁达大气、自律自信、理想远大，现代淑女要知书达礼、端庄文雅、注重礼仪、温良贤淑、自尊自爱、秀外慧中；从知识与能力来说，要有较高的人文素养、科学素养和艺术修养，具备较强的综合实践能力和创新能力；从文化品性上来说，现代君子淑女既要了解和继承民族传统文化，还要认

同他国优秀文化、具有国际文化视野。

回过头来看，我们确定的“现代君子淑女”其实就是“学生发展核心素养”的校本化解读，是学校培养目标追求高一点的具体表现。也正是因为围绕着“现代君子淑女”特色的培养目标，学校进行了一系列课程体系的建构。

2. **把升旗仪式和班会活动课程化**

经过认真观察和思考，我发现，除了一些专项德育活动外，能在日常学校活动中进行德育的主要有两类活动：一是每周的升旗与“国旗下演讲”，二是班会。虽然老师们对这两类活动的德育功能有所认识，但是因为缺乏整体设计和检测评价，致使其功效发挥大打折扣。主要表现在每周升旗仪式比较随意，缺乏有计划的安排和高质量的发言；平时班会则很少由年级组织和学校检查，往往被主学科或班主任教师“抢走”，不少班会变成了加课。

根据这些情况，我们加强了对每周学生的“国旗下演讲”的把控。第一，对演讲内容进行规划。我发现，对学生进行思想教育的内容有一定的时间规律，譬如说，9 月份刚开学要进行新生入学教育、教师节进行尊师教育、9・18 爱国主义教育、国庆节爱国主义教育、中秋节传统文化教育、期中考试诚信教育、重阳节尊老教育等，所以“国旗下演讲”就像学生三年要学的一门课程，这门课程中每一篇课文或每一单元主题需要精心准备，既需要在每年基础上继承，又需要不断创新和超越，才能给学生留下印象，德育才会有烙印。第二，加强审查和指导。过去学生的发言比较随意，经常出现观点上的偏激和内容上的浅薄，有了课程意识之后，我们会事先对发言学生提出明确要求（相当于课程标准），在演讲之前由团委审阅把关，指导修改，使得学生发言水平越来越高。第三，为了推进该项活动的开展，由每个班轮流派学生演讲，学校团委进行评比，这样一来，各班都把升旗演讲作为展示班级风貌、进行文化比拼的舞台，促进“国旗下演讲”的质量不断提高。后来，为了提高育人效果，把每周升旗时间只有学生的“演讲”变成了师生共同的“演讲”，即除了每个班轮流派出一名学生主持升旗仪式和发言外，还由该班班主任讲话。一般师生演讲有共同的主题，但从不同的角度进行。为了个人和班级形象，师生都很认真地准备材料，演讲内容和形式日益丰富、深刻，这样不仅教育效果明显提升，而且让升旗仪式精彩了很多，成为每个学生盼望的时刻。经过几年的积累，我们把这些演讲稿认真筛选和编辑成书，书名就叫《国旗下的演讲》，成为青大附中一本具有创造性、个性化的德育校本教材。

对于班会这类特殊的德育课程，学校更是用心去做。首先，明令禁止任课教师占用班会时间，学校德育处专人负责检查落实；其次，规定每周召开一次班会，由班主任决定班会内容并进行组织，每月组织一次年级同一主题的班会，要求各班主任针对主题在年级统一集体备课的基础上，根据班级情况，进行内容和方式的个性化发展，然后由德育处进行检查并评选优秀主题班会，评选结果将成为班级考核的重要内容。逐渐的，各年级班会质量大大提升，高质量的主题班会成为青大附中德育的一个重要阵地和特色品牌。

3. 值班、值勤成为学生行为规范教育的重要课程

我刚到青大附中兼职的时候，学生文明礼貌情况较差。很多学生见到老师没有问好的礼貌习惯，甚至在楼梯间和教师抢道，课间学生肆意打闹、高声喧哗甚至脏话不断。而且造成了本来有文明习惯的学生受到了不好的影响，校园学生行为规范已经成为一个大问题。针对这一情况，出于学校安全和“现代君子淑女”培养目标，学校决定精心组织值班值勤，把值班值勤工作变成对学生进行行为规范教育的重要课程。

校门口早值班的教师会检查学生校服穿着的情况，检查学生是否有怪异不符合规定的发型，如男孩的长发、女孩的烫发等；课间值勤的教师则会劝阻孩子的追逐打闹、制止学生的不文明言行，维持好课间秩序；放学值勤的教师则要保证学生按时离校，维护离校秩序，检查各班门窗。这些看似微小的事情构成了学校一日生活，这个常年一贯的过程对学生日常行为规范养成起到了重要的作用。

校级领导只需轮流早值班，在校门口迎接入学的师生。一开始，学生主动向我们问好的不足三分之一，于是校级领导达成共识，我们先给不向

我们问候的学生问好，以榜样作用带动他们。这一招果然奏效，我们主动微笑问好后，学生主动问好的越来越多，一个学期后能达到90%以上。

每周值班是我在青大附中印象很深的一件事，那一天要特别早起，冬天的时候甚至天不亮就从家里出发，但是值班过程中却感觉很享受、很有趣。之所以感觉很享受，是因为早上在门口看到一个个阳光、青春、可爱的少男少女从身边走过，就会被他们的活力感染，感觉自己在从事着一项很伟大的工作。看到孩子进校时所表现出的自豪感和归属感，觉得自己的工作很有成就感。同时，早上值班也是我近距离观察学生的机会，与课堂中的观察不同，校门口我看到的一个个真实生动、富有生命个性的学生。有的学生还有点睡眼惺忪，迷迷糊糊地走进学校，跟你打招呼的时候软弱无力；有的学生却精神抖擞、边打招呼边一阵风似的冲进校园；有的孩子身体还没有发育，特别是几个小男孩，个子矮矮的，看上去还像个小学低年级的学生，尤其可爱；而有的孩子却发育较早，很多女生已经出落得像个大姑娘，好多男生个子已经长到1米8多，脸上也已经有明显的小胡子，到你面前时你不得不仰视他。有的孩子向我们问好很自然，微笑鞠躬，声音洪亮、吐字清晰，落落大方，显然已经成为习惯，有的问好时还非常腼腆，或低着头，或声音很小，或含混不清。有的不管是谁值班都会礼节性地问老师好或校长好，有的学生却会根据每个人的职务和姓氏问候。有的在问好过程中显得很不情愿，敷衍了事，能躲就躲，能偷懒就偷懒；有的却表现出很兴奋的样子，老远就找你的眼睛，跑到你面前问好，感觉你要不回应他就会一直问下去。仔细想想，这个过程十分有趣。

所以，每当值班的时候，我都会很早赶到学校，站在校门口充满欣喜地问好、回应和点头致意。因为这个过程是一个和学生精神交流的时刻，不仅对于培养学生良好行为规范，养成文明习惯起着重要作用，而且也陶冶、净化着自己的心灵，感受着职业的幸福。

（三）丰富选修校本课程

1.校本选修课程的初步调整

1999年6月第三次全国教育工作会议之后，发表了《中共中央国务院关于深化教育改革全面推进素质教育的决定》,《决定》指出“调整和改革课程体系、结构、内容,建立新的课程体系,试行国家课程、地方课程和学校课程”。2001 年 6 月,国务院召开全国基础教育工作会议,随后发表的《国务院关于基础教育改革与发展的决定》指出“实行国家、地方、学校三级课程管理。国家制定课程发展总体规划,确定国家课程门类和课时,制定课程标准,宏观指导中小学课程实施。在保证实施国家课程基础上,鼓励地方开发适应本地区的地方课程,学校可开发或选用适合本校特点的课程”。同时,教育部颁发了《基础教育课程改革纲要(试行)》,《纲要》指出“改变课程管理过于集中的状况,实行国家、地方、学校三级课程管理,增强课程对地方、学校及学生的适应性”。“学校在执行国家课程和地方课程的同时,应视当地社会、经济发展的具体情况,结合本校的传统和优势、学生的兴趣和需要,开发或选用本校的课程”。由此,基础教育改革之后出现了一个新的现象,就是学校课程开发。学校课程也叫校本课程,是学校根据国家课程计划和课程标准,地方课程状况,利用学校资源,为实现学校目标改造和开发的课程,由学校设计、开发、实施和评价的课程。

2008 年,无论是理论界还是实践上,“课程整合”还不是一个研究热点,当时我的注意力也主要集中在校本课程开发的质量和数量上。即怎样才能充分利用好校内外资源,开发出更多学生感兴趣、科学有效的校本课程呢?

我刚到青大附中的时候,学校已开发了 10 余门校本课程,每周一下午最后一节课,学生根据自己的选择,走班上课。但是由于师资、场地、时间、管理等方面的原因,选修校本课程实施状况并不十分令人满意。

我首先对学生进行了问卷调查,一是了解他们对于已有课程的评价,二是了解他们希望开设的课程。问卷采用了随机抽样的方式,对两个班学生进行了调查。与此同时,也让教师申报可以开发和实施的校本课程。调研发现:(1)原来开发的课程近一半学生不满意或不感兴趣,我决定保留学生评价好的课程,删减学生不满意或不感兴趣的课程。(2)学生提出了几十种他们感兴趣的课程,我就按照学生感兴趣的顺序进行了课程排序,希望开设学生最感兴趣的课程。(3) 从教师申报的材料中，找到可以开发的课程。(4) 从学生发展的意义、场地可行性、有无师资、管理难度等多方面综合考虑，在学生感兴趣的课程中选择可开课程。有些课程尽管条件不具备，但我们还是想方设法地满足学生需求，如学生愿意学主持与表演，校内没有合适的教师，我们就聘请电视台的专业人员上课，缺乏专业舞蹈老师，我们就委托专业机构开发相关课程，但有的课程因客观条件无法实现。譬如，学生选择最多的是足球，但是青大附中是借用另外一所公办学校的小操场，且校本课程时间有其他多个室外活动课程，根本无法开展，于是只能舍弃足球课程。在这个过程中，我明显感觉到理想和现实的距离。

根据学生的愿望开发校本课程是一个重要渠道，但作为一所高收费民办学校，青大附中还应该积极开发利用资源，引领学生的多元发展。我首先想到的就是利用青岛大学资源。如拓展的理工类课程需要实验设备和知识基础，开设起来难度也比较大，一般的人文社会课程又难以拓展学生兴趣，于是我就想到了外语。青岛大学有一个国际交流中心，每年都有多个国外留学生到青岛大学留学。于是，我就和青岛大学留学中心联系，希望留学生能给附中开设小语种课。我的建议得到了国际交流中心的大力支持，因为很多留学生也非常愿意和中国学生交流，教授他们语言的同时锻炼中文。记得第一学期就开设了日语、韩语、法语等课程，后来又逐渐增加了俄语、德语、西班牙语等课程，小语种课程不仅受到了学生的欢迎，而且成为青大附中校本课程的一个特色。

选修校本课程确定后，学生选课上课兴趣有明显提高。接下来一个问题就是如何保证选修课质量。一开始用加强督查的方式，后来发现不理想。因为学校教师和管理人员不足，再加上周一下午选修课也有多位教师职员上课，教学楼内外同时开设 30 多节课，督查效果无法保证。后来，我们开始用评价杠杆来保证选修课质量。具体办法是每学期结束后，由学生对选修课进行评教，再结合抽查结果，给选修课评定一、二、三等级，并按照等级发放课时费。而且，被评为三级的课程就是被淘汰的课程。事实证明，这种评价体制起到了很好的作用。

2009 年我刚刚进行校本课程改革时，主要就是增添了学生喜欢的课程，但整个校本课程还未形成体系（表 4–2）;2010 年再次调整时（表 4–3），就逐渐形成了四大板块，学校选修课程渐成体系，学生选修课参与热情高涨，家长反映良好，选修课所取得的成绩也得到了上级主管部门的认可，青岛市教育局地校本课程研讨会上，我多次代表学校对校本课程改革的经验进行发言。

表 4–2　2009 年青大附中校本选修课程一览表

健美操运动	趣味数学	自然与健康
女排运动	硬笔书法	漫游青岛
现代礼仪	国际跳棋	沙盘游戏体验
篮球运动	趣味实验	手工编织
帆船课堂	法律讲堂	国学经典
素描	发明制作	写作
管乐艺术	德语入门	话剧艺术
乒乓球运动	英语口语	Flash 动画制作
歌唱技巧与合唱	日语口语	空模航模
男排运动	韩语口语	速写
舞蹈	物理与生活	平面设计

表 4–3　2010 年青大附中校本选修课程一览表

科技类	外语、人文类	艺术类	体育类
空模航模	写作	新闻摄影（外聘）	帆船课堂
科技发明（外聘）	沙盘游戏体验	手工编织（外聘）	女排运动
自然与健康	法律讲堂	主持表演（外聘）	男排运动
趣味物理实验	德语入门（外聘）	硬笔书法（外聘）	篮球运动
化学与生活	法语口语（外聘）	经典诵读	乒乓球运动
趣味数学	日语口语（外聘）	歌唱技巧与合唱	健美操街舞
平面设计	韩语口语（外聘）	管乐艺术	国际跳棋
Flash 动画制作	俄语口语（外聘）	素描	国际象棋
	西班牙语（外聘）	舞蹈	

2. 校本课程教材建设

作为青岛大学基础教育研究中心的研究人员，在附中兼职期间我也多次被青岛市教育局邀请到各地进行课程督导。在这个过程中，既发现了一些宝贵的可借鉴经验，也发现了一些问题和误区。虽然很多学校对于校本课程的教材建设非常重视，但理解上也存在一些偏差。有的学校认为教材是开设校本课程的标志，有了校本教材才能开设课程；有的学校认为要正式出版教材，才是校本课程的建设成果；有的学校教材编写中追求高、大、上，但在教材内容中却反映不出学校个性化特征。

我在进行校本课程建设时，采取的措施是课程开设之前就要求任课教师首先要写课程教学大纲，每次上课要有教案和活动方案，鼓励教师不断总结积累材料，慢慢积累形成个性化教材。2011 年，在校本课程体系逐渐稳定后，我开始倡导有积累材料的教师编写校本教材。一开始，教师们对教材编写感觉很高深、很神秘，我就给他们讲国家课程是怎么编写的，课程与教学的关系，鼓励他们编写实用、有特色的教材。同时，给他们在内容、结构、语言、形式方面提出具体要求。反馈评价他们的教材提纲，认真修改他们的教材初稿，并提出编写的建设性意见和具体建议。经过近一年的时间，课程实践较长的体育、音乐类课程首先编写完成了四本校本教材，它们分别是：排球、乒乓球、管乐艺术和民族舞蹈，配上平时学生活动的照片、学校取得成绩的照片，四本校本教材具有鲜明的青大附中特色，并在 2012 年山东省首届课程资源大赛中获得一等奖。

3. 选修课与学生社团的结合

2012 年，青大附中学校课程面临着新的挑战，因初一年级扩招，36 门选修课已无法满足所有学生的需求，过去选修课的组织方式也渐渐暴露出弊端。由于每门选修课能容纳学生的数量有限，所以，我们给每个班限制了分配选修课名额，譬如，德语班每班限报 2 人、摄影班每班限报 3 人等。于是，经常出现很多学生争抢某个选修课的现象，因为如果选修课班级容纳不下，则这个学生就可能被调剂到一个他非常不愿意去的课程班，从而，就会出现上课做作业、不听讲甚至逃课的行为，这将进一步影响选修课的质量。

怎样能让学生选到他愿意参加的课程和活动？我首先想到了大学社团。

每逢新生报到之时，大学最热闹的就是社团。在大学校园中，特别是宿舍和食堂附近，几个人、一张桌子、一块宣传牌，很多社团都在利用各种手段宣传自己的组织，希望能够在新生中招兵买马。有的摊前热闹，有的摊前冷清，不失为大学的一道风景线。

能否在初中也鼓励学生自己组织一些社团呢？这不就可以缓解选修课少、无法满足多样化需求的问题了吗？想到这个主意，我马上征求王国利校长的意见，王校长很支持。于是，当天下午我就开始了整个活动的设计。

学校要构建一种选修课与学生社团并行互动的学校课程新体系。即一方面能提供给学生选修课程，另一方面还能充分发挥学生的主体作用，让学生自主组成社团，更好地满足学生多方面的需求。

这次改革，学校进行了周密的计划，并创造性地实施了该项改革方案。不仅仅增加选修课程数量，而且改变了选修课结构与运行方式，突破了传统的选修课程模式。

首先，学校给全体学生和家长发了一封信，阐述了学校的改革思路和程序，要求学生自主选择学校提供的社团活动和选修课程，并倡导学生提出新的活动项目。在这封信中，学校特意增加了科技类社团活动建议。学生报名的情况也显示出学校科技教育的影响，科技类社团学生报名非常踊跃。我们对学生申报的项目进行统计，根据学生兴趣、活动意义和学校条件，选择确定了备选学生社团 30 多项（其中科技类社团 10 多项）、备选选修课 30 多门（科技类选修课近 10 项），并确定了学生社团负责人。同时，让负责学生和申报的教师根据学校要求，准备宣传材料。随后，利用了一个中午时间，进行了备选学生社团、选修课活动目标、活动内容、活动方式以及评价方式的展示，让学生有一个基本了解。最后，按照学生社团优先的原则，利用下午最后一节课的时间，全体学生先进行了现场社团报名，没有加入社团的学生随后再去选择选修课。

学生在社团组织过程中，表现出极大的热情，不仅想报名进社团的人多，自告奋勇组织社团的学生也不少。记得那些天，好几个学生跑到我的办公室诉说他们的想法，在放学路上还有一些学生和我交流他们的社团想法。在社团报名现场，学生更是表现出令人惊奇的能力。他们事先制作好了各种各样的展板或海报，充满激情地讲解他们的设想，想尽办法聚人气，组织者的能力与热情更是表现得淋漓尽致。观看的学生也表现出浓厚的兴趣，好多学生社团的报名人数都远远超过了预计人数。

记得早在社团组织的初期，就有两个同学多次找到我，告诉我他们想要组织网络社团，而且已经找专家帮助他们进行了网络社团设计，并详细谈了他们的活动计划。但由于学校微机教室有限、网络条件不足，我始终没有同意他们的构想。就在社团现场展示报名前，两位学生又找到我，表示他们的网络社团不需要学校的设备，以校外网络活动、校内交流研讨方式为主，再次请求能允许他们组织这个社团。考虑到他们的热情，我终于答应了他们，看到两个学生高兴的样子，我回想起我年轻时的热血和那种不怕挫折勇往直前的青春模样。

当全部学生的报名情况汇总后，学校又进行了调整，把选修课与学生社团进行了整合，最后调整为 49 个科目。我根据具体情况，创造性地把选修课程与社团分为以下四种类型：(1) 自主性社团，即社团完全由学生发动、组织，并自行确定活动内容和方式，学校安排的指导教师只是负责协调和管理。每个学生社团有 1—2 名负责同学，一位教师一般负责 1—2 个社团的协调和管理。(2) 社团性选修课，即在学生发动、组织基础上，与学校教师申报的选修课相结合，学校指定专门教师进行教学组织，但在组织过程中要更多发挥学生骨干的作用，教学内容与活动方式由教师和学生协商确定。(3) 专业性选修课，即活动内容具有较强的专业性，一般由任课教师提前选拔有基础的学生，活动内容与方式由教师确定，加强专业性培养，是参加各级各类比赛的主要储备。(4) 非专业性选修课，即没有专业基础限制，班内分配选修课参加名额，班主任根据学生报名情况协调确定参加学生，任课教师确定教学内容、活动方式并进行课程实施。下表 4–4 为最终的选修课程与社团情况：

表 4-4 青大附中 2012—2013 学年度社团及选修课一览表

序号	选修科目	地点	备注
1	篆刻	1 楼初一 1 班	独立
2	花草设计	1 楼初一 2 班	独立
3	黑加白围棋	1 楼初一 3 班	独立
4	COSPLAY 社	1 楼初一 4 班	独立
5	飞行航空社团、模型社团	2 楼 208 教室	独立
6	趣味物理社团	2 楼 209 教室	独立
7	无线电测向社团	2 楼 211 教室	独立
8	你的口才我的表演社	4 楼初二 1 班	独立
9	曲艺社	4 楼初二 2 班	独立
10	voice 吉他弹唱	4 楼初二 5 班	独立
11	新声驾到流行音乐社	4 楼初二 6 班	独立
12	文艺社	5 楼初二 9 班	独立
13	话剧社	5 楼初二 10 班	独立
14	梦幻世界服装设计	5 楼初二 11 班	独立
15	轻音乐社团	5 楼初二 12 班	独立
16	漫画研究社 2 个	6 楼阶梯教室	独立
17	羽毛球社团 2 个	操场自定空位置	独立
18	探寻古典文学之美（国学社并入）	2 楼初一 7 班	社团性
19	文学与写作（小草文学社并入）	2 楼初一 8 班	社团性
20	摄影入门与进阶（光影摄影社并入）	2 楼初一 10 班	社团性
21	科技创新的方法与科技技能的提高	3 楼 309 教室	社团性
22	科学社会社团	3 楼初一 11 班	社团性
23	手绘与手工制作（手工制作社团并入）	4 楼初二 4 班	社团性
24	软笔书法（素描美术同好会并入）	4 楼美术教室	社团性

续表

序号	选修科目	地点	备注
25	网络技术（电子报刊并入）	5 楼微机室 2	社团性
26	网络环保社	5 楼初二 7 班	社团性
27	乒乓球（乒乓球社并入）	7 楼乒乓球场	社团性
28	篮球（篮球社并入）	操场两个篮球场	社团性
29	武术（天武跆拳道并入）	操场自定空位置	社团性
30	初一趣味数学	2 楼初一 5 班	专业
31	初二趣味数学	2 楼初一 6 班	专业
32	英文短剧表演	4 楼初二 3 班	专业
33	合唱	6 楼音乐教室	专业
34	舞蹈	6 楼舞蹈教室	专业
35	小田径运动	操场自定空位置	专业
36	健美操	操场自定空位置	专业
37	世界文化之旅	2 楼初一 9 班	非专业
38	日语	3 楼初一 12 班	非专业
39	韩语	3 楼初一 13 班	非专业
40	法语	3 楼初一 14 班	非专业
41	俄语	3 楼初一 15 班	非专业
42	西班牙语	3 楼初一 16 班	非专业
43	德语	5 楼初二 8 班	非专业
44	平面设计	5 楼微机室 1	非专业
45	表演与主持	6 楼史地教室	非专业
46	沙盘游戏	7 楼体能检测室	非专业
47	排球	操场排球场地	非专业

另外，科技节特色活动课程是我设计的学校课程规划的重点和特色部分，这部分将在本书第五章中专门介绍。

第四节　理性思考：学校课程规划需要专家指导

一、基于广义课程对学校课程规划的理解

“课程”一词起源于拉丁语，意为“跑道”，最早解释为课业及其进程。然而在现当代教育学体系中，课程的内涵却很不统一。奥利佛在研究了课程定义后，认为课程可以有以下说法：1. 课程是在学校中所传授的东西；2. 课程是一系列的学科；3. 课程是教材内容；4. 课程是学习计划；5. 课程是一系列的材料；6. 课程是科目顺序；7. 课程是一系列的行为目标；8. 课程是学习进程；9. 课程是在学校中所进行的各种活动，包括课外活动、辅导及人际交往；10. 课程是在学校指导下，在校内外所传授的东西；11. 课程是学校全体职工所设计的任何事情；12. 课程是个体学习者在学校教育中所获得的一系列经验；13. 课程是学习者在学校所经历的经验。①《国际课程百科全书》也对不同的课程定义进行了总结：1. 课程是学校为了训练团体中儿童和青年思维及行动方式而组织的一系列可能的经验（Smith，etal.1957）；2. 课程是在学校指导下学习者所获得的所有经验（Foshay.1969）；3. 课程是为了使学生取得毕业资格、获取证书及进入职业领域，学校应提供给学生的教学内容及特定材料的总体计划（Good.1959）；4. 课程是一种方法论的探究（Westbury and Steimer.1971）；5. 课程是学校的生活和计划——一种有指导的生活事业，课程成为构成人类生活能动活动的长河（Rugg.1947）；6. 课程是一种学习计划（Taba.1962）；7. 课程是在学校指导下，为了使学习者在个人的、社会的能力方面获得不断的、有意识的发展，通过对知识和经验的系统改造而形成的有计划和有指导的学习经验及预期的学习结果（Tanner.1975）；8. 课程基本上包括五大领域的训练学习：掌握母语并系统地学习语法、文学和写作、数学、科学、历史、外国语（Bestor1955）；9. 课程是关于人类经验的范围不断发展的、可能的思维方式——它不是结

---

① Oliva，P: Developing the Curriculum. Oliva，P..1982.

论，而是结论产生的方式，以及那些所谓真理的结论产生和被证实的背景（Belth1965）。[①] 奥利佛和《国际课程百科全书》的这些归纳和总结，基本上囊括了课程论史上的所有主要的课程本质观。国内学者归纳起来，认为课程概念主要有以下几种代表性观点：课程即学科和教材、课程即目标、课程即计划、课程即经验、课程即法定文化、课程即师生之间的对话。[②] 由此可见，课程概念之多之乱，就像斯考特（Scotter，R.D.V）说过的，“课程是一个用得最普遍但却定义最差的教育术语”。[③]

理论界的课程概念之多之乱并没有对实践层面、学校里的课程产生太多影响。在我看来，实践中对课程的理解无非有两点是不确定的。

第一个分歧是对课程范围问题（即广义与狭义两种认识），大部分教师认为只有列入到课程表里的学科才是课程，包括地校课程也是这样，必须是有稳定名称、教材、固定时间开课的才能称为课程。在这种观点下，学生社团、大型活动等就不被认为是课程。第二是认为只要是对学生产生影响的都可以称为课程，甚至学校里组织的活动、创设的环境等也可以认为是课程。前者认识基本是“课程即学科”，后者认识则接近于“课程即经验”，因为涵盖广泛也被称为“大课程”。我本章中课程建设则指的是“大课程”。既包含课程表中的各门学科课程，也包括学校有意识组织的系列活动；既包括国家课程，也包括地方和学校课程；既包括有计划、有组织实施的显性课程，也包括对学生来说非预期和非计划性的隐形课程。

如果课程理解为广义的“大课程”，那么课程规划则变成一所学校围绕培养目标进行的总体设计。

二、学校课程规划的误区

一方面，虽然课程规划在西方国家已经有着较长的研究历史，但是在我国，学校课程规划却是伴随着新一轮基础教育课程改革不断深化才逐渐

---

① Arieh Lewy: The International Encyclopedia of Curriculum，1991:15.

② 励雪琴：《教育学是什么》，北京大学出版社 2009 年版，第 325—327 页。

③ Scotter，R.D.V.and Others: Foundations of Education: Social Perspective，1979，P.272，.

引起各界关注的新事物。“我国中小学校获得规划课程权力的时间并不长，要求学校独立进行课程规划也有些不太现实，因为过去没有培育学校领导和教师课程意识的环境，也没有支持学校领导和教师课程领导能力发展的实践。”① 对于习惯了被动执行国家课程并以“考什么，教什么”为标准的学校来说，面对突如其来的自主权茫然不知所措，对习惯于服从的学校和教师来说，他们面对着复杂的情境和巨大的挑战。他们在进行课程规划的过程中往往感觉力不从心，举步维艰，甚至偏离方向，步入误区。

误区之一是规划过程中忽视培养目标，过于随意，舍本逐末。培养目标是课程规划的起点，也是课程规划的终点。所有的课程都是为培养目标服务的。但是，很多学校课程规划中缺少了对学校定位和培养目标的细致分析，从而使得课程规划和建设过程中偏离目标，或者盲目学习借鉴外校经验，或者基于教师特长随意设置课程，或者一味跟风不断调整课程。这种迷失方向、舍本逐末的做法势必使得课程建设功效大减。也正因为这样，在进行学校课程规划和建设时，我和王国利校长首先是统一思想、明确学校定位和培养目标。

误区之二是过分追求课程数量，忽视课程质量与结构。早在我上海读博时，就有学校提出“课程超市”的概念，要提供给每一个学生合适的课程。所以，在这种理念下，很多学校以校本课程数量多为宣传亮点，盲目追求课程开发数量，以至于有的学校竟然有几百门校本课程。但在追求数量的过程中却容易忽视了课程结构的合理性。因为国家课程是必须开足开齐的，对每个学生来说，留给他们的时空是有限的。面向全体、面向群体和面向个体的课程比例及其关系一定要清晰，否则开发再多的课程也无法让学生享用，甚至成为教师和学生的负担。同时，忙于一直开发新课程更容易忽视课程质量提升。因为对于学校教师来说，开发课程是一个新生事物和挑战性工作，无论是课程内容还是组织方式，都需要不断试误反思，不断总结提升。很多精品课程都需要一个团队好多年的实践完善。如果只是鼓励

① 张相学：《学校课程规划的依据、原则与过程》，《教育与管理》2009 年第 12 期。

老师们注重课程数量，显然就会在提升课程质量方面受到影响。

误区之三是课程体系混乱，课程分类不清，难以形成合力。在学校课程规划中，建立一个与培养目标呼应，结构清晰，且能体现学校特色的课程体系非常重要，也是课程规划的难点。因为课程的分类角度很多，大致有管理角度（国家课程、地方课程、校本课程）、编排角度（学科课程与活动课程）、地位差异（核心课程和非核心课程）、是否跨学科（分科课程与综合课程）、对象视角（全体课程、群体课程和个体课程）、呈现方式（隐性课程和显性课程）、学习特点（基础课程、拓展课程、研究课程）、开设方式（必修课程与选修课程）、所属领域（人文类课程、科技类课程、艺术类课程等）等。所以要把这些学校课程类别与关系搞清楚，并能与培养目标建立内在关联，甚至能用课程图谱表示出来着实不易。所以，学校课程规划经常出现的问题就是课程体系分类混乱、内在关联性弱、难以形成课程合力。

误区之四是特色课程意识不足，难以支撑学校特色。在课程体系建构起来之后，并不是对所有课程平均用力。除了国家课程永远是课程建设的中心和重心外，在学校课程中往往要有一类课程或几门课程是学校特色课程，是学校重点打造、最能体现办学理念和培养目标特色的课程。如果没有确定好特色课程，或者没有在特色课程和学校特色之间建立内在联系，都会使得课程规划大而全、平淡或平庸。

三、学校课程规划需要更多专家参与指导

因为学校课程规划过程困难重重、误区较多，所以，学校需要有专家引领他们披荆斩棘，走出迷雾，步入教育的新天地。况且，课程改革不同于教学改革，教学改革侧重于教学方法的转变，是一种小范围的缝缝补补，教师是改革的主导力量，改革的成败与否很大程度取决于教师的学科素养、教学实践能力和创新能力。而课程改革需要以课程理论为指引，调动协调各方面力量，综合各种因素，进行一种更加宏观整体的体系构建。这是一个极其复杂的过程，包含课程的各个方面，同时也涉及多个参与群体。

学校课程规划并不是将国家课程、地方课程和校本课程三者进行简单

的分类和重组，也不是一味地增加特色课和选修课，而是将一所学校的所有课程进行融合提炼、精简升华。这就需要课程规划主体具备特定的理论、能力、时间和精力。正是学校课程规划的复杂性决定了它的艰难性。面对如此复杂而艰难的挑战，单凭学校一方之力是难以完成的。“专业力量的加盟可以为学校课程规划提供理论支撑和咨询服务，帮助解决学校课程规划中无法回避的理论性、技术性难题，确保学校获得更高品质的课程。”① 事实证明，课程规划需要以理论为支撑，对于那些教学经验丰富，但是理论意识不足的一线教师来说，难以成为课程规划的领导力量。而以高校教育理论研究者为主体的课程专家凭借其坚实的理论素养和敏锐的专业视角，在课程规划过程中扮演着极其重要的角色，是学校课程规划不可或缺的参与群体，能为学校顺利进行课程规划提供理论上的指导和方向上的指引。学校课程规划的顺利实施必然需要专家力量的介入，专家参与学校课程规划已经成为课程改革的有效途径和必然趋势，只有借助专家的力量，才能帮助学校尽快步入课程规划的正轨。我的课程建设经历就是一个这样的尝试过程。

当然，我是一个“特殊”专家，是一个完全融入学校的规划者。那么，对一般高校专家来说，究竟应该如何参与学校课程规划是一个值得深思的问题。通过亲身实践，我觉得专家参与学校课程规划应遵循以下原则。

（1）适度性原则（理论与实践的适度，理想与现实的适度，超前与保守的适度）

“代替别人思考不仅是荒谬的，也是对他人思考权利的剥夺。”② 学校课程规划的主体是学校，对学校课程的规划只能由学校自己来做，别人无法替代。专家只是学校的外部支援力量，因此在参与过程中注意适度的原则是必要的。专家能做什么，不能做什么，能够做到何种程度都是需要考虑

---

① 魏青云、张立新：《在课程规划中实现校长的课程领导》，《当代教育科学》2011年第10期，第10—12页。

② 徐继存：《民主的悖论与自由的联合——关于高师院校与中小学合作问题的思考》，《西北师大学报（社会科学版）》2014年第6期，第25—29页。

的问题。一方面，如果专家的气势太强，干涉太多，会反客为主，压制了学校的自主性和创新性；另一方面，专家如果无所作为，蜻蜓点水，又可能触不到学校的困惑所在，让教师不明所以。“对教育教学中存在的问题及其答案，教师自己最清楚。他们可能因为长期的压抑一时说不出来，但他们心里是明白的。他们需要的只是一点催化剂、一些鼓励、一个更加宽松和安全的环境。”[①]所以专家的参与应该更多的是一种启迪和鼓励，在学校需要帮助的时候予以援手，在学校困惑的时候给予启发，多一点聆听，少一些说教，多一点自主，少一些霸权，做课程规划背后的推动者，而不是课程规划的控制者和包办者，避免无视学校的想法，完全按照自己的既定理论行动。总之，适度性是专家参与学校课程规划的首要原则，既不能唯我独尊，也不能缩手缩脚。保持理论与实践的适度张力、理想与现实的适度融合，做到张弛有度、拿捏得当，才能恰到好处地发挥专家的引领作用。

（2）平等性原则

随着课程改革的发展，学校的主体意识和民主意识逐渐增强，过去那种“专家至上”的现象已经逐渐消失，这是一个可喜的现象，但是也出现了一些学校走向另一种“唯我独尊”的极端趋势。其实，只有当学校认为自己与专家处于同样平等的地位、自己的想法得到同等的尊重时，才愿意敞开心扉，坦然交流，乐于合作。尽管专家近年来已经开始有意识地压低姿态，但是受长久以来专家形象和身份特点的影响，平等性原则仍然是专家需要长期坚守并且需要更加努力去践行的一项原则。这就要求专家在参与过程中，首先从观念上进行转变，真正把学校作为自己的改革同盟军；其次在行动上时刻注意自己的姿态、语言，要把更多的话语权留给学校，耐心聆听学校的想法、问题，甚至是牢骚、抱怨。“专家是平等中的‘首席’，是学习共同体中重要的一员。”“作为一名参与者，他需要真诚地分享自己的看法和感受，并密切关注情势的发展，保持一种好奇和探究（而不是评

① 陈向明：《“专家”与教师关系定位思考》，《教育发展研究》2007 年第 24 期，第 36—39 页。

判）的心态，体察教师在想什么、做什么，为什么这么做，我该如何干预才最有效果，我该如何利用自己和其他客观条件作为他们发展的平台。”①要做到态度平等、以理服人。只有专家以一种更加亲和平等的方式与学校进行交流，才能真正赢得学校的好感，也只有在平等民主的氛围中，两者才能敞开心扉，一起探索，达到合作的真谛。

（3）实践性原则

“理论本身是抽象的，只有把这些理论运用到实际之中，它们的意义才会变得真实和具体。”② 专家的介入为学校注入了一股理论的清泉，这使得学校课程规划有了理论的靠山，但是也出现了一些困难。课程规划之初，学校苦于缺乏理论指导而困惑，但是专家的介入之后，一旦理论无法直接与实践接轨，不能为学校拿来即用，便会成为了一颗“烫手的山芋”，看着美味却无处下嘴，汩汩清泉也会变成一潭死水。学校抱怨“理论无用”，专家感叹“学校配合不够”，学校与专家之间便会出现所谓的“合作尴尬”。因此，专家不仅要认清自己的角色和价值，更重要的是深刻了解学校的需求，要避免孤独地站在理论之巅，而应该带着理念走到学校课程教学实践中，用真诚打动他们，用实践说服他们，用魅力感染他们，与教师并肩作战，站在学校管理者的角度，了解他们的困惑，倾听他们的问题，让理论贴合实践，为实践所用，切切实实地成为学校课程改革的一剂良药。

（4）反思性原则

不会反思的教师不是一个好教师，同样，不会反思的专家也不是一个好专家。专家在参与学校课程规划过程中既是理论的指导者又是学校的合作者，既是理念的阐释者又是实践的学习者，既是问题的解答者又是过程的反思者。专家应该不断反思：究竟什么样的课程适合学校？课程理论是否能够真正发挥作用？教师能否真正理解和接受改革理念？专家的权威是

---

① 陈向明：《“专家”与教师关系定位思考》，《教育发展研究》2007 年第 24 期，第 36—39 页。

② ［美］弗雷斯特 · W. 帕克、［美］格伦 · 哈斯：《课程规划——当代之取向》，余红珍译，浙江教育出版社 2004 年版，第 45 页。

否压制了教师的自主性和主动性？等等。成功的课程改革不是一蹴而就的，专家在参与学校课程规划过程中，需要对课程理论、教师的反馈、课程规划的问题、学校的具体情况等进行反思，只有经过反复的尝试、理性的反思，在充满荆棘的道路上循环往复，在无数个不眠之夜斟酌思量，才能克服学校课程规划过程的种种困难。

（5）持续性原则

持续性原则包括两方面：一是专家要尽可能多地进入学校进行参与活动；二是专家要尽可能长时间地与学校进行合作。与学校内部的资源不同，专家的参与过程在很大程度上受到时间的限制，这也就意味着学校在课程规划中遇到的各种困难和问题想要得到及时的帮助是有困难的。首先，专家高频率地进入学校，可以缩短专家介入时与学校的预热过程，帮助专家尽快进入状态，深入了解学校情况，消除教师与专家之间的陌生感和距离感。其次，有助于专家及时发现学校出现的问题，及时解答教师的困惑，避免学校由于长时间得不到专家的帮助而误入歧途，偏离方向，浪费时间和精力。最后，持久性的伙伴关系有助于坚定学校的改革决心，避免半途而废，浅尝辄止，同时对教师的专业发展和学校的发展方向产生更加持久的影响。

（6）去功利性原则

专家大多来自高校，承担着各种高校赋予的责任和压力。专家参与学校课程规划一部分是出于自身的教育理想，但也有的是为应付课题、科研以及职称晋级的任务，因此，专家在与中小学合作过程中不可避免地带有一些功利性因素。某教育局领导告诉我，他最喜欢像我这样的挂职。因为课程改革以来，入校指导的专家的确不少，但是大多都是出于自己的课题研究选择中小学作为试验田，往往在收获自己的研究成果之后就走人，留下依然一头雾水的教师。这种只顾自己的科研、不顾学校长远发展的参与过程只能为学校带来昙花一现的繁荣，最终教师专业能力得不到提高，学校的发展理念得不到澄清，白白浪费了教师的一番激情与热情。这也正是当前学校教师“谈专家色变”的重要原因。因此，作为课程改革专家因为课题和研究的需要进入中小学实践中来，这是无可置疑的，但是在参与学校课程规划过程中不能仅仅从自己的功利性目的出发，而置学校的发展于不顾。只有坚守身为学者的教育理想，怀揣坚定的改革信念，才能以全身心的付出与投入打动学校和教师，唤起他们的参与热情，也才能顺利完成课程改革的使命，取得双赢的成果。

第五章

科技创新办学特色的创建

创建办学特色也是王国利校长交给我的一项重要任务，在了解国内外已有研究基础上，根据学校现状和先前学校经验，我开始了科技创新办学特色的谋划与创建。通过开展科技教育理论和实践的研究与探索，培养学生的科技创新精神，提高综合实践能力，从而丰富了学校办学内涵，提高了学校的办学品质。

第一节　理论基础：科技创新办学特色的相关研究

一、办学特色及其相关研究

在中国知网以“办学特色”为关键词搜索文献，期刊论文、硕博论文资料颇为丰富，研究涵盖领域内容较为全面、透彻。由此可见，办学特色问题一直是一个热点的研究方向，同时基于特色办学于教育教学改革与教育质量提升的重要作用，专家、学者们将研究的目光进一步投向办学特色问题研究。研究内容主要集中表现为对办学特色内涵的“一般阐释”以及国内外著名学校办学特色的研究两个方面。

（一）办学特色内涵研究

“办学特色”是教育界经常说起的一个概念，也是很多学校非常重视的一个学校发展指标。对于“办学特色”概念的理论探讨有很多，概括起来主要有以下几种代表性定义。

1. 文化特征说。如郑金洲认为，一所学校的办学特色必须“存在着区别于其他学校的文化特征”，“所谓办学特色就是要创办文化上有自身特色的学校，这种学校在文化的各个层面——精神、制度、行为及物质设备上，都或多或少地存在着区别于其他学校的文化特征”。① 刘智运从分析办学特色所包含的内容出发，认为“办学特色是指学校在长期的办学过程中所表现出来的有别于其他的学校的独特的办学风格，独到的办学理念以及在人才培养、科学研究、校园文化等方面的特色”。② 因此，可以说，办学特色是学校文化各层面的综合体现，并不是单一的某种策略或活动。

2. 优胜认可说。如吴中平认为，“办学特色”是“有别于其他学校且相对优胜并得到校内广泛认可的一种办学特征和发展方式”。③ 赵丽敏提出，“学校办学首先要了解自身的独特性，重视自身的独特性，发展自身的独特性，最终形成自身的办学特色。其次，形成办学特色要以落实素质教育为基础，不能为搞特色而‘创造’一些形式主义的东西。学校不能忽视精神层面和文化内涵的建设，也不能仅仅通过物质和宣传等形式来塑造和标榜特色”。④

3. 经验传承说。如教育部高教司原副司长刘志鹏认为：“特色是学校的传统或长期积累下来的，能对教学工作起基础作用，其自身形成了传统或制度，对人才培养起潜移默化的重要影响，且得到学校公认的经验或做法。”⑤ 邢真从分析学校特色的整体性出发，认为“办学特色是学校在长期

---

① 郑金洲：《“办学特色”之文化阐释》，《中国教育学刊》1995 年第 5 期，第 35—37 页。

② 刘智运：《高等学校办学特色研究》，《大学教育科学》2003 年第 1 期，第 23—25 页。

③ 吴中平：《高校办学特色的内涵及构建研究》，《中国高教研究》2009 年第 9 期，第 65—66 页。

④ 赵丽敏：《中小学“办学特色”研究》，《天津师范大学学报（社会科学版）》2012 年第 6 期，第 73—76 页。

⑤ 黄国勋、席鸿建、曾冬梅：《地方综合大学人才培养模式整体改革研究》，广西民族出版社 2001 年版，第 12 页。

的教育实践活动过程中所形成的独特的办学风貌或教育风格”。①

4. 创新个性说。顾明远教授在谈到要把学校办出特色时说：“何谓特色，顾名思义，不同于一般，不是平平常常，而是要有所创新，是有个性，而且这种个性是指能够形成传统，代代相传。”②“独特”不能仅理解为学校这个整体中的某个教育要素的个性表现，也不能狭义地理解为是你无我有、你有我精，而是指学校整体的个性。“这是学校整体中最具典型意义的个性风格或个性风貌。”③孙孔懿进一步提出，“学校特色是绝对性与相对性的统一；独特性与普遍性的统一；抽象性与实在性的统一；稳定性与变动性的统一；并具有正负两重性。”④

基于以上研究者的观点，我认为办学特色应该具有以下几个特点：(1) 历史积累和传承特点，即办学特色不是短时间内能够形成的，是在长期办学实践中不断积累、沉淀、形成、发展起来的方式。(2) 办学特色应该是符合教育的内外部规律，有利于自身生存和发展需要，具有正能量，推动学校办学水平整体提高的。(3) 办学特色应该是为校内外所广泛认可的，在学校具有优胜力，在社会具有影响力的。(4) 办学特色应该是能体现创新、个性的独特办学方式及其文化特征。

（二）国内外学校办学特色建设的案例研究

很多学者不仅仅对办学特色进行理论研究，更喜欢通过学校办学特色建设的典型案例进行研究。这里面既有世界名校的代表研究，也有国内普通学校的典型案例，既有针对高等院校的研究，也有针对中小学的研究。

近些年来对国外名校研究较为典型的有：丁芳从研究伊顿公学发展的历史轨迹入手，着重归纳了伊顿公学在20世纪实行改革以来表现出来的办

---

① 邢真：《学校特色建设理论的探讨》，《中国教育学刊》1995年第5期，第14—16页。

② 顾明远：《啥样才算“办出特色”》，《中国教育报》2000年第5期，第27页。

③ 邢真：《学校特色建设理论的探讨》，《中国教育学刊》1995年第5期，第14—16页。

④ 孙孔懿：《学校特色论》，人民教育出版社2007年版，第19—45页。

学特色，并通过研究英国传统文化对于伊顿公学办学特色形成所产生的影响，深入对其办学特色进行了归因分析，解读伊顿公学的成功之道。①

毕晶总结了美国社区学院的产生及发展历程并介绍了美国社区学院的办学特色，即办学职能多样、管理体制多元、招生政策开放、办学经费来源渠道广泛、教学管理方式灵活以及师资队伍建设规范等，较为系统地总结了美国社区学院较为成功的办学经验，在介绍了我国高等职业教育的发展现状和存在的问题基础上较为系统地提出了美国社区学院的办学特色对我国高等院校办学的有益启示。主要涉及管理体制、招生和就业制度、经费投入、课程设置以及教师队伍建设等方面。②

冯理政阐述了德国应用科学大学的历史发展和办学模式，并以机电一体化专业为例来具体说明德国应用科学大学的办学特色，最后介绍了德国应用科学大学在“博洛尼亚进程”以后的发展趋势。在系统研究德国应用科学大学相关专业的内容、特色的基础上，将德国应用科学大学与我国技术本科院校办学模式进行对比分析。通过比较研究，进而提出发展新建本科院校特色专业的基本思路。③

陈翠荣介绍了普林斯顿大学在其发展过程中逐渐确立了“小而精”的办学理念，在这一理念支配下采取了若干策略，并形成了独特的办学特色。④

在国内案例研究中比较具有代表性的，如王缅华选择了世界一流的东京大学和北京大学为研究对象，通过对东京大学和北京大学从创立到现在发展成为世界一流大学所体现出的办学理念及其特色进行研究，比较东京

---

① 丁芳：《英国伊顿公学办学特色研究》，湖南师范大学硕士论文，2012 年。

② 毕晶：《美国社区学院的办学特色及对我国高职院校发展的启示》，中国石油大学（华东）硕士论文，2013 年。

③ 冯理政：《德国应用科学大学（FH）办学特色的分析与研究》，华东师范大学硕士论文，2010 年。

④ 陈翠荣、王坤庆：《小而精：普林斯顿大学办学特色分析》，《高等教育研究》2009 年第 4 期，第 105—109 页。

大学、北京大学办学理念形成表现在：共同的文化传统；相似的创建历程；类似的得天独厚、模仿创新的创办措施。[①] 并希望国内大学能充分借鉴两所大学办学特色建设经验。

刘洋洋将文化生成理论运用到一所案例院校中，描述其办学特色形成过程及该过程中的经验与障碍，一方面试图清晰地展示 H 大学办学特色的形成过程，将它的成功经验及存在的障碍提供给别的高校，以作借鉴和参考。另一方面，通过文化学视角对高校办学特色的理论阐释，为办学特色研究提供一种新的理论支持。[②]

鞠瑞利在梳理办学特色内涵的基础上，提出普通高中办学特色的创建应当在办学理念的指导下，聚焦于学校整体育人模式的改革与创新。同时介绍七宝中学"全面发展，人文见长"办学特色的育人模式，并就这一育人模式的育人理念、育人目标和育人实施等内容进行了阐述。[③]

王晓红在研究学校办学特色相关理论基础上，以呼和浩特市回民区贝尔路小学为例，具体解析了该校历经近十年进行"德艺互动，全面发展"办学特色建设的全过程。形成办学特色对学校生存和发展的重要性、办学特色的分类及构成因素以及良好管理机制，对构建办学特色的基本保障的认识。[④]

应该说以上这些案例研究，深化了对办学特色及其创建内涵的理解，拓宽了办学特色研究领域的时空范围，发展了办学特色理论体系。

二、科技创新办学特色的相关研究

"科技创新"是原创性科学研究和技术创新的总称，是指创造和应用新知识、新技术和新工艺，采用新的生产方式和经营管理模式，开发新产品，

① 王缅华：《中日一流大学办学理念及其特色研究》，广西师范大学硕士论文，2006 年。

② 刘洋洋：《高校办学特色形成研究》，华东师范大学，2007 年。

③ 鞠瑞利：《谈普通高中办学特色创建与育人模式创新——以上海市七宝中学为例》，《上海教育科研》2014 年第 1 期，第 55—58 页。

④ 王晓红：《小学办学特色研究》，内蒙古师范大学，2011 年。

提高产品质量，提供新服务的过程。科技创新可以被分成三种类型：知识创新、技术创新和现代科技引领的管理创新。而学校（特别是中小学）科技创新则与成人社会的科技创新含义有所不同，往往指青少年运用一定科技知识和技能进行的学习与创造活动，主要包括科技创意、科技探究、科技发明等。

所谓的“科技创新办学特色”（或科技教育特色）则是指以科技教育为载体，以培养学生科学精神、创新精神和实践能力为重点，培养学生逐步形成科学思维、方法和创造性能力，全面提高学生综合素质的一种办学特色。

在中国知网以“科技创新办学特色”为关键词进行搜索，文献资料大大减少，相关程度较高的只有32篇，且只包含期刊论文和会议论文等，无硕博论文，说明该领域的研究尚未受到重视。

（一）科技创新办学特色目标与理念研究

泉州市第七中学秉持为国培养卓越人才的理念，历来重视科技创新教育。他们提出的创建理由包括：一是基于科技和科技人才对国家富强、民族振兴重要地位的理解。二是全面培养学生素质，促进个性特长发展。科技创新教育，能提高学生科学素养、创新精神和实践能力，为未来的发展奠定良好的基础。三是能促进教师专业提升。教师参与面大，参与的教师在科技创新教育的过程中，与学生共同成长，成为骨干和名师。四是促进学校内涵发展。学校坚持正确的教育理念和教育理想，因材施教、打造特色，提高了综合实力。① 与之相似，惠安第五中学围绕其办学理念提出科技创新办学特色的原则：1. 科技教育应突出素养；2. 科技教育应面向全体；3. 科技教育应展现个性。②

太原市第二十七中学从教育实践出发，提出学校进行科技创新活动，主要基于以下四方面的考虑。第一，特色建设是学校发展的战略选择；第

---

① 陈龙斌：《使学生兼具人文底蕴、科学素养和创新能力——泉州市第七中学科技创新特色化办学》，《福建教育》2015年第37期，第18—20页。

② 孙国鸿：《科教引航，特色办学——惠安第五中学科技创新教育的探索与实践》，《福建教育》2015年第37期，第18—20页。

二，特色建设推进了学校示范高中的创建；第三，特色建设适应学生多样化发展的需求；第四，特色建设适应时代对人才培养提出的要求。①

江苏省海安县曲塘镇顾庄小学将其办学特色的理念理解为：第一，“科学教育为了学习力”。科学教育不仅是激发师生创新意识，掌握科技知识，培养创新精神，更是要求师生提升“学习力”，因为“学习力”是一个人终生发展的基础；其二，“科学教育提升学习力”。科学教育为师生学习力的提升提供了便利条件，“学习力”是核心，“科学教育”是途径，科学教育为了学习力并提升学习力。②

广州市越秀区建设大马路小学则明确提出，以围绕素质教育这条主线，以学生为主体，以教师为主导，以课堂教学为主渠道，培养学生的创新意识和创新能力，为将来成为“创新型”人才奠定全面的素质基础，使学校办学有特色，教师教有特点，学生学有特长，努力朝着现代化、高质量、有特色的学校迈进。③

（二）科技创新办学特色创建策略研究

惠安第五中学提出的办学宗旨是“以人为本，一切为了学生的发展”，根据这一宗旨学校在构建科技创新教育模式时，从生源的实际状况、学生的健康成长和学生对成功的渴望需要出发，围绕这一中心来进行规划：(1) 坚持全面渗透，切实推进科技创新教育；(2) 坚持以生为本，构建科技创新教育氛围；(3) 坚持乡土资源开发，发展特色科技创新项目。④

江苏省海安县曲塘镇顾庄小学在办学特色的实践过程中使用的策略非

---

① 窦友瑞：《科技创新照亮特色发展之路》，《山西教育（管理）》2012 年第 6 期，第 30—32 页。

② 唐茂稳：《把“科学种子”种进师生的心田——创建科学教育办学特色教育案例剖析》，《华人时刊（校长）》2017 年第 9 期，第 69—71 页。

③ 马颖琳：《抓特色教育机遇，提高学校竞争力》，《课程教育研究》2013 年第 13 期，第 8 页。

④ 孙国鸿：《科教引航，特色办学——惠安第五中学科技创新教育的探索与实践》，《福建教育》2015 年第 37 期，第 18—20 页。

常丰富，他们首先构建立体化的课程体系，其次营造独特的硬件环境，规划设计富有科学启迪功能的校园人文景观，建筑富有本土特色的科普长廊，包括展示师生活动的科技长廊、富有科幻色彩的科普橱窗、提供师生创作的创意墙等；建筑学校科学教育展示室，包括学校科学教育成果展板、师生科学成果展柜、学生科学发明展台等；营造和谐的文化环境，通过校风、班风、教风、学风建设，形成和谐的师生学习氛围，师生能轻松愉快地学科学、搞创造；营造广泛的辅导环境，在配备齐强科学教育活动师资的基础上，外聘校外科学教育专业人士和热心于科学活动的家长志愿者充实辅导员队伍，从而保证了校园科学活动的丰富开展。还有开展多样化的科技活动：把专家请进学校，开展活泼的德育；让学生走上社会，开展细实的科普活动；让科学走进家庭，开展新奇的创新活动。①

武汉市吴家山第三中学建立三大保障机制，确保科技创新办学的有序推进：教师培训机制；学生评价激励机制；“三位一体”合作机制，学校多次与市区科协、科技局等共建合作，如合建学校科技陈列室、区科技馆分馆—机器人体验馆。②

北京市第九中学教育集团石景山中学成立科技教育工作领导小组，全面负责拟定、安排、组织、督检学校的各类科技教育活动。同时，以较为优化的课程体系提升科技教育，在以机器人为龙头的科技教育课程建设过程中，努力做到显性课程有体系，隐形课程有呼应，并以开放交流带动区域科技教育发展。③

山东省肥城市孙伯镇中心小学不断改善条件，奠定科技教育物质基础。学校完善了植物园、气象站、天文台三个科学活动实践基地的建设，为学

---

① 唐茂稳：《把“科学种子”种进师生的心田——创建科学教育办学特色教育案例剖析》，《华人时刊（校长）》2017 年第 9 期，第 69—71 页。

② 杜涛、蔡俊伟：《着眼科技教育，打造学校特色》，《湖北教育（综合资讯）》2016 年第 9 期，第 60—61 页。

③ 白雯：《提升科技教育水平做优质特色校》，《北京教育（普教版）》2015 年第 9 期，第 54—55 页。

生开展科学活动开辟了一个良好的空间和环境。同时，积极开展相应科普教育活动和创造活动，并注重发挥学校、社会和家庭三方面力量，综合推进青少年科学教育活动。再者，注重问题驱动，让科学教育融入课堂和生活。最后，通过各种活动激发学生的兴趣，开阔学生的眼界。①

三、对已有相关研究的评价

从理念上说，办学特色是办学主体对教育规律时代内涵的深化和张扬；从形态上看，办学特色往往是一所学校独有的历史品格的凝聚，是现实独特风貌的体现；而从实践意义上说，办学特色是发现自己的办学优势，并逐渐积累，使其由一种潜质变为显性特征的过程。而学校办学特色的形成，是一个长期、渐进的过程。它是一种文化，需要一定的历史积淀；它是一种学校发展方式，必须经过反复实践的检验；它是一种学校办学模式，需要具备师生共同认可的价值取向和共同作为。

显然，科技创新办学特色已经在全国范围内的中小学得到为数不少的践行，在相关办学特色理念和实施方式方面取得了较多成熟的经验，但“科技创新办学特色”的研究基本都是在中小学的行动研究，都是基于学校发展现状和办学理想进行的一种目的性很强的实践变革。虽实践性、个性化特点十足，但并没有得到相关专家学者的重视和研究，致使当前具有权威学术性的科技创新办学特色研究还是空白，关注共性的、深层次的研究和注重理论与实践相结合的研究有待进一步挖掘和发展。

第二节　改革背景：科技创新办学特色的选择与谋划

一、根据学校状况选择办学特色

在商讨学校办学特色创建问题之际，王国利校长和我不约而同地想到

① 马纯茂、孙松波：《开展科技教育培育创新人才》，《中小学校长》2014 年第 5 期，第 43—44 页。

了科技创新特色。虽然学校当时有几项成绩突出的活动，如篮球队有骄人成绩，管乐团屡次获奖，学生帆船活动也在全市走在前列。但这些活动都有一个共同的问题，即无法让所有的孩子都参与进来，这些充其量只能是特色项目，而不能成为学校特色。

我们选择科技创新特色的原因主要有以下几点：第一，科技活动不仅可以促使学生关注生活和社会、学以致用，还可以有效锻炼学生的综合实践能力，形成和发展创新意识。因此，科技创新教育是实施素质教育的一个重要渠道。第二，近几年，优质高中非常看重学生的创新素养，这方面取得成绩对于学生升学也有好处，能引起家长和学生的重视。第三，通过调研，发现很多学生对科技创新活动非常感兴趣，部分学生也在一些科技类比赛中取得了一些成绩，如航模比赛。而且学生家长中有不少高校或科技研究机构的人员，这些都是支持学生科技创新活动的重要资源。第四，青岛大学的理工科专业相对较强，相关专业实验室、先进仪器设备、高层次指导力量都可以为学校科技创新特色发展助力护航。另外，我的学科背景和学术研究经历可以发挥作用，而且在读博期间调研过一些科技创新特色学校，对一些特色学校科技创新活动的组织方式与策略有较多了解，这些都成为选择科技创新特色的因素。

在确定了学校特色创建方向之后，我们又认真分析了目前学校科技创新教育方面的不足。

首先，作为科技创新教育特色学校，理科教学应该是水平较高且有特色的，但理科教学却一直以来是该校的弱项。究其原因，一方面是实验室投资不足，管理人员少，致使部分实验课不能正常开设，甚至有些实验只能在课堂上讲；另一方面，教师水平还有待于进一步提高，再加上考试压力与民办学校特有的人事机制，使得教师过分关注结果，而忽略过程，理科课堂教学中还存在满堂灌、机械练的现象。

其次，作为科技创新教育特色学校，学校的科技活动应该是丰富多彩的，师生参与度应该是很高的，科技类活动成果应该是丰富的。但实际上，学校自主进行的科技类活动很少，主要是根据教育局的部署，为各类科技比赛做准备。所以，学校科技活动氛围不浓厚，师生参与人数也很少，学校缺少标志性科技活动，科技创新类活动组织和指导力度明显不够，各类科技活动获奖数量与质量都在同区域中小学中居于下游。

最后，作为科技创新教育特色学校，学校应该具有浓郁的科技创新文化。但目前学校从精神（学校办学理念）、制度（相应激励政策机制）、器物（展牌、设施等）层面都没有体现这种价值追求。

所以，基于以上分析，我们认为虽然学校具备了创建科技创新办学特色的有利条件，但这个过程一定是艰难的和长期的，需要充分调研，长远规划，扎实推进。围绕着这个目标，在王国利校长大力支持下，我制定了详细的3年创建方案，开始了科技创新特色创建之路。

二、科技创新办学特色创建的基础行动

（一）统一科技创新特色观念

组织任何一件事情，都要让团队成员认同你的观念，这也是课程领导的重要特点。为此，经王国利校长同意，我首先在学校中层以上领导参加的办公会上解释对这一办学特色的选择，并征求大家的意见。当时，参会人员大部分比较漠然，只是默默听着，并没有提出任何意见或建议。后来我分析原因，一是中学的教学工作实在是很紧张，大家最关心的是教学质量和升学成绩，无暇顾及一些常规工作之外的事情；二是这还只是一个想法，大家想象不出具体的工作，也不便发表意见。

说实话，其实我在当时也没有具体的想法，但我知道，要发展这一学校特色，必须动员全体学生参加，而不是组织少数学生活动，因此，必须征得各阶层的支持。好在王国利校长和我的想法是完全一致的，而且给予我全力的支持，赋予我全面规划与落实的权力。我就有意识地多次在办公会、全体教工会上宣传科技创新教育的意义，阐述学校科技创新办学特色的基本思路。慢慢地，教师和学生开始认同和响应这种办学思想。

（二）了解区域科技创新活动状况

应该说，学校所在区是很重视科技类活动的，其具体组织部门就是区少年宫，各校都有分管科技的老师，会定期（一般每周一次）召开科技教

师工作会，主要是传达上级活动安排，组织业务学习等。学校一位物理教师兼职科技教师，我从他那里了解了一些区域开展科技活动的情况。

为了解整个区域中小学科技教育状况，2008 年底的一天，我得知区少年宫要开 2008 年学校科技工作总结会，全区所有初中和小学的科技老师要求参加会议。于是，我也不请自来，跟着兼职科技老师参加了这次会议。

会议上，我发现各校科技教师基本没有专职的，主要是一些副科教师兼职，而且大多中小学没有固定负责的教师，经常因工作原因调换。那天，会议组织者是少年宫副主任，她对全年工作进行了总结，对很多学校提出了表扬，同时，对今后工作提出了要求，并对表现好的学校颁发了创新工具盒作为奖励。在这个会上，我了解到区里一年来开展的各项科技活动既有汽车模型、航海模型、飞机模型、无线电测向等传统科技类比赛，也有科技发明、研究报告、科技创意、头脑奥林匹克等科技创新类的比赛，而且大多每年都会在固定时间从区、市、省到全国进行不同层次的比赛，全区各校科技活动开展的情况很不均衡，有的学校参加项目多，获奖成果多，有些学校参加的活动少，获奖成果少。总体来说，小学科技活动开展的情况好于初中，而青大附中科技活动开展情况在全区初中学校中也是较差的，在被表扬和奖励的学校中没有听到一次青大附中的名字。

当我问起学校科技教育工作落后原因时，科技教师的解释是自己物理教学工作较忙，分身无术；学生升学压力大，参加科技活动的热情不高；学校重视也不够，没有进行大力度的组织。在与少年宫相关领导的交流中，我也发现了整个区域科技活动的一些问题。特别是他们提到对科技教育开展阻碍最多的就是升学压力，大部分初中学校科技活动覆盖面很小，很多学校几乎靠个别学生为学校科技活动拿奖。加强科技教育普及性，提高整个学生群体科学素养一直以来就是全区科技教育的目标。这一点和我今后的工作方向是一致的。

会后，我又找到了少年宫的两位主任，她们得知我是科学教育专业的博士，又是副校长，对我很是客气，还邀请我一起参加了晚上的工作餐。通过晚餐，我又认识了市、区科协领导和教育局分管科技工作的副区长，通过进一步交流，我对整个区域科技活动情况有了更多了解，也熟悉了一些相关人员，我也把自己创办青大附中科技创新办学特色的想法与他们进行了交流，真诚地听取意见建议。餐桌交流成效显著，这些人后来都成为青大附中科技教育工作的有力支持者。

通过这次会议，我不仅了解了全区各学校科技教育开展的状况，也搞清楚了我们学校在整个区域中科技教育水平的位置及其落后原因，不仅熟悉了全区科技教育的内容与组织机制，也了解了今后科技教育工作的方向和趋势。更加坚定了创建学校科技创新办学特色的想法。

（三）打好科技创新特色的基础——理科课程质量改进

学校科技特色不应该仅仅体现在一些活动中，而是在各个环节关注对学生创新意识、创造能力的培养。理科课程就是最重要的常规阵地。

那一阶段，我特别加强了对理化生学科的听课，发现学校老师都很敬业，备课很充分，课件教案资源共享，特别关注知识点落实和考点联系。但是从创新意识、创造能力培养方面还有很多不足。如教材中的一些科学探究活动被简化，学生很少经历发现问题、提出猜想、设计实验、验证假说的科学探究过程；课上讲实验、习题练实验的情况还存在，学生动手实践的机会较少；有关科学史的材料基本是自学内容，科学家的精神很少影响到学生们；教师只关注对学生的提问而不关注学生产生的问题等。

课下交流时，老师也反映了一些实际困难。他们反映最多的是课时紧张问题。因为课改要求保证开足、开齐课程，特别是山东省要求更严格，每天需要一小时的阳光体育，所以，一些主学科课时数比原来有减少，但教材内容没变，中考变化也不大，老师们为了赶进度、出成绩，就不得已减少了一些课堂环节。同时，学校实验仪器和药品还没有配备充足，而且，由于节省编制和人员工资，三个实验室只有一个实验员，不能很好地完成准备实验的任务，致使很多实验课不能正常开设。

针对这种情况，我首先加大了实验室建设，又配备了一名专职实验员和一名兼职实验员，明确要求要开足、开齐所有实验。这不仅满足了课堂演示实验和学生分组实验需要，还倡导把一些演示实验变为边讲边实验。

同时，我对几位理科教师进行了相关培训，深入浅出地给他们宣传了一些新的科学教育理念，要求教师转变教学观念，重视学生探究和实验，关注学生科学精神培养，虽然不一定在每堂课中都能实现自主合作探究，但对于典型问题必须展开充分的探究，体现理科学习和研究特点。并且从应试角度也指出，现在理科考试题有变化，也在关注科学素养考查，实践问题型、实验设计型问题越来越重视，仅仅靠讲题练题取得不了好成绩的。建议他们在当前减少课时情况下，要注意对教材内容的整合，而不是减少重要的探究环节，也不要一味赶进度。

慢慢地，理科课堂教学确实有了一些变化，老师开始关注学生探究过程，有的科学史材料也进入课堂，学校理科课堂上实验多了、探究多了、讨论多了、质疑多了，学生学习兴趣日益浓厚。

但是，在中考压力下，理科课堂上的变化是有限的，仅凭课堂教学还难以完成学生全面科学素养的培养，难以完成创新意识和创新能力的训练。为此，我在校本选修课程规划与建设中，也把科技创新教育作为学校选修课的重要内容。

第三节　行动研究：科技创新办学特色创建之路

一、科技类校本课程建设和科技骨干培养

2008 年之前，学校已经开设了 10 门左右的选修校本课程，每周一下午最后一节课，学生根据自己的选择，走班上课。但是由于师资、场地、时间、管理等方面的原因，选修校本课程实施状况并不十分令人满意。而且这些课程过多集中在艺术体育方面，缺少科技类课程。2008 年底，我通过问卷调查和学生座谈，了解学生愿意从事的活动和已有基础，改善了校本课程体系结构，有意识地增加了科技类选修课程数量，增设了一些课程，如空模海模、科技发明、自然与健康、趣味实验、物理与生活、自然与健康等，其中有三分之一的课程是外聘了有丰富科技教育经验的岛城名师任教。配合着各类活动和竞赛，科技类选修课开展得有声有色，受到了学生

的热烈欢迎和家长的高度评价，并逐渐形成科技、人文、艺术、体育四大板块的学校课程体系。

2010 年，学校又增加了无线电测向等科技类课程，组织了科技活动兴趣小组，然后通过学生自主报名、学校选拔等方式成立了青大附中少年科学院，这些科技类组织不仅培养了科技骨干，为组织选拔学生参加各类科技比赛打下了基础，也发挥了科技骨干的榜样作用，培养了广大学生的科技兴趣，为科技节上的成功举办做好了积淀，成为学校科技教育特色的一个重要支撑。

2012 年，由于学校办学质量提升，新初一扩招，学校已有选修课程已经不能满足广大学生的需求，学校实行学生社团和选修课并行体系，即有一部分校本课程以学生自主组织的形式开展，又增加了机器人、动漫创作、网络与信息等活动项目，科技类组织和活动占据了更为重要的地位。

二、亲自组织科技类比赛，一炮打响

科技类比赛成绩是科技教育特色学校的一个重要标志，面对着众多的科技类比赛，我选取了最能体现综合科学训练和创新精神与能力培养的科技创新比赛。

2008 年底，学校接到了关于组织山东省青少年科技创新比赛的通知，得知要通过区、市层层选拔，最终有机会参加山东省乃至全国青少年创新大赛。这也正是学校决定开始创建科技创新办学特色的时间。于是，我把这次比赛作为了创建科技创新办学特色的起点，准备集中精力打响头一炮。

首先，我搜集了一些关于青少年科技创新的材料，仔细研究了历年山东省和全国青少年科技创新作品特点，发现很多科技创新作品都是来自生活、来自学生亲身的实践和思考，而且主要体现了一种创新思维，虽然不一定有很高的科技含量，但是，初中学生们是完全有可能完成创新作品的。

其次，我了解了市青少年科技创新活动的开展情况，得知青岛市二中在这方面具有较高水平，也拥有多名青少年科技创新辅导专家。于是，就通过王国利校长介绍，邀请青岛市二中最具有实践经验的科技指导专家王老师到学校对全体学生进行了科技创新专题辅导报告。王老师丰富的实践经验和生动的案例讲解充分调动了学生的兴趣、启发了学生的创新思维，现场就有学生提出了一些很有新意的想法或方案。为了让学生们真正参与进来，我趁热打铁，布置了各班上交科技创新作品的任务。

学生们上交作品非常踊跃，放寒假之前我共收到了 700 多份学生的科技创新作品。几乎整个一星期的时间我就在办公室整理和选拔这些学生作品，看到了很多有意思的发明和创意，如有的学生针对该市地形街道复杂，旅游人口多的情况，设计了“电子导航器”；有的学生利用废旧羽毛球拍，在上面套好塑料袋，制成“宠物粪便收集器”，试图解决宠物大小便对环境的破坏；有的制作一个卡放于暖气片上的盛水容器，利用家中暖气加速水的蒸发，制成了暖气加湿器；有的制作了多功能学生用尺；甚至还有的为了能写作业快，制作了一次能写多个字的笔。我从中选择了 100 多件作品，召集入选学生和家长开会，给每位同学的作品提出修改意见和建议，让他们限期进行修改完善。

由于青岛市、区上交科技创新作品的时间是在开学初的 3 月份，所以寒假将是学生准备参赛作品的主要时间。于是，2009 年初的寒假前，我利用期终考试结束后放假开会的时间，又对全体同学进行了科技创新动员，重申了青少年科技创新的意义，表扬了寒假前积极上交科技创新作品的班级和学生，并再次对青少年科技创新进行了案例分析、方法指导和具体要求。

为了动员全体学生参与，我又布置了具体的假期科技创新作业，要求每位学生在假期至少完成（或完善已上交的）一项科技创新作品，可以是小发明，可以是科技创意、研究报告或调查报告，也可以是科幻画或科幻文学作品。

学生开学后，我再次对上交作品进行初选，并聘请了市科协和区少年宫的科技教育专家到校对科技作品进行了初评。到校专家非常惊讶于学校的动员速度、作品数量和质量，同时，又给学生作品提了很多意见和建议。根据他们的意见和建议，我安排专门的教师对重点作品进行了辅导。最后，把学校选出的 50 多件作品报到区里比赛。

第一次准备这种活动，对于比赛结果我有点信心不足，因为不知道其他学校的情况。但最终结果超出我的预期，学校推荐的科技创新作品首先在区级比赛中获得佳绩，几乎全部作品都获得了奖励，是获奖数量最多的学校。而且，有 17 件作品被市南区推选到市参赛，也是参加青岛市青少年科技创新大赛最多的市南区学校。经过展示和答辩，学校有 6 件作品获得了青岛市科技创新一等奖，并且有 2 件作品推荐参加山东省青少年科技创新比赛，这是全市初中学校仅有的两件参赛作品。更没想到的是，参加山东省青少年科技创新比赛的两个作品双双被评为一等奖。其中，一名同学的研究不但被多家媒体竞相报道，中国传媒大学还为他拍摄了专题片，参加了国家环保教育大会，引起了国际环保组织的关注。

有了第一年科技比赛的成功，学校更加坚定了创建科技创新特色学校的决心，根据初中教学特点，逐渐形成了平时加强选修课和社团活动，假期之前进行科技创新集体动员，假期中布置各类科技创新作业，开学后集中审阅、选拔、重点辅导的科技比赛准备程序。

三、创办学校科技节，成为学校亮丽品牌

虽然学校在科技创新比赛中连获佳绩，涌现出一批热衷科技创新的学生，但我认为，要创建科技教育特色学校，营造学校科学文化氛围，仅有少数学生参与是远远不够的。于是，我和王国利校长商定要开办学校科技节，在科技节上组织丰富多彩的科技活动，展示学生科技创新成果，激发科技创新热情，通过科技节达到全员参与的目标，使得科技节成为支撑学校科技创新特色的大型活动课程。

在此之前，学校只有艺术节和体育节，科技节从来没搞过。为此，我专门从上海某中学要来他们的学校科技节全套方案，并从网上查找了很多学校科技节的内容与活动方式，确立了重普及、重科技文化氛围建设、重组织过程的原则和发挥科技教育对于全体学生全面教育功能的目标指向，根据学校情况进行了全面设计，在 2009 年 3 月初成功举办了第一届学校科技节。

第一届科技节设有为科普专家和学生科技创新明星提供交流讲座的“科

技论坛”，有科技产品、调查报告、创意设计、科学研究报告、科幻绘画与手抄报等现场作品展评，学工产品展示，有科学家故事大赛、航模现场比赛、科技谜语竞猜等多项比赛，还有班级科技黑板报现场竞赛和班级科技主题班会比赛。首届科技节就真正体现了全员参与，各大媒体竞相报道，取得了圆满成功（第一届科技节活动方案见附录）。

因为首届科技节取得了圆满成功，学校建立了每年春季学期举办科技节的传统，科技节活动之日，学校会用一下午（2013 年后改为一天）时间停课，集中展示科技成果、开展丰富多彩的科技活动。学校在每次科技节活动之前，都注意加大宣传和组织力度，科学规划、认真实施。每年科技节期间学校都能有三分之二以上的学生上报科技创新方案和作品，全体学生参与现场展示或竞赛活动。

第二届科技节在首届科技节基础上新增了航模现场比赛、四驱车比赛、飞机模型比赛、高空落蛋、纸桥结构、惯性小车等趣味比赛，在闭幕式上增加了科技阅兵式，有了科技节会旗会徽。学校获得“市级知识产权示范基地”“市级科普示范基地”等荣誉称号。

第三届科技节更是盛况空前，下面是相关媒体对青大附中第三届科技节的报道：

十四个项目的比赛和展示在教学楼内外同时展开。在走廊里，每个教室外都有科技主题板报，这次青大附中科技板报比赛的主题是“核污染与核科学”，各个班围绕这个社会热点问题进行自由设计，充分体现班级特色。六楼阶梯教室是本次科技节新增加项目——“科海泛舟系列活动”，是各班围绕科技，确立了《动物与科技》《植物与科技》《文学与科技》《想象力与科技》《科学家的故事》《我身边的科技发明》《科技是一把双刃剑》七个小课题，进行多种方式的展示，这个活动也最能体现科学与人文相结合的特点。

实验室举行的无线电测向和电路设计也是本届科技节新增加项目，无线电测向是用藏匿于校园内的几台不同频率信号源发出信号，要求学生用接收机接收信号并找出发射台的具体位置，很有趣味。电路设计是让学生利用课堂上所学的知识，在二十分钟的时间内即完成一些实际电路图的设计和联接，能让同学们感受到理科学习的价值。

惯性小车和纸桥结构，是市南区两项头脑奥林匹克比赛项目，也是青大附中科技节的传统项目，选手要用纸和胶水自由设计，制作小车和纸桥，通过小车的滑行距离和纸桥的承重来判断胜负。在总结去年比赛经验的基础上，本届科技节参加这两个项目的同学创意更新，成绩更好。

与教学楼内的安静不同，操场上人头攒动，几块场地同时进行着科技比赛或作品展示，到处充满了掌声、喝彩声和惊呼声。

“高空落蛋”比赛现场，学生们想尽各种办法、用各种材料包装生鸡蛋，从三楼扔到地面指定位置，通过鸡蛋的完好程度和准确性记录成绩，观众不断被奇特的设计所惊叹。

科幻画展示着学生的奇特的创意，将他们心中海阔天空的想象描绘在画纸上；每个科技手抄报都有一个明确的主题，如能源、健康、宇宙、地球、海洋、矿产、生物、信息技术、新材料等，学生围绕主题组织相关内容，自由设计。

科技谜语竞赛则挑战着学生的智慧和科技常识，随着欢呼声谜底不断被一个个学生揭开。

飞机模型比赛、航模比赛和四驱车比赛的小选手分外投入，他们在篮球场地，学校专门提供的航模池、四驱车道上认真操作着自己组装的船模。

操场上还有二百多个学生的建筑模型优秀作品展示，虽然这些作品还显稚嫩，却透露出对生活的热爱，未来的憧憬。看这一个个小房子，一块块的砖瓦，是学生们梦想的家园。

科技创新作品展示场地是科技节的最重要活动。近三年部分在省、市、区获奖的学生在现场讲解他们的发明创造、研究报告和设计方案，吸引了大量学生和来宾。

科技节上的各类比赛和展示活动持续了两个多小时，接下来进行的是科技节闭幕式，我亲自主持闭幕式。青岛市关工委主任、副主任，青岛大学副校长，青岛市科协副主席，青岛市教育局副局长，市南区科协主席、教育局局长，青岛市知识产权局规划协调处处长，市南区少年宫副主任、家长委员会主任以及专程赶来的《青少年创新教育》杂志社社长都出席了闭幕式。学校获得“山东省科普教育基地”“《青少年创新教育》杂志特约编委校”“海洋科技普及基地学校”“中国少年科学院十佳优秀科普基地”等多项名誉称号。

闭幕式上还进行了科技队伍阅兵，在科技节会旗指引下，船模、车模、飞机模型、无线电测向、科技发明队伍依次走过现场，他们一边配合着口号，一边做出队列变化，博得现场一片掌声。

第四届、第五届科技节在不断丰富着活动内容，创新着组织方式，吸引着越来越多的学生和家长，产生了越来越大的社会影响，青大附中科技节已经成为全校师生的科技盛会和创新节日。

四、利用多方资源，营造浓厚科技创新文化

学校办学特色创建中的校外资源整合非常重要。我利用民办学校灵活机制，聘用了在科技创新方面具有特长和指导经验的离退休教师任专职科技教师，在职科研人员做学校科技创新教育的顾问。在整个科技创新教育活动组织过程中，我非常注意加强与青岛大学、市区科协、科技局、少年宫等机构的联系，充分利用这些宝贵的科技教育资源，和几所重要研究机构签订了长期合作协议。定期安排学生到高校实验室、科技基地参观，与研究人员交流。经常邀请科技教育专家到校进行科普讲座，承办重要社会科普活动。

在一次带学生参加科技比赛期间，我引起了《青少年科技创新》主编的注意，对学校活动进行了专题报道。以此为契机，我积极配合，和该期刊逐渐形成了长期合作伙伴。我会用学校经费征订部分期刊，作为奖励发给在科技创新方面取得成绩的学生，同时，把学生科技创新方面的优秀论文、设计、调研报告等向该期刊投稿，该期刊会优先考虑优秀作品的发表。近几年，学生在该期刊发表论文十几篇。

我还非常注重对学生知识产权的保护，多次邀请专家对知识产权法、如何申报各类专利进行讲解宣传，制定鼓励学生申报专利的政策，几年来

学生已经申报各种专利200多项。

为了更大激发学生科技创新热情，我还在校园文化建设中，专门在学校主楼梯设置了学生创新作品展示区，把历年来在市级以上获奖的学生创新作品制成展板挂在墙上。展板上主要包括学生简介（姓名、班级、照片、最喜欢的一句话）和作品简介（原理、作品照片、专利、获奖等）。这样，就把获奖学生和作品永远地保留在学校中，成为大家羡慕和学习的对象，被学生们称为“科技牛人墙”。

我还制定了一系列奖励政策，如每年科技节都会评选一批科技创新成果和各式各样的“明星学生”甚至“优秀支持家长”等，会把科技创新成绩作为班级量化评选的重要一项。而且青大附中的班委会与众不同，除了常规的学习委员、体育委员、卫生委员外，特设1名科技委员，专门负责科技活动组织。

2011年，学校还成功立项了青岛市十二五教育规划课题“初中创办科技创新特色的实践研究”，这不仅是教育主管部门对学校几年来科技教育的认可，更表明了学校科技创新整体观念的统一，标志着学校科技创新教育进入到了系统化建设的阶段。

第四节　理性思考：对科技创新办学特色的思考

自学校确定了科技创新办学特色以来，我通过制定各种政策措施、指导各类科技比赛，举办以科技节为核心的各种活动，营造浓厚的学校科技文化，取得了丰硕的成果。学生已经获得青少年科技创新、头脑奥林匹克、无线电测向、航模、机器人等省级以上科技创新类比赛奖励500多项，学生获评中国科学院小院士近百人。我也获得全国第七届宋庆龄少年儿童发明园丁奖和全国基础教育课程改革教学成果三等奖。学校更是先后获得市级、省级科普教育基地和科普教育示范基地，市级和省级知识产权试点和示范基地，全国青少年科技创新实践基地等荣誉称号。而且，科技创新教育也带动了学校工作的全面提升。但是，在取得了以上显著成绩的同时，也发现在科技创新办学特色创办过程中遇到的问题，对科技创新办学特色的创建有了一些思考。

一、形成学校特色的标准

尽管在创建学校特色之初，通过文献研究和初步思考，对学校特色有一些认识，但只有亲历了科技创新办学特色创办过程，才对学校特色有了更深入的理解。学校特色形成的标准是什么呢？

1. 形成明确的特色理念

作为一所学校，其学校特色的内涵是什么？为什么创建这个特色而不是其他特色？创建这个特色的优势是什么？这是首先要明确提出并让全体教职工了解的。就像我对青大附中科技创新办学特色有明确界定，通过各种会议和活动中的宣传，让广大教职工对学校科技创新活动所包含的内容、初中生科技创新活动特点和价值、学校科技创新覆盖面的全员性要求以及科技创新活动组织原则都有较好的理解。并且知道科技创新办学特色方向的确定是由学校各种内外部条件所决定的，比起其他办学特色创建更有可行性和必要性，从而理解和认可这种选择。

在宣传讲解过程中，在特色活动组织过程中，有些理念就沉淀下来成为一种文化标识。譬如"科研引领"与科技创新办学特色的内在关联的解读，科技节上的会徽、会旗以及标语口号。

2. 举办标志性特色课程和活动

一所学校的办学特色往往需要一种载体来呈现，要么是特色课程，要么是特色活动，最好兼而有之。因为课程和活动是学生培养的载体，特色课程和特色活动是学校特色的基础，也是实现学校办学特色的核心途径，往往在特色课程和特色活动质量提升和品牌形成之时，学校特色也就实现了。

在青大附中科技创新办学特色创办初期，我想通过加强理科课程建设和突出科技创新类选修校本课程的策略来实现，但发现仅仅靠这一举措难以支撑学校特色，于是瞄准科技创新竞赛，精心打造科技节活动，推动学校科技创新活动的多样性、普及化，从而取得一定的规模效应。

3. 全面普及基础上的突出成果

学校特色应该是学校绝大部分学生都参与的活动，这是办学特色的重要标志，但如果学校的某项活动仅仅参与人数多、开展轰轰烈烈，但并没有突出的成绩也不能说形成了学校特色。因此，抓学校特色要兼顾全面普及和重点培养。全面普及是基础，举办科技节，进行各类科技活动的比赛和展示，布置寒假科技创新作业，进行全员科技创新指导等举措都是在抓全面普及，但如果没有突出的成绩、标志性的成果出现也会减缓甚至影响办学特色的形成。所以，在科技创新动员过程中，我都有意识地去发现特别有希望的创意、特别有创新的作品和特别有想法的孩子。就像首届科技节上学校两位获得山东省科技创新竞赛一等奖的选手，都是我亲自发现的，不仅和他们多次交流作品，指导他们的每一次改动和完善，还会调动各种校内外资源，聘请高水平专家和有经验人士去指导和帮助他们。而且这样的学生获奖后，我也会积极宣传报道，给予他们展示的舞台，如让他们的作品上墙、让在科技节上给全体师生介绍他们的研究发明，从而，为科技创新办学特色树立文化榜样。

4. 能够在该领域保持长时间领先

一所学校在某项活动中出其不意取得了成绩上的突破并不是太难，但难的是要在这个领域始终保持领先。因为一所学校某个方面突出后，必然引来其他学校的关注和学习，稍不留神就会被其他学校超越。要想始终领先，最重要的两个条件是：第一，学校确实有开展这项活动的独特优势。青大附中家长科技资源丰富、青岛大学高校资源支持力度大、民办学校有更灵活的机制和研究科学教育的科技副校长都是独特优势。第二，要不断拓展创新，超越自己。想当年，青大附中第一届科技节的构思主要借鉴上海某中学的做法，由于精心构思、严密组织，成效显著，产生了很好的社会影响，所以，有些学校就想要学习，甚至在市南区科技节活动中也有借鉴。但是，青大附中的科技节一年一个样，不仅活动比赛项目越来越丰富，获奖成果越来越多，组织形式也不断翻新。印象中第二届科技节中学生拉了一些赞助，给各种比赛冠名；第三届与《青少年科技创新》期刊结盟，有了学生讲解员和小记者；第四届请来了科学院院士，有了会徽会旗，进行了科技节阅兵式；第五届直接演变成了综合性的科技运动会。正是因为不断有新的突破，才使得青大附中的科技创新教育特色一直未被其他学校超越。

5. 形成对办学特色的广泛认同

所谓广泛认同，包括教师、学生、家长、同行、上级部门乃至全社会等多个层面。两届科技节之后，老师们都已经从内心接受了科技创新办学特色，他们为学生的热情参与、取得的各项荣誉和丰富多彩的科技创新活动感到高兴和自豪。学生对科技创新特色的喜欢可以从对毕业生调查中看出，当让学生说出他们在学校印象最深的一项活动时，接近一半的学生写的是科技节，排名第一，超越了运动会和艺术节。家长也通过科技节对学校素质教育思想和科技创新特色有了直观的认识，在各类科技活动中支持力度很大。同时每年的各种比赛、各项活动的成绩使得其他学校都对青大附中刮目相看，各级领导也对青大附中科技创新特色印象深刻，很多业界人士通过科技创新活动才知道青大附中绝不仅仅是抓升学率的一所学校。而有关科技创新竞赛成绩、各种荣誉以及科技节专题报道等宣传和新闻也向社会传递着青大附中良好的形象，宣传着学校的科技创新教育品牌。应该说，特色意识、整体规划、全员发动、特色活动、出色成绩、全方位宣传等方式多措并举，给人们呈现的是一个立体的办学特色。

二、科技创新办学特色创建中的问题反思

虽然在青大附中成功创办了科技创新特色，而且直到现在仍然是学校亮点品牌，但在科技创新办学特色创建过程中也遇到了一些困难和困惑，离我的理想办学特色还有不小的差距，这将是一个长期追求的目标。

1. 应试教育制约特色发展

有些教师和家长的支持力度不够。由于初中升学压力大，有的教师甚至班主任对学生科技创新活动的开展并不支持，在科技创新活动宣传组织过程中班级差异很大，有的班级明显在应付学校的组织。学生的参加热情不但没有被鼓励和保护，而且遭到打击，有的班主任就明确对学生说：“搞

这些干什么，你们的中考最重要，考到好高中、好大学有的是机会让你们搞科技创新。”个别家长对学校的这些做法也不理解，有的科技作业甚至是家长帮着完成，原因是不想耽误学生学习。为了能调动广大师生积极性，我不得不采用了一些奖励激励政策，用支持专利甚至用中考加分等策略，但这又使得很多学生参加科技活动的功利性太强，有违我创办科技创新特色的初衷。有些家长甚至采取拉关系、弄虚作假方式帮助学生取得科技创新比赛好成绩。

这种现象在科技创新办学特色创建初期尤为突出，在一定程度上影响了学校办学特色的创建实效，随着时间的推移虽有所好转，但还未能有根本的变化。

2. 学生科技创新能力普遍较弱

我在科技创新活动组织中发现，在参与热情上，学生活动自主性不够。绝大多数学生愿意接受老师的安排，而不善于自己寻找研究课题，所以，自主寻找研究课题往往是最难的一个环节，在做的过程中也缺乏主动性、创造性的想法。在研究方式上，学生动手能力较差。大多学生习惯于坐而论道，不擅长动手实践。所以，每次上交科技作业时，一般是科技研究报告较多，科技创意较多，但实证研究较少，制作作品较少。在研究过程中则反映出他们的合作意识和合作能力欠缺。大部分为学生单独报课题，虽然也有学生会组成课题小组，但如何分工、怎样合作很不清楚，特别缺乏有领导力的小组长。因此，往往研究团队一盘散沙、空有虚名。

这些问题的原因在于过分聚焦学科知识的教学内容，过度强调双基的教学目标，长期形成的“满堂灌”“喂养式”教学方式和以纸笔考试为主的评价方式，使得学生失去了对生活和社会主动探究的愿望，失去了灵活运用知识解决实际问题的能力以及亲自动手实践和团队合作的习惯。所以，我这才能更深刻理解为什么新课程改革要倡导的“自主、合作、探究”的学习方式，为什么要设置综合实践活动课程。因为这些是在应试教育环境中学生最需要加强的品质。

3. 科技创新特色发展受到学校环境资源的限制

在科技创新办学特色创办过程中，能时时感受到教育时空的束缚和资源的短缺。学校有限的时间里难以组织理想的活动，课堂有限的时间里无法完成充分的任务，作业负担与校外辅导班严重影响了真实的参与度。学校科技创新办学特色创办初期，没有专职科技辅导教师，也因不断扩招没有充足的功能教室和实验仪器。所以学生作品制作或活动开展一般安排在假期和校外，请了校外科技专家零星指导，依靠家长积极参与指导，整合校外设备场地开展活动。但是，当学校科技创新活动开展到一定层次，校内环境资源问题就成为制约特色发展的重要因素。我们后来也请过两位退休教师从事科技指导，专门建了一个科技专用教室，但仍然不能满足特色发展的需求。

三、科技创新特色发展的展望

虽然我已经离开青大附中了，但科技创新办学特色是我一手创建的，也是我到学校办的第一件实事，几年来花费了大量心血。所以，我经常去思考青大附中科技创新办学特色的发展方向。

1. 教育观念的进一步突破是科技创新办学特色发展的前提

在信息技术时代，创新型人才是未来社会最为需求的。各个国家和世界组织公布的学生发展核心素养都对此有明确的倡导。在新的社会背景和教育理念下，青大附中科技创新教育理念要进一步发展，要进一步明确全员参与的理念，不仅重视各类科技创新比赛和举办丰富的科技创新活动，还要更加关注平时课程教学中的科技创新教育融入。要通过改变学生学习方式，养成自主、探究、合作的学习习惯，培养学生科技创新基本素养；要注重国家课程中科技创新教育元素的挖掘，注重与社会和生活密切关联，围绕课程内容设计研究性任务，使得科技创新教育日常化；要继续扩大科技节规模，扩展科技创新活动内容，充分发挥科技节的品牌效应。

2. STEM 教育推进是科技创新教育办学特色的增长点

20 世纪 90 年代，美国国家科学基金会（National Science Foundation，NSF）开始将科学（Science）、数学（Mathematics）、工程（Engineering）

和技术(Technology)这四门学科缩写成“SMET”，后改为“STEM”。[①]STEM教育强调将原来独立的科学、技术、工程和数学四门学科内容组为一个整体，而不是进行简单叠加。[②]从对STEM课程的内涵界定出发，学术界主要存在两种理解：一种是将STEM课程作为一种课程，即STEM课程是通过融合不同学科以解决实际问题的课程。[③]另一种是把STEM教育看作一种学习方式和教学策略，例如把问题解决的教学策略应用于强化学生对复杂概念的理解。无论将STEM作为一种课程，还是作为一种学习方式或学习策略，这些观点都有一个共同的指向——融合，将科学、技术、工程和数学四门学科融为一个整体，用于解决实际问题。STEM教育理念引进后得到了中国基础教育界的热情呼应，中国教育科学研究院成立“中国STEM教育研究中心”，中国教育学会成立“STEM教育联盟”，在各个地区积极搭建学校平台，逐渐在各省市推进STEM教育。目前，青大附中已经成为STEM教育种子学校，大力发展STEM教育，探索科技创新教育新路径将是青大附中办学特色发展新方向。

3. 教育时空拓展和教育资源整合决定着科技创新办学特色的高度

如何更充分开发校内资源，更充分整合校外资源以支撑科技创新教育走向新高度，是未来青大附中办学特色发展的重要问题。首先，应该在常规课堂时间上有所改变，可以设置两节连堂甚至半天的大课堂，进行科技创新方面的研究性学习、任务驱动式学习、跨学科学习和项目式学习；其次，可以考虑每学年或学期设立“科技创新周”以拓展科技节内容，成为一种微型学期，更充分进行科技创新活动展示、比赛或实施STEM课程；

① Sanders，Mark: STEM，STEM education，STEM mania，The Technology Teacher，2009（4）:20-26.

② Marrison J.Workforce and school［A］.Briefing book.SEEK-16 Conference［C］.Washington，D.C: National Academy of Engineering，2005:4-5.

③ Labov Jay B，Reid Ann H，Yamamoto Keith R. Integrated biology and undergraduate science education: a new biology education for the twenty-first century?［J］. CBE life sciences education，2010，9（1）:10-16.

最后，整合现有相关器材、设备，增加信息技术含量，升级科技创新实验室，同时，进一步加强与青岛大学以及相关科研院所的合作，使得校外资源优势转化为科技创新教育办学特色优势。只有对教育时空创造性拓展，对校内外教育资源针对性整合，才能推动青大附中科技创新办学特色发展到一个更高的水平。

创办科技创新教育特色就是要改变理念、改变课程、改变教学、改变学校传统运行状态，发展学生、发展教师、发展学校。虽然科技创新办学特色建设之路是个漫长之路，但我始终觉得很有意义，是我选对了的发展改革方向。

附件：青岛大学附属中学首届科技节活动方案

一、科技节目标

1. 鼓励更多的师生参与到科技创新活动中，培养他们善于观察、敢于发现和提出问题、积极思考、乐于实践、勇于创新的科学品质，在全校范围内形成“学科学、爱科学、做科学”的文化氛围。

2. 能够发现和培养一部分在科技创新方面有兴趣、有专长、有潜力的学生，真正实现学生的多元发展。

3. 检验和促进我校科技类选修课的教学状况，尽早形成丰富的科技类选修课程和稳定的科技辅导教师队伍。

4. 通过大面积的参与互动，引发学生的内在学习兴趣，培养学生关注社会、热爱生活、关爱他人、乐于合作的积极情感，充分发挥科技活动的全面育人功能，促进学校和谐发展。

5. 通过该活动，充分利用家长资源，促进家校密切合作。

二、科技节对象

本次科技节是我校第一次科技教育的综合性活动，其最显著特点就是全员性。首先，全员性表现在全体教职员工的参与：由学校领导制定活动方案，教务处、德育处共同组织落实，学校分管领导以学校为单位集体动员，各班主任在班会、家长会上再次发动，理科（物理、化学、生物、地理）教师担任主要指导教师和评判员，其他各学科教师和职员参与协助；其次，全员性还表现在全体学生根据个人兴趣选择性地报名参加 1—2 项活动，学校根据学生报名情况协调组织；最后，全员性还表现在不仅充分利用校内资源，而且还将调动校外资源（大学资源、学校家长资源）的参与，活动之前，我们不但要对学生和家长进行宣传，活动中我们还将邀请一部分学生家长参与评判。

三、科技节内容

1. 科技论坛（邀请两位科技专家介绍研究方法以及某些研究领域的最新进展；邀请两位在科技活动方面有突出成绩的学生代表介绍他们的研究

经历和研究成果）

2. 各类科技创新作品展出（主要包括科技制作与发明、科技调查报告、创意方案设计、科学研究报告、科技绘画、科学幻想小说六个项目）

3. 班级科技黑板报设计竞赛

4. 航模现场比赛

5. 黑板擦改进创新现场比赛

6. 科技类选修课成果展示

7. 科技谜语大赛

8. 科技节闭幕式暨科技创新比赛颁奖仪式

四、科技节宗旨（创新点）

1. 全员性：各部门协同组织、全体师生员工共同参与、校内外资源整合。

2. 多元性：本次活动不仅组织了丰富多彩的科技创新比赛，也注意进行科普教育；在科普教育中不仅注意知识前沿，还注重科学方法、科学精神教育；在科技创新比赛中既有各类科技作品展示，又有现场活动，既有个人项目，又有集体项目，既有学生比赛，又有教师活动，既有传统的科技制作、创意方案设计等活动，又有与艺术、人文相关联的科幻绘画、科学幻想小说比赛等活动。多元性的活动设计保障了全员参与。

3. 充分性：在设计本方案前，我们也研究过很多地区中小学的科技节活动，大多是3—5天的准备时间，我们认为这样难以保证实质参加人数和活动质量。因此，我们在放寒假之前就做好宣传动员，并把具体活动布置下去。这样做一来可以让学生有较充足的准备，能够有足够的时间和条件（包括家长的支持和辅导）实施自己的想法；二来假期里准备不但不会对学生日常学习活动造成太大影响，而且作为一种特殊的“作业”可以丰富学生假期生活。

4. 课程性：“科技节”不仅是一种学校大型活动，而且对于学校文化建设、学生身心发展都具有重要意义，因此，我们把“科技节”作为一种隐性的拓展性课程进行系统开发，并且试图通过这种隐性课程把学校的基础理科课程、科技类选修课程整合在一起。在科技节前由相关教师在这些课程上做好准备；科技节上展示课程的教学成果，在科技节后把一些科技创新成果作为课程的资源。

5. 系统性：本次科技节是我校首次开设，并将和艺术节、体育节一样成为每年学生们的节日，成为学校全部科技活动的核心，但并不是科技创新活动的全部。我们要依靠这个活动，联结基础科学课程、选修科学类课程和校外的各级各类科技创新比赛，让这次科技节闭幕式成为下一届科技节的开始。

五、科技节活动过程和步骤

1. 宣传动员阶段：2008 年 12 月 27 日—2009 年 1 月 17 日。

2. 前期准备阶段：学生开学后（2009 年 2 月中旬），以班级为单位组织上交科技作品，由学校组织相关人员进行初评和反馈，并安排相关教师进行指导，学生根据指导教师意见修正改进。

3. 科技节活动日：2009 年 3 月 6 日（周五）下午，全校停课进行科技节活动。具体安排如下：

活动名称	时间	地点	备注
科技论坛	13：30—15：40	多功能大会厅	两位专家讲座各 40 分钟，两位学生发言各 20 分钟，中间休息 10 分钟。
科技产品、调查报告、创意设计、研究报告、科幻绘画、科幻小说等作品展	13：00—16：00	操场、门厅、走廊	作品经过初选、复选得以参展，并最终由评委打分后确定奖励等级。
班级科技黑板报现场设计竞赛	13：00—15：00	各班班报栏	各班从 13：00 开始办报栏，15：00 检查评比
航模现场比赛	13：00—14：30	航模教室	校园航模比赛水池，每班选送 2 名学生比赛
黑板擦改进创新现场比赛	14：30—16：00	某教室	每班将选送 2 名学生比赛
科技类选修课成果展示	13：00—16：00	各选修课教室	任课教师组织，由 1—2 名学生负责讲解
科技节闭幕式暨科技创新比赛颁奖仪式	16：10—16：40	学校大操场	总结活动，奖励优胜班级、学生和指导教师

六、效果评价标准与方式

除科技论坛外，各类活动都要进行评选。每类作品将评出一、二、三等奖若干名，并从所有获奖学生中评选出数名“明日科技之星”，从班级总分中评选出数个科技节优胜班级，从指导学生科技创新获奖情况评选“优秀指导教师”数名，从家长中评选出“科技创新活动优秀支持家长奖”数名。

评选的标准主要是成果本身的创新性、科学性、社会价值、可推广性以及整个研究过程的付出和努力。

评选的方式，我们将采用学校领导、科技专家、学科教师、学生代表、家长代表联合组成评委会，现场打分的方式进行。

第六章

单元核心集体备课的探索

备课是教学工作的起点和基础，是教师设计课堂教学的全过程，是直接影响教师教学行为的决定因素，而备课的改革则是教师对教学新理念进行实践体悟和运用的第一步。在备课的改革中，集体备课受到空前的重视，虽然集体备课并无法律法规或政策条文的正式依据，但它与教研组是同根而生的，有了教研组也就有了教师间的集体商讨与论证，教研组的诞生依赖于 1957 年 1 月 21 日教育部颁布的《关于中学教学研究组工作条例（草案）》。集体备课（后面可简称集备）秉承集思广益、群策群力的理念，在学校教学中发挥了显著的作用。特别是新课改之后，集体备课地位得到了相应的提高，“集体备课是‘同伴互助’的一种，——是促进教师专业成长的最便捷、最持久又最现实的一种方式”。[①] 难怪一些学校会将集体备课制度化、规范化。但是，许多学校的集体备课仅仅停留于形式，少见实效，怪象丛生，如“无备而来——集体备课等于集体备案——集体备课就是大一统——”。[②] 总之，集体备课并没有起到其应有的作用，在其运行操作中也出现了难以克服的弊病，以至于有些一线教师会有“想说爱你不容易”[③] 的感叹。

① 余文森、黄国才:《有效备课 · 上课 · 听课 · 评课》，福建教育出版社 2008 年版，第 112 页。

② 郑琰:《集体备课，“旧貌”如何换“新颜”?》，《基础教育课程》2006 年第 7 期，第 42—48 页。

③ 施福荣:《如何看待多种形式的备课》，《中学历史教学》2006 年第 7 期。

为了办一流的教育，青大附中很早就提出了“高效课堂”的理念，提出:“要向课堂45分钟要效率”的口号。但是，有经验的教师都知道，提高课堂效率的关键是课外，特别是课前备课状况是决定课堂效率高低的关键。于是，我查阅了大量关于集体备课的文献，细致考察了青大附中集体备课的现状，2009年开始，我在学校提出并推行了“单元核心集备”改革。

第一节 理论基础:关于备课和集体备课

要想提高教学水平，向课堂四十五分钟要质量，必须要保证备课质量。可以说，一个教师的教学效果很大程度上取决于其个人备课情况，而一所学校的教学质量则与其集体备课的模式与管理紧密相关。因此有很多学校注重集体备课，不少学者也专门研究集体备课，并形成了一些有价值的成果和经验。

1. 备课

备课是一个在日常教育生活中及其常见的教学行为，是教师为课堂教学做准备的过程。广义上讲，教师的学习、生活都应是备课的一部分，因为教师是以自己的所有生活感受和知识储备来教授和影响学生的，使学生在认知、能力和道德情操等方面发生变化。狭义的备课是指教师为上好具体的一堂课或一个单元，认真研究一定的教学内容和学生学情，确立教学目标，选取合适的方法，运用相应的资源，引导学生在知识、技能、情感等方面达到既定目标。新华词典对“备课”的解释是教师为完成教学任务所作的准备工作，包括钻研教材、收集资料、准备仪器、了解学生的实际等。

备课是上课前所做的各项准备工作，它的实质是教师以教材为中介对正式课程的领悟和把握。要求明确具体的课程目标，并以大纲和学情为依据使之转化为课时教学目标。通过钻研教材来实现精通教材、驾驭教材和处理教材的能力的转化，落实课堂教学任务。对教师而言，备好课可以加强教学的计划性和针对性，有利于教师充分发挥其主导作用。

无论人们对“备课”如何解释表达，终离不开几个关键要素，即备课实施者是教师，目的是为教学、为学生服务，内容是课标、教材、教法和学生学情。究其本质就是教师对教材文本的内化与外化。所谓内化，就是教师对教材文本理解个性化意义建构的过程。内化的广度和深度与驾驭教材的能力成正比关系。内化不是教师对教材文本的简单复制，它融入了教师已有的知识经历和生活经验，以及对学生认知基础和生活经历的了解，每一个教师在完成这一内化过程时，都会有自己不同的风格与结果，这便是其独特的建构过程。所谓外化，则是教师在理解文本资料和学生学情的基础上，虚拟形成一个预设的上课程序，以确定如何将文本信息传达给学生。

2. 集体备课

备课可以从不同角度来划分为多种类型，从人员角度看，备课可分为个体备课和集体备课。个体备课是单个教师依据个人知识、教学经验、人生阅历等，对教学内容、学生实际进行的个性化备课；集体备课则是多个教师共同参与的备课活动，通过成员之间的合作探讨、智慧碰撞，实现优势互补和资源共享，使每位教师更好地把握教学内容，完成教学任务。它以每位参与教师的个体备课为基础和前提。虽然大家对“集体备课”这一常用词汇有相似的理解，但具体到用文字来表述，却又千差万别，各有特色。

有人认为集体备课是指相同学科、相同年级教师之间，就教学进度、教学内容、教学方式、教学手段、教学过程、练习测试等内容进行商量和讨论的过程。

吉林省第二实验学校依据其教学实践将“集体备课”定义为相关的教师群体在相互协作的基础上通过集体合作对授课内容提前进行的策划和准备。

也有认为“集体备课”是校内或校际同年级、同学科教师之间，在独立备课后相互交流与研讨的教学活动。一般包括学生情况分析、教材处理、教法选择、媒体选用、练习处理、教学过程、师生的双边活动等。

上述定义的共同点是："集体"是教师组成的群体；"备课"时都强调合作；备课的指向都是课堂，集体备课的功能是个体备课的深化、强化，它为进一步完善个体备课提供一个相对坚实的基础，它是教师丰富教学实践经验的有效平台。

综上所述我们对集体备课的理解是：特定的教师群体在个体独立备课后，围绕特定的教学内容或问题而各抒己见、合作研讨，以此来确定上课的设计预案或相关问题的较为理想的解决方法，以期实现教学效果的最优化。

至于集体备课的原则也没有定论，有人提出了高效性原则、科学性原则、超前性原则、可操作性原则；南京市教育科学研究所刘永和提出了"主体性原则、层次性原则、合作性原则、探究性原则"；侯全民则提出了"目标定向原则、系统针对原则、全员参与原则、规范实用原则、准确预测原则、过程有序原则"。①

综合起来，我认为在集体备课中，以下原则是必须要遵守的：(1）全员参与原则：要求集备组成员应当全员参与。(2）平等尊重原则：集备组成员之间人格平等、真诚友善、合作交流。(3）目标定向原则：组织集备的前提是要有明确的目标和内容。(4）过程有序原则：集备整个过程要有准备、讨论、定案、反思等顺序性活动。(5）注重实效原则：集备要从实际出发，对教学有切实的效果，能促进教学水平的提高。(6）系统针对原则：集备的组织者要眼光长远，联系实际，注重长效。

集体备课的类型或模式，也有多种划分方法，余文森等将集体备课按"以学科为参照""以主题为参照"和"网络式"三种标准划分，其中，"以主题为参照"将集体备课划分为"主题式集体备课""教学式集体备课"和"指导式集体备课"。②

---

① 侯全民：《集体备课应遵循的原则》，《教书育人》2001 年第 15 期，第 28—29 页。

② 余文森、黄国才：《有效备课 · 上课 · 听课 · 评课》，福建教育出版社 2008 年版，第 119—120 页。

也有人按活动形式将其划分为汇报讨论式、辅导点评式和论坛交流式。汇报交流式是先由教师就自己承担的集体备课任务所作的准备工作向集体作详细的汇报，然后由集体成员进行研讨、完善，形成共享资源；辅导点评式是由教学经验丰富、学术水平高的教师或专家针对集体备课组中的特定细节或活动进行点评，使大家受到启发，形成共享资源；论坛交流式是集体备课组先确定研究主题，制订研究计划，然后教师依照计划分头准备，之后集中进行交流，教师们在交流中，形成共享资源。这三种形式在实践中应用范围都比较普遍，具有代表性。它们在应用过程中你中有我，我中有你，很少孤立存在。

从操作流程上看，集体备课主要包括准备活动、集中活动、教后活动。准备活动主要是制订计划、组内分工，个人为集中阶段做好准备工作。集中活动主要是围绕备课主题说、听、思、记，形成共享资源。教后活动则是结合集体备课中形成的共享资源和教学实际，对自己的教学进行调整、反思、钻研、探索。

从集备的实践上来看，它在促进教学、教师专业成长方面发挥了一定作用，但多有形式主义、功利主义、经验主义的不良现象存在，教师对集备认识不够深入，对集备的操作随意性太大，并且缺乏相应的评价机制，因此，研究者对集备的研究多是沿着发现问题、解决问题这条路线来的，先看到其不足，再提出自己的集备建议和设想。从下面的文献资料中可以看到这条清晰的研究路线。

赵才欣、韩艳梅在《如何备课》一书中批判了集备中的“同构教案”，认为教师之间互相“借鉴”，资源“共享”，将集备表面化，实际上即是“投机取巧”的表现。提出和论述了集体备课在要求上的“四统一”和“一灵活”，即统一教学目标、教学重难点、教学进度、教学训练检测和灵活运用教学方法；在组织要求上的“六定”，“即定时间、定地点、定负责人、定内容主题、定中心发言人和定要求”。在个体备课和集体备课的关系上，作者认为个体备课是集体备课的基础和前提，集体备课是对个体备课的提升和完善，集体备课与个体备课和谐共生。①

余文森、黄国才针对集备的几大异化现象，如无“备”而来，集体备课等于集体备案，“大一统”，一人唱“独角戏”等，提出了几点要求，如“建设新的教研文化；个人备课，张扬个性；集体研讨，和而不同；实践反思，完善丰富”。②并介绍了集体备课的纵向、横向及网络模式。

金绍荣、王德清就集体备课促进教师专业化发展方面对其做了理性的分析：“和而不同：集体备课的理性思维指向；解决问题：集体备课的理性功能定位；共同进步：集体备课的互助合作内涵；个性发展：集体备课的学生本位价值；教学研究：集体备课的科学任务追求。”③

郑琰从正反两方面阐述了集体备课的利与弊，它利于减轻教师负担，利于智慧碰撞、资源共享，利于凝聚合力、营造研究氛围。但不利于个性化教学和教师创造性的发挥，易使教师产生惰性，不利于专业成长。针对教学现实中的集备现象，作者整理了来自各地一线教师在改进集体备课上的建议以及各地的实践经验，如湖南省娄底市四小集体备课的做法如下：“（1）定点（2）定量主备（3）集中评说（4）完善印发（5）复案补改（6）教后反思。”④

徐武汉在肯定“集体备课确实是一种最直接、最便捷、最经济、最有效的教学研究和教师校本培训的方式”⑤的同时，也指出其存在的弊病，如集备形式化、集备中的“话语霸权”、消融教师个性。作者还从多个角度分析了其弊病的原因：从维护知识产权的角度看，个人有自我保护的自

---

① 赵才欣、韩艳梅：《如何备课》，华东师范大学出版社2009年版，第76页。

② 余文森、黄国才：《有效备课·上课·听课·评课》，福建教育出版社2008年版，第115—118页。

③ 金绍荣、王德清：《对集体备课的理性诉求》，《教育科学论坛》2005年第12期，第16—17页。

④ 郑琰：《集体备课，“旧貌”如何换“新颜”?》，《基础教育课程》2006年第7期，第42—48页。

⑤ 徐武汉：《集体备课中的问题及对策》，《教学与管理》2004年第13期，第33—35页。

由和权利；从管理行为的角度看，一些学校长期运行的教学奖惩制度的偏颇，导致了教师自我保护意识的强化；从社会环境的角度看，原有的“集体”意识逐步被淡化，而个体的“独立”意识在逐步增强，“无私奉献”的精神理所当然地受到了冲击；从人的心理需求的角度看，人的生存需要是第一位的，其次就是安全需要，而学校的评价体制使得教师不得不在集备中“留一手”。至于其对策，作者认为应该从道德范畴、人的心理因素、评价理念、评价措施、管理方法等方面寻求突破和创新，并给出了具体做法。

李国华认为集体备课是促进教师专业发展的一种有效形式，但在实践中未产生应有的作用和效果，要使集体备重焕生机和活力，需明确其“思维指向是求同，还是求异；其功能定位是形成教案，还是解决问题；其价值目标是实现学生整齐划一，还是促进学生个性化发展；其互助合作是重个人引领，还是重平等交流；其主要任务是设计教案，还是教学研究”。① 通过这些深层的追问和分析，作者展示了集体备课的追求方向。

潘素文从语文教师的角度看到了集体备课的病象：一是“取消前提，拼盘共享，集体偷懒”；二是“个人包办，唱独角戏，噤若寒蝉”；三是“模式复制，如出一辙，毫无个性”。作者提出了提高集备质量的应对策略：（1）改革形式，优化内容。以说课落实和优化备课内容，以“终端审阅”保证教案质量，狠抓二次备课的落实，倡导个性设计与反思。（2）独立走进教材，集体走出教材。（3）取其一点，备细备精。即突出重点，增强针对性。（4）个案引路，深层备课。将理性教案与课堂实践相结合。（5）加强反思，为科研导航。②

在硕博论文方面，冯秀震以高中历史集体备课的研究与探索为题，“旨

① 李国华：《对集体备课的理性审视与深层追问》，《中国教育学刊》2005 年第 9 期，第 53—55 页。

② 潘素文：《走出教师集体备课的沼泽地》，《语文教学与研究》2008 年第 4 期，第 60—61 页。

在明确历史集体备课的现实意义、遵循原则及具体的方法”。① 进行历史集备有利于提高教师整体素质，也符合历史学科重经验积累、重探讨交流的学科特点。文章对历史集备中需要的政治思想、科研意识、文化素质、心理应激能力及具体运用方法和模式等问题进行了理性的探索。

曹坤玉从传统的校本集体备课入手，阐述校本集体备课的概念和优缺点，接着引出了基于信息技术环境下的虚拟集体备课。详细介绍了虚拟集体备课所利用的几种软件，并提出“虚拟集体备课是校本集体备课的有效补充”② 这个中心论题。然后通过实例验证在教学方法、备课资源、教学设计等方面虚拟备课的补充作用。

欧阳竟成从教学活动网络化、集成化这一教育特征入手，探讨开发基于网络的教师集体备课系统。其论文首先对基于网络的教师集体备课活动进行了系统的研究和分析，以求发现网络备课的一般规律和要求，然后建构一个基于内联网的教师集体备课系统的模型，并且对该系统的功能进行了详细的设计。简单说，该系统包括“备课室、讨论室、教案展示台、系统维护和管理室”。③

综上，集备是新课改中力推的教师研修的重要途径，是在个人认真研究的基础上进行集体研讨的一种教研活动，是教师之间交流、互动、共同提高、共同发展的平台。但总体来看，在集备实践中存有众多不足。国内研究者正是看到了集备在实践操作上的缺陷，所以对集体备课的研究多是从现象和问题出发，主要谈论集体备课的操作流程、理念追求、管理策略、信息技术利用等。研究者在对集体备课的探讨中，多融入了新课改中的理念，重视个体备课在集备中的基础性作用，注重个体备课中对教材、学生、方法的深入研究，重视集备流程的规范性，尤其重视教师之间的合作机制，重视集备后的二次备课和反思。

---

① 冯秀震：《高中历史集体备课的研究与探索》，辽宁师范大学硕士论文，2007 年。

② 曹坤玉：《虚拟集体备课在中学数学教学中的作用》，河南大学硕士论文，2008 年。

③ 欧阳竟成：《基于内联网的教师集体备课系统》，华东师范大学，2001 年。

但是，将集体备课作为一种重要的教研方式，对它的深入研究还是有所欠缺的。具体如下：（1）缺少对教研文化或集备文化的探讨。在广义的教研文化中，主要指的是制度层面和精神层面。管理是一种秩序，人们对于管理活动的基本认识和价值观念的实现必须依托在相应的中介上（例如制度），通过中介而实现其本身的“物化”，并最终实现其本身。集体备课作为多人参与的活动，它也需要制度的规约，从目前研究来看，有些学校根本没有集备制度的保障，只将集备作为约定的活动，这就助长了教师的随意性。有的即使有了制度，也是泛泛而论，难以实现精细化管理；另外，教师的精神层面及由此带来的教研氛围是相当重要的。教师的精神或心理直接关系集备成效，教师心理中的竞争与合作的双向共存，对集备组的归属感、群际连动关系和自我期望等，都一定程度上决定着教师的智慧贡献率。（2）缺少一种较为成熟的集备模式的建构。研究者虽然对集备的运行程序进行了阐述，但都没有提升到“模式”的境界，致使至今没有一种相对成熟的集备模式引领教师的教研活动。集备模式是在一定的教学思想或理论指导下建立起来的较为稳定的集备活动结构框架和活动程序，它是教学理论或思想的具体化，又是集备经验的系统概括。它具有简略性、操作性、发展性等特点，指导并服务于教研工作。（3）缺乏对集备质量的评价机制的深入研究。集备的有效性、合理性必须有一把评价的尺子来衡量，当然，这种衡量有一定的难度，操作性受众多因素的限制，因此，如何来评价集体备课是研究中的重要话题。总之，对集体备课的理性探求仍须进一步的努力。

第二节 改革背景：备课改革前的现状考察

一、参与中发现集体备课问题

参与集体备课是我上任之初的重要工作之一，应当说，我对青大附中的集体备课最初的印象是不错的。首先，与其他形式的教研活动相比，由于意识到活动和自己的课堂教学效果紧密相关，因而教师参与态度比较认真；其次，我参加的各学科集备活动都能紧紧围绕教学任务展开研讨，表现出一定的实效性；最后，集备活动已经相对稳定，老师们也已经习惯于集体备课的研讨方式。但是，通过初步考察，我也意识到传统的集体备课模式效率并不高。为清楚而客观地了解学校教师集体备课的状况，我在全面参与各学科集体备课基础上，带领我的研究生刘付珍重点对初一数学教研组进行了跟踪观察和研究。发现青大附中集体备课主要存在以下几个问题：

第一个问题是教师的集体备课往往是以一周的教学任务为内容，就事论事，对教学内容的分析和设计缺乏整体性。当时，学校规定了每个年级学科的一课时集体备课时间，该时间段内这一年级和学科的教师都不安排课。一般集体备课模式为：每一周有一位主备教师，提前梳理本周教学内容，在备课过程中对本周即将讲授的内容进行细致分析，统一教学进度、教学目标、教学重难点等。而其他教师则参与研讨、提出个人意见或问题，最终形成整个集备组的一周教学基本思路和策略。但在这个过程中，由于周教学内容往往是跨单元（章节）的，内容之间不一定有联系，使得备课往往缺乏知识的结构性思考和单元的整体性规划。

第二个问题是教师在备课中缺乏课程整合意识。当我参与集体备课活动时，听到最多的就是各学科教师抱怨课时不够，教学进度紧张，希望学校能增加周课时。了解情况之后才知道，因为年初，山东省召开素质教育工作会议，颁布了规范办学 40 条，提出“没有规范就没有素质教育，素质教育要从办学规范抓起”。就学校要严格控制学生到校时间和上课时间，加强学生在校学习时间的管理，严格控制学生课外作业量等方面都作了明确规定。这样一来，过去加班加点和随意增加课时的做法就行不通了，大多学科缩减了周课时。有的教师甚至把他们以往的学期教学计划和现在的课程表拿给我看，认为课时减少后根本完不成教学内容。在集体备课中，进一步发现很多教师教学惯性很强，只要有一套习惯了的教材和教案，他们就很少要去主动改变。而且，他们对教材的重视程度远大于课程标准，习惯于按照教材顺序和体系来设计教学。

第三个问题是集体备课对课堂教学贡献不大，教师在集体备课中的受益有限。由于集体备课时间较短，而一周教学内容较多，因而在集体备课中教师们主要关注的是统一教学进度、分析知识点、教学重难点等，而对具体的教学设计与组织实施的细节问题很少涉及。我有意识地在听完一个集备组集体备课后去听了组内成员的课堂，发现集体备课对课堂教学中影响不大，教师们的课堂教学设计还是表现为自顾自的特点。在与两个新教师交流时，他们更反映在集体备课中学不到课堂教学的具体策略和技巧，所以他们刚入职后采取的是听老教师一节课自己学讲一节课的策略。

二、指导研究生精准分析集体备课问题

在对集体备课有了初步印象后，我选择了进一步的精细化研究，让我的研究生刘付珍选择了“集体备课”作为她的毕业论文研究方向，指导她进行了系统调研。

我们首选了内容分析作为集体备课的研究方法。“内容分析是一种对具有明确特性的传播内容进行客观、系统和定量描述的研究技术”。[①] 内容分析法以“客观”“系统”“定量”为主要特征，以传播内容的“量”的变化来推论“质”的变化，是一种“质”与“量”并重的研究方法。内容分析研究最重要的环节是确立分析类目和选择分析单位。分析类目（或称为分析维度）是根据研究需要所设计的将资料内容分类的项目和标准，具有明确的操作性定义，通常是根据研究目的，参考对研究对象的初步分析而定。分析单位（Units of Analysis）指的是实际的计算对象，是指内容分析法中描述或解释研究对象时所运用的最小、最基本的单位。

我安排研究生全程参与初一数学组集体备课（初一数学组备课一般为2节课时间）10次，每次都进行全程录音并整理成文字记录，然后把集体备课内容分析维度大致确定为：教后反思、课标解读、教学内容分析、学情分析、课程资源研究、习题与作业设计、教师自我认识七大方面。然后对录音进行系统的内容分析。

如表6–1：

① 卜卫:《试论内容分析方法》,《国际新闻界》1997年第4期，第56、60、69页。

表 6-1

周次 内容		W1	W2	W3	W4	W5	W6	W7	W8	W9	W10
教后反思	次数	1	1	2	3	1	1	0	2	1	0
	占时	3	2	4	6	5	5	0	4	3	0
	百分比	3.33	2.22	4.44	6.67	5.56	5.56	0	4.44	3.33	0
课标解读	次数	1	1	1	2	1	1	2	3	1	1
	占时	5	6	7	8	7	6	8	10	5	6
	百分比	5.56	6.67	7.78	8.89	7.78	6.67	8.89	2.22	5.56	6.67
教学内容	次数	6	8	5	10	10	4	8	9	6	6
	占时	45	40	44	40	43	42	51	46	50	45
	百分比	50	44.4	48.89	44.44	47.78	46.67	56.67	51.11	55.56	50
学情分析	次数	4	5	5	6	8	5	6	8	7	6
	占时	7	12	8	8	10	6	10	6	5	12
	百分比	7.78	13.33	8.89	8.89	11.11	6.67	11.11	6.67	5.56	13.33
课程资源	次数	0	3	2	0	1	2	0	1	2	1
	占时	0	3	5	0	1	3	0	1	1	1
	百分比	0	3.33	5.56	0	1.11	3.33	0	1.11	1.11	1.11
习题作业	次数	5	8	7	9	10	9	6	8	12	4
	占时	25	27	22	28	22	28	20	21	26	25
	百分比	27.22	33.33	24.44	31.11	24.44	31.11	22.22	23.33	28.89	27.78
自我认识	次数	1	0	0	0	2	0	1	1	0	1
	占时	5	0	0	0	2	0	1	2	0	1
	百分比	5.56	0	0	0	2.22	0	1.11	2.22	0	1.11

注：次数指备课时提到对应项内容次数，“百分比”是所用时间占集体备课总时间（90 分钟）的百分比。为便于比较，对各项备课内容所占时间均以分钟计且依据四舍五入原则取整数。

数据基本验证了我的判断，同时还可以分析出集体备课其他特征：

（1）对教学内容的研究与商讨最为细致。由上表可知，无论是从提及的次数（平均 7.2 次 / 周次）还是从占用的时间（平均 44.6 分 / 周次）来看，对教学内容的分析都是集体备课中的重中之重，它涵盖了教学体系分析、教学进度安排、教材重难点分析、知识点前后联系、可能考点等主要事宜，而且备课老师对教材内容的分析比较细致，特别是有经验的老教师分析教材内容会娓娓道来，如数家珍，说明了这些教师对教材内容把握较充分。

（2）习题与作业的设计体现数学的学科特点。在集体备课中，商讨习题与作业的时间也占了较大比重，这与数学的学科特点是分不开的，因为习题是数学知识的练兵场，没有一定量的习题训练是很难保证学生知识掌握的。老师们往往根据自己的经验从教材和指定辅助教材中选择合适的题目，也往往在选择题目时会产生不同意见。

（3）学情分析和课程资源分析表现出较大的个体差异性。从表中数据可以看出，学情分析和课程资源分析所占比例不大，但不同主备教师关注差异较大。有的老师比较重视学情，在研讨时往往从学生学习的视角分析教学问题，时常关注学生知识基础、学习兴趣、认识特点、学习方式等，但大部分教师对学生关注不够。有的老师会从一些其他参考书、习题集甚至网上搜集有关教学的资源，而有的老师的备课仅限于教材和指定辅助材料。

（4）教后反思与教师的自我认识在集体备课中所占比例很小。教后反思是在集体备课中对上周授课过程的一个自我反思，主要包括上周教学实施过程是怎样的？有哪些成功之处，存在什么不足？还有什么疑惑？有哪些改进的想法？旨在对自己的教学行为进行全面回顾，从而加强自我教学感知，促进自己不断完善教学。教师自我认识则是教师对自己能否出色完成未来教学任务的一种估计或推断，包括自己对内容把握、进度控制、方法设计、课堂调控、学生管理等各个方面的预测，是一种自知自省的表现。这两项工作在整个教学过程中都不可或缺，从统计结果来看，有的集体备课中对此内容居然只字未提，说明它们并未受到应有的重视，教师缺乏教后反思和教前预测的习惯和能力。

（5）集体备课缺少与课堂的直接衔接。集体备课的过程就像是记流水账，一节课接着一节课地研讨，但由于时间所限，集体备课时无法对每节课教学进行详细研讨，特别对课堂引入、课堂提问、互动方式、组织策略、板书设计等细节问题涉及较少，集体备课结束后给人的印象是知道该教什么内容大致该怎么教但却不知道具体怎样上课。

根据以上观察和分析，我得出的结论是学校集体备课虽然在相关制度的规约下和惯性支撑下有条不紊地进行，也有一定的实效，但是缺乏其应有的活力。虽然教师们意识到集体备课有益于教学，能够按时参加，但是由于教学任务繁重、时间紧迫等原因，他们对集体备课的前期准备、过程研讨和后期反思都投入有限，集体备课一定程度上是流于形式，没有达到集思广益、整合资源、提高课堂教学质量、提升教师队伍专业水平的理想效果。

三、集体备课改革的目标定位与基本思路

1. 明确目标定位

在进行了近一学期的调研后，我开始构思新的集体备课组织模式，试图系统解决按周备课不合理、教师课程整合意识不足、备课关注点不全面、备课实效性较低等问题。

首先，我希望能在备课中促进教师进行教材整合，我想到了博士期间学习的课程整合、国家课程校本化、课标与教材关系等理论，也想到了读博士时接触到的一个成功案例：一所小学生源较差、教学成绩区内倒数，为了追赶成绩，学校增加了语文、数学等主课课时，但收效甚微。而一位新校长上任后搜集了不同版本的数学教材，根据学生状况，在深入研究课程标准的基础上，根据学情特点带领数学组全体教师在集体备课时对不同版本教材进行比较分析，以单元为单位对现有教材进行了大胆整合，两年后，她的学校数学教学成绩一跃成为全区第一名，而且学生数学学习兴趣高涨，数学教师专业发展突出。所以，我考虑要在缩减课时的情况下保证教学质量，仅仅在教学上下功夫是不够的，课程（教材）整合可能是个好办法。如果教师们可以基于课程标准、学情和教学经验对教材进行自主的顺序调整、内容删减、调换和补充，突破原有课时的常规安排，应该是一个好的策略。但是对整本教材进行改造和整合难度太大，可以以单元或章为单位在集体备课中进行课程（教材）整合。

其次，我想到借鉴公开课的思路。我在博士期间曾专门到一所学校指导教师课堂教学改革，一起研讨过公开课，并发表过2篇关于公开课与教师专业发展的文章。我的研究发现，教师之所以能在公开课中得到较快发展，是由于公开课准备过程中的理念引领、多次精心备课、集体研讨、实践试讲、反思改进等特征，如果集体备课中能多一些公开课研讨的特点，教师特别是青年教师必然非常受益。

再次，我想到了著名语文特级教师于漪老师的三次备课。在于漪老师专业发展过程中，她的三次备课做法起到了重要作用：于漪老师第一次备课不看任何参考书、资料和教参，全凭自己的理解对教材进行一次整体把握。第二次备课广泛收集各种参考文献资料，看看名师、教育专家是如何授课和对教材进行分析的，同时思考三个问题：(1) 哪些问题参考材料上想到了，我也想到了；(2) 哪些问题参考材料上想到了，我没想到；(3) 哪些问题参考材料上没有想到，我想到了。第三次备课则是在上一个平行班之后，总结经验：(1) 逐一记下和思考学生的亮点；(2) 记下自己对学生的预设不足以及不适合学生的教学设计。进行教学反思之后再备、上一次课。有人将此总结为：三个关注，两次反思。三个关注即关注自己、关注理念、关注学生。两次反思即理念反思和行为反思。如果能让教师在备课中也能经历类似三次备课的过程，对于提高课堂教学质量和促进教师专业发展必然会有显著影响。

最后，我也想通过集体备课改革促使教师做研究和反思。我刚上任后，就提出了“科研引领”的办学理念，倡导教师积极进行教育科研，并开展了一次教研论文征集活动。但是，对上交论文审阅和仔细检查后发现，有将近一半的论文都是在网络大段复制粘贴拼凑的，即使没有大段抄袭的文章很多也只是空泛的内容和浅显的经验。这件事情对我刺激很大，这样的教育科研是没有任何意义的，而且还加重教师的负担，让教师反感。我一直在思考用何种方式激发教师的研究意识，促进教师做教育科研。我想如果能聚焦课堂教学和备课这一具体实在的问题，教师或许有兴趣开展真正的研究。

综上所述，我希望能借助课程整合的理论和成功经验，引入公开课的“磨课”策略，学习于漪老师的三次备课方式，并且把集体备课和教育科研紧密结合，改善集体备课改革方式，全面提高集体备课效益。

2. 形成改革思路

基于以上目标，经过慎密思考，我形成了单元核心集体备课的主要思路：

（1）集体备课不再以周教学内容为单位进行，而是以单元或章为单位，对教学进行结构性整体设计。

（2）倡导教师认真钻研课程标准，比较不同版本教材的结构与内容，在比较中深化对课标的理解。可在遵照课标基础上，依据学情，对单元教材进行校本化改造。在此过程中提高教师课程整合意识与能力。

（3）根据课程标准要求，学科体系中的基础性、典型性和代表性，学生认知发展规律，对于学生发展的意义、与社会生活的关联度，考试重难点、个人教学经验等方面，在每个单元（章）选取或整合 1 节核心教学内容（单元核心课），并理清单元核心课与其他内容的关系。

（4）对核心课教学设计展开讨论，形成详细教学方案（通案），对其他内容的教学设计也统一思想，形成大致教学思路。单元核心课教学设计是集体备课的重点，按公开课的标准准备，精心打磨，希望通过单元核心课设计提高教师教学设计与实施能力。

（5）互相观摩单元核心课的课堂教学，并在单元核心课结束后进行再研讨和反思，不断完善单元核心课的教学设计。在此过程中，促进和提升教师的教学反思能力。

第三节　行动研究：单元核心集备的改革

一、学习理念、统一思想，激发集体备课改革意识

任何一项教育教学改革必须首先要更新教师观念，在思想上认同改革理念。所以，我在思考单元核心集体备课改革思路和操作策略的同时，就

已经利用全校业务会议和集备教研活动的机会给老师们开展了四次专题讲座，介绍相关理论和成功案例。

在“课程标准与教材”专题讲座中，我讲解了课程标准的性质、定位，介绍新课改后由一纲一本到一纲多本的变化情况，让教师们了解教材编写的程序，理解课程标准与教材的关系，讲述教材整合的成功案例，鼓励教师备课中大胆对教材进行改造，用教材教而不是教教材。

在“有效备课”专题讲座中，我对备课的定位、备课的要求、备课的策略进行讲解，并结合参与和观察学校集体备课的情况，分析集体备课中的问题与不足，介绍集体备课的成功经验，启发教师对本组的集体备课成效进行反思。

在“教师专业发展”专题讲座中，我详细介绍了于漪老师的三次备课，深刻分析三次备课成就于漪老师的内在机理，让教师感受集体备课中同伴互助、教学反思对教师专业发展的作用。

在“公开课研究”专题讲座中，我分享了自己上公开课的以及指导中小学教师上公开课的经历，介绍了自己对公开课的两个个案研究，帮助大家分析公开课准备过程中各环节的价值和意义，分析公开课促进教师快速成长的影响因素，激励教师精心设计每一节课。

由于能密切联系教师的备课实践进行理论讲解，既有学术前沿研究，又有具体的案例，做到深入浅出、学以致用，所以我的这几个讲座深受欢迎，引发了大部分教师的深度思考和热烈讨论。

在此基础上，我把单元核心集体备课改革思路和策略进行了详细解读和宣传。但出乎意料的是，改革方案制定后却迟迟不见集备组的行动。

这是什么原因呢？经过与教师的交流和观察思考，我发现从观念认同到行为跟进还有很长的路要走。首先，虽然绝大部分教师认同了改革理念，但出于惯性和惰性，却难以及时做出行为上的改变，尤其不愿做第一个尝试者，大部分都在观望；其次，虽然有的集备组表现出改革的热情，也能大致明白改革的思路，但却不知道该具体怎样操作。基于这种情况，我开始在实践层面、策略措施方面推动改革。

二、细化策略、示范讲解，启动单元核心集体备课改革

1. 进一步细化集体备课策略

单元核心集课改革方案公布时已接近学期末，针对改革启动不理想的情况，我首先对下学期单元核心集体备课的操作策略进行了细化：

（1）为了保证单元核心集体备课质量，集备组要提前分工，放假前就确定好下一学期各单元主备人，一般主备人由教学经验较为丰富、教学水平较高的教师轮流担任。

（2）为减轻教师负担，每个学期要求每位教师只主持一次单元核心集体备课，但主备人开学前就要做好单元核心集体备课的充分准备。

（3）为保证单元核心课的选择，单元核心课的确定一般要在征求全组教师意见后由主备教师确定。

（4）为保证单元核心集体备课的进行，要求教务处重新调整课表，每一集备组都要保证一周 2 课时的共同空堂，第一节主要用来分析单元，第二节主要研讨核心课设计。

（5）为提高单元核心集体备课效益，要求集备组注意积累各种文字材料，并留给下一级学科组参考使用，逐渐形成校本化教学材料。

为了推动单元核心集体备课启动，我确定初一、初二年级主要学科先行改革，并指定每个集备组长主备第一单元。布置下任务后，我还进行了细致的指导工作，我亲自设计了单元核心集体备课的模板（见附件 1），要求各集备组长按模板要求进行备课，并在假期里不断通过邮件反馈修改集备组长的集体备课文稿。

2. 典型示范，现场点评

开学前夕，根据各个集备组长备课准备情况，我选择集体备课最认真和规范的初一数学集备组，指定由该集备组长进行公开集体备课、典型示范。2009 年春季学期开学前两天，青大附中专门召开了一次集体备课现场研讨会。初一数学组全体人员就在大家的参观中开始了学期第一单元的集体备课，学校中层以上领导和其他集备组长则拿着打印的集体备课材料聚精会神地观摩初一数学组的集体备课过程。

按照学校集体备课要求，组长先对整个单元内容进行了整体分析，对课程标准中相关内容进行了细致解读，列出了各章节之间的逻辑关系和知识结构，分析了各部分内容的教学重点和难点，比较了三种版本教材中的编写差异，然后以使用版本教材为基础，融进了其他版本教材中的部分内容，替换了部分例题习题，统一了本单元的教学进度，而且对每节课课后作业题进行了精心选择。在分析整个单元过程中，其他几位教师不断提出一些问题和建议，对于模糊和有分歧的意见进行了讨论。

单元分析结束后，集备组长带领大家展开了对核心课教学设计的讨论。她首先介绍了为什么把该节课作为单元核心课，分析了该节课在整个单元中的地位以及与其他知识内容的关系，然后结合自己已有的教学经验从教学目标、学情分析、教学重难点以及详细的教学过程等方面进行了系统设计，其中，对情境创设、讨论问题、评价方式、各环节衔接过渡、大致时间安排和有可能出现的问题都进行了预设和解析。几位教师提出了很好的教学建议，使得集备组长的教学方案更加丰满。

集体备课过后，我让初一数学集备组长介绍了她准备集体备课的过程和感受，然后又对集体备课过程进行了分析，指出集体备课各环节所起的作用是什么？与传统的集体备课差异在哪里？哪些方面该集备组做得好，哪些方面还需要进一步改进？

整个集体备课以及点评活动用了 2 个多小时，集体备课教师认真投入，观摩领导和教师也沉浸其中，到集体备课研讨的后半段，有的观摩教师不自觉地参与了研讨。而且我专门安排了全程录像。大家都感觉到这样的集体备课确实有不一样的效果。大部分集备组长表示：“这次明白单元核心集体备课的意思了，模仿着应该会做了。”

3. 视频讲解、细化核心、配备教材、专业支持

典型示范，现场点评后，单元核心集体备课模式开始在各集备组尝试，我和其他相关领导也分头跟踪参与各集备组活动，但几周下来的情况仍然不理想。表现在以下 3 个方面：(1) 有些集备组长还是不能高质量完成单元核心集体备课，其他教师的主备就更打折扣了；(2) 有的集备组对单元内容整合畏手畏脚，不敢进行教材改造；(3) 有的集备组对选择核心课不清楚，甚至有的组提出所有内容都很重要，没法选择核心课。

针对以上情况，我再次召开了全校教师集体备课改革专题会议，采取了边播放初一数学组集备视频边评价的方式，详细讲解单元核心集体备课改革的目的、特点、要求、一般策略和注意事项。

在这次会上，我针对不同学科的特点，经过认真思考首次提出了三种层次的核心课。第一层次：备课意义的单元核心课。如果单元中各个部分属于并列关系，没有明显的核心与非核心关系。可以从其中任选一节课作为单元核心课精心细备，深入研讨以及教后反思，以改善过去流水账式集体备课，提高集体备课实效性。如英语学科往往知识点分散，很难找到核心内容，建议按照听说课、读写课、单元复习课等不同课型集中研讨。第二层次：内容意义上的单元核心课。如果某部分内容确实是重点内容。则可以精心细备，关注与本单元其他部分的关联，希望通过这一节课让学生学深学透，以帮助学生实现学习方法、知识点理解、题型把握、学科能力等方面的迁移，如数学课上重点比较明显，可以采取这种方式，进行内容意义上的单元核心课备课。第三层次：实质意义上的单元核心课：创造性地整合整个单元或部分单元内容，形成更有效的教学内容体系（可以打乱顺序、增添替换或重新组合）。如语文课程比较容易实现这种方式，可以对课文内容和教学时间分配进行较大改造。

要求各集备组至少要在第一层次上进行集体备课改革，如果学科内容合适，希望各集备组能够在第二层次上实验，最理想的状态是达到第三层次，即教材通整之后的核心课。即使是同一学科的不同单元也可以根据具体单元内容尝试不同层次的单元核心课。

为了支持教师教材整合，会后，我又做了三件工作。一是为每个集备组尽可能配备了多个版本教材和教学参考书，帮助教师更好理解课程标准和教材关系，破除教材权威，参考更多内容编排思路；二是聘请了多个高校学科教学专家定期进入集备组，指导教师进行教材整合；三是制定了单元核心集体备课评价表（见附件 2），供校领导参加集备组活动时使用。

经过我的不断努力，单元集体备课改革终于真正启动了。

三、鼓励支持、扎实推进，单元核心集体备课取得良好效果

（一）设立视频反思课，促进教师教育科研，一举两得

在单元核心集体备课改革过程中，我发现，大部分组都能根据学校提供的单元核心集体备课模板认真进行准备，备课过程中也能按照学校要求进行集体备课。但在相互听课、课后研讨和反思修正方面却大多流于形式。究其原因，一是因为学校领导成员管理事务较多，大多只能参加集体备课活动，却无法全程跟踪听课和课后研讨，再加上教师们日常工作繁忙，导致反思修正环节被弱化；二是没有对集备组内的听课研讨、反思修正提出明确要求，有些教师不知该怎样进行反思修正。

根据这种情况，我一方面强调相互听课研讨和反思修正的重要性，另一方面推出了视频反思课模式：每个集备组在备课结束后，把主备教师上核心课的时间地点报给学校摄像人员，由摄像人员届时到教室进行全程录像；摄像人员录像结束后拷录到光盘并交给集备组，可供集备组研讨时观看；假期则由主备教师带回家中，通过观看自己的单元核心课视频，进行教案的再次修改，并撰写一篇视频教学反思。

这一方法实施后，收到了很好的效果。首先，因为每节核心课都有专人录像，所以不仅主备人的核心课集体备课更认真和充分，组内教师听课情况也明显改善；其次，由于相互听课情况改善，再加上及时提供的课堂视频，集备组研讨热情和质量都有明显进步；最后，由于让教师针对自己上课情况写反思和改进教学设计的假期任务很具体，而且是教师感兴趣的点，所以，绝大多数教师完成质量很高。有的教师从来没看到过自己上课的录像，不仅自己认真观看，找家人朋友一起看，帮助自己找讲课中的问题，并认真反思和修改教学设计。开学上交的教学反思论文再也不是空洞的、泛泛而谈的，再没有从网上复制粘贴的了。这学期末，我又指导教师们对视频反思论文进行了修改完善，编辑印制了学校第一本以“视频反思论文”为主体的教研论文集。可以说，视频反思课不仅提高了单元核心集体备课的质量，也促使教师开始做真正的教学研究。

（二）坚决推进、跟踪指导，总结可推广经验

随着单元核心集体备课改革的深入，我越来越感觉到学者理论研究和校长实践改革间的距离。若作为学者写论文，只要有数据或事实支撑，有具备理论依据和逻辑性的新观点，能把方案或意见论证清楚就可以了，但要作为校长做改革，提出方案、细化方案仅仅是第一步，更为重要的是逐步落实方案、持续关注监控和及时修正完善。

在单元核心集体备课改革初期，我去参加一个集备组活动，却发现这个集备组准备很不充分，连单元核心课都没事先确定，教学设计研讨也在走过场。面对这种情况，我既没有听之任之、放任自流，也没有怒形于色、粗暴批评。而是坦诚地对大家说："我觉得今天备课很不成功，第一，责任在我，可能我没有把集备程序和要求表达清楚；第二，责任在组长，既然是集备组长，就应该指导、督促、帮助教师备课，事先作好沟通；第三，也怪主备教师，应该问清楚要求，主动请教。一开始改革在所难免，但以后不能出现这种情况。"话说得不重不轻，集备组马上提出了弥补方案，两天后再找个时间重新进行集体备课，并邀请我参加。会后，我又专门指导主备教师集体备课策略，与集备组长个别交流，说明集体备课改革对于学生、教师和学校的意义。最后，集备组长表态说："我前期是没有认真做，不过您放心，您对工作这么认真，投入那么大精力，我们为了您的付出也一定会做好的。"从此以后，这个集备组进入一种主动自觉的改革状态。

在参加单元核心集体备课的过程中，我注意记录每一个集备组的备课过程，发现集体备课中出现的问题和不足，找出集备组备课的精彩之处和成功策略，分析集备组团队特点和教师个性特征，在此基础上提出完善建议和具体措施。同时，我通过专题会议、跨学科研讨和校园网系统，及时进行反馈。仅 2010 年上半学期，我就在校园网上发布了 10 次单元核心集体备课观摩通告，及时推广具体的做法。

可以说，为了把单元核心集体备课改革落实到位，我发挥了两方面的作用。既作为一个教学校长去检查、督促和落实行动方案，又作为一个专家去指导和研究改革过程。

（三）责任到人，细化规则，形成单元核心集体备课稳定模式

经过一段时间的尝试，我又针对集备组长、主备教师、其他教师和校外专家特点，提出单元核心集体备课中的具体职责，细化了单元核心集体备课的要求。

1. 集备组长职责

（1）负责组织每周一次的集体备课活动（每次不少于 2 课时），要做好计划、确定主讲人，精心组织、调动全组教师积极性，记录主要讨论问题，并上报单元核心课上课时间地点。

（2）负责与学科专家的具体联系（电话、面谈、邮箱），如听课时间、研讨内容等，随时调整合作方式，确保实效性。

（3）原则上单元核心课听课不少于两节（必须包括主备教师的一节），课后组织反思研讨活动，汇集集备组改进建议。

（4）在教研活动中注意与其他年级教师的沟通，向学校及时反馈集体备课中的困难与经验，并做好材料汇总和总结工作。

2. 主备人职责

（1）对主讲单元教材进行充分的比较和分析，设计单元教学安排、重难点与教学措施。

（2）根据单元核心课内容，广泛查阅资料，精心设计和解说教学方案。对于一些关键点的教学设计要落实到细节（比如：如何创设情境？如何呈现知识？如何提问？如何组织学生活动？如何反馈？学生可能的反应及其对策，具体的课堂练习和精选的家庭作业等）。要求要有详细的文字稿的说课或教案。

（3）精心准备单元核心课，原则上听别人课不少于 1 节。课后听取同组教师和专家建议，研讨后形成教学设计修改稿。

（4）假期研究教学视频，认真写出一篇教学反思。

3. 其他集备组成员职责

（1）对非主讲单元教材也要认真研究，主动为主讲人提供素材或建议；研讨时应积极思考，畅所欲言、献计献策。

（2）参照集体备课形成的教学设计通案，结合班级和自己的教学特点进行修改形成自己的教案。

（3）精心准备单元核心课，至少听主备教师单元核心课，也随时准备专家和同组教师听自己的课。

（4）在单元核心课反思研讨中发表自己的观点，协助主备教师在原教学设计通案基础上修改完善。

4. 校外专家指导职责

（1）根据课程标准、不同版本教材、考试大纲、学生状况等帮助教师确定单元核心课内容，并参与单元核心课的课前设计、听课和课后反思，提供及时的专业指导和教学建议。

（2）在集体备课过程中帮助教师更新观念，帮助解决学科教学中遇到的知识疑难、教材处理、教学方法设计等问题。

（3）参与学校集体备课专题研讨会，指导教师进行视频研究和论文写作。

（四）支持宣传优秀教师，推进单元核心集体备课持续改革

在参与单元核心集体备课活动时，我发现各组改革态度、改革力度和改革成效有较大差异。有的集备组精心投入，付出了辛勤劳动，课堂教学变化显著，整个集备组教学成绩提升明显；有的集备组投入精力不足，改革热情不高、教学研究氛围不足、集体备课改进效果不太明显。面对这种情况，我没有去批评集体备课改革不理想的小组和教师，而是投入更多精力去关注和帮扶那些认真投入的小组和教师，让他们感受到内在的成就感，尝到投入改革的“甜头”，同时，利用各种机会和方式，大力表扬、宣传单元核心集体备课中表现突出的团队和个人，给他们提供更多的展示机会和专业发展平台。

2010 年下半学期，我又制定了优秀集备组和先进集备个人的评价标准和奖励制度，针对集备组改革汇报、校领导听课与集体备课活动评价、集体备课材料展示、视频反思论文入选数量和教学成绩变化等环节进行严格评选，每学期评选出 2 个优秀集备组和 10 位先进个人。

2011 年下半学期，该校单元核心集体备课模式逐渐成熟。为了持续推进和不断完善单元核心集体备课模式，我在学校期末教学工作年会上再次进行了单元核心集体备课现场展示。这次进行展示的是优秀集备组全体成员，他们已经能熟练进行高质量的单元核心集体备课，整个集体备课过程给全体教师很大启发，也赢得了参会领导和专家的高度评价。会上还颁发优秀集备组和先进个人奖励证书和奖金，营造了浓厚的教研教改氛围。

经过几年的改革后，单元核心集体备课已经比较成熟，我的改革经验在区市教学工作会上多次交流，也发表了相关研究论文，是全国基础教育课程改革教学成果奖的重要内容。更为重要的是，通过单元核心集体备课改革，教师课程整合意识和能力得到了显著提升，多位教师在省级公开课获奖。学校教研氛围空前高涨，课堂教学质量有明显提升。

第四节　理性思考：集体备课与教师专业发展

一、集体备课的目标定位

集体备课是学校最重要的一种教学研究活动，是影响课堂教学质量的核心环节，是教师个体和团队专业发展的重要途径。因此，一个理想的集体备课过程至少应该实现三重目标。

1. 集体备课的本体目标。集体备课改革的本体目标是通过集思广益的研讨交流，改进教学设计，促进教师教学能力发展，提高课堂教学质量。在集体备课之前，教师个体往往已形成了初步教学思路或教学方案，但通过集体备课的研讨交流、教学细节的设计、打磨、实践与改进，可以相互借鉴和相互学习，更加明确课程性质定位、教学内容体系及其内在联系，全面了解学情特点和学习过程，制定更为清晰准确的课堂教学目标，设计更为合理的课堂教学方法与流程，确立更为科学有效的教学实施与评价策略，从而提高课堂教学质量。通过集体研讨、同伴互助，也会更新教师教育理念、改进习惯的教学设计思路，精细化教学环节与操作策略，促进教师个体教学反思，寻找自身与他人的差距，提升教师教学设计与实施能力，迁移至平时教学中，全面提升教学质量。

2. 集体备课的提升目标。集体备课的提升目标是发展教师课程意识。教师的课程意识，是指教师基于对课程系统的整体感知和把握而表现出来的对课程问题的敏锐洞察和积极反应，是存在于教师观念层面中或明确或隐含的“课程哲学”①。是教师对课程意义的敏感性和自觉度，反映教师对课程系统的理解和在教学实践中对课程的把握与创造程度②。可以表现为课程专业意识、课程批判意识和课程资源意识③。通过集体备课的深度交流，教师会对课程的专业知识与技能的重要性和价值、学生及其心理特征、课程目标定位等有更深刻的了解和研究，提高其课程专业意识；能批判性地审视课程与自己的课程行为，自觉对课程实施实践及能力进行反思，积极探索改进的途径，充分认识课程行为中自身所具有的主体性和能动性，提高其课程批判意识；能对课程标准与教材的关系有更深入的理解，从而敢于创造性地整合教材内容，利用与开发各种课程资源，提高其课程资源意识。与教学能力提升相比，课程意识激发往往更为重要。因为长期以来，课程与教学普遍被认为是一种内容与过程、目的与手段的线性关系。这种二元对立的思维方式使得工具理性在教育中处于支配地位。教师主要关注忠实而有效地传递课程内容，而并不太关注和擅长对课程目标与内容关系的深度思考和课程的个性化改造，普遍欠缺课程意识。

3. 集体备课的拓展目标。集体备课的拓展目标是促进研究性、精细性、合作性教师文化的形成。首先，引导研究性教师文化。随着基础教育的改革与发展，一线教师的教育科研日益受到关注，但也出现了课题研究与工作两张皮、复制粘贴制造教研论文的状况。而集体备课是教师的核心工作

① 王牧华、全晓洁：《论教师促进学校课程改革内源发展的机制与策略》，《课程·教材·教法》2015 年第 7 期，第 29—36 页。

② 朱桂琴：《论教师促进学校课程改革内源发展的机制与策略》，《教育探索》2006 年第 11 期，第 22—23 页。

③ 郑东辉：《教师课程领导的角色与任务探析》，《课程·教材·教法》2007 年第 4 期，第 11—15 页。

环节，如果能在集体备课中设计研究任务、创设研究情境、提供研究机会、营造研究氛围、给予研究支持，不仅能发展教师研究能力，还可以引导教师做“真研究、实研究”，实现由执行者到研究者的转变。其次，打造精细化教师文化。中小学教师日常工作非常繁忙，往往使得教师的工作设计与实施是粗线条的，标准是弹性的。如果能在集体备课中构建一个要求相对细致的平台，有相应的标准和流程，就能促进教师的精细化设计、精细化执行和精细化反思。最后，营造合作性教师文化。尽管有的学者批判了集体备课中的“同构教案”，认为教师之间互相“借鉴”，资源“共享”，实际上是“投机取巧”的表现。① 集体备课不利于个性化教学和教师创造性的发挥。② 但教师职业具有群体性特征，同级同学科教师面临着相同的教学内容、教学对象和教学任务，同伴互助是教师专业发展的重要方式。集体备课理应是在个人思考基础上的集体讨论，是尊重个性基础上的平等对话，是求同与存异的结合，是一种合作共赢的过程，是形成合作性文化的重要渠道。

单元核心集体备课过程就是要试图实现这三个功能。在单元核心集体备课中，有个人思路与他人经验的对话、不同教材与课程标准的对话、教学内容与教学目标的对话、教学设计与教学实施的对话、教学实践者与教学研究者的对话，规则与创造、理智与自由、独立与和谐共存其中，不经意间实现着自身素养与团队文化的协同发展。

二、单元核心集体备课改革是一种追求

（一）单元核心集体备课是一个集约式、聚力式的研究平台

无论学校怎样发展，课堂永远是学校教育质量提升的核心渠道，而备课则是距离这个中心最近的环节。要向课堂45分钟要质量，先要向集体备课要效益。课程标准与教材的对接，教学目标的设计与细化，教学重点

① 赵才欣、韩艳梅：《如何备课》，华东师范大学出版社2009年版，第3页。

② 郑琰：《集体备课，“旧貌”如何换“新颜”?》，《基础教育课程》2006年第7期，第42—46页。

难点的确定与分析、知识呈现联接的顺序与结构、教学组织的程序与策略、学生活动的设计与评价、教学后的反思与改进都会在集体备课过程中呈现。同时，集体备课过程中还有不同思想、经验、水平、倾向的同事之间的碰撞和交流，是教师的课程观、学生观、教学观、评价观的冲突与融合，因此，集体备课也是"同伴互助"的一种，是促进教师专业成长的最便捷、最持久又最现实的一种方式①，是一种最直接、最经济、最有效的教学研究和教师校本培训的方式②。也正因为如此，单元核心集体备课把单元整体规划与内容整合、核心课精细设计与磨课研讨、教学实施与视频反思等多种方式融为一体，成为一种集约式、聚力式的教学研究过程，全方位提升课堂教学质量，全面提升教师课程意识，营造出务实而精细的教研文化。

（二）单元核心集体备课是一个开放性、发展性的研究平台

虽然几年来单元核心集体备课的程序与策略不断成熟，但这绝不是一个"固化"的模式。首先，各个集体备课组在单元核心集体备课中除了必须体现"兼顾单元整体规划与核心课打磨、明确人员职责与组内共同参与、加强教学反思与研究改进"的基本特征，已经有了很多个性化变化与学科性创新，譬如单元核心集体备课的模板有学科差异，不同课型、不同层次核心课的备课方式有明显差异，不同集体备课组主备教师的选拔与轮换方式不同，单元核心课视频的研讨方式各具特色。而且，所有年级学科组的单元核心集体备课材料是共享的，这样他们可以相互借鉴。其次，虽然基本模式不变，但研究的内容和重点可以与时俱进。譬如，当前，有的学科从学科核心素养的视角来对单元内容与目标进行精细化设计，有的学科正在单元核心课上尝试"逆向教学设计"，有的学科则通过单元备课试图进行学科间整合以及国家课程校本化，还有的学科加强了单元核心课的课堂观察与分析。几年来，单元核心集体备课已经成为学校进行教学研究的开放

---

① 余文森、黄国才:《有效备课 · 上课 · 听课 · 评课》，福建教育出版社 2008 年版，第 112 页。

② 徐武汉:《集体备课中的问题及对策》，《教学与管理》2004 年第 13 期，第 33—35 页。

性、发展性平台，吸引了越来越多的教师主动积极投入。

（三）学校教学变革细节比理念更重要

在单元核心集体备课改革过程中，我们深刻感受到，教育改革的理念很好理解，但改革实施的细节决定成败。单元核心集体备课改革之前，通过精细的调研、成功的案例和先进的理念说服大家，让大家明确单元核心集体备课的目标，信服改革方向；单元核心集体备课改革之初，因为集体备课组不会操作迟迟不行动，采用个别指导、典型示范、视频讲解的方式启动变革，通过设计详细的单元核心集体备课模板、制定组长、主备人和组内教师职责，详细规划集体备课流程规范变革；改革之中，我们发现很多集体备课组走过场、应付事儿、流于形式的情况就把校级领导分派到各组跟踪指导改革；邀请高校学科教学专家进入集体备课组具体指导；通过每周一次的课改通报备课中的精彩之处和成功策略；通过组织现场展示与经验交流表扬宣传先进；通过评选优秀集体备课组和备课教师鼓励支持先进；通过指导教师修改并出版视频反思论文集提升教师的反思能力和科研热情；等等。离开这些实施改革的具体举措，单元核心集体备课很难启动、落实和取得成效。

三、用适合教师特点的方式推进集体备课改革

在单元核心集体备课过程中，我对如何用适合教师职业特点的方式推动学校变革有了更多思考，对单元核心集体备课改革的发展也有了一些新想法。

1. 教师不喜欢附加的工作任务，需要在日常工作中推动发展

初中教师的工作量很大，尤其是民办学校的教师。大部分教师的周课时都超过了 10 节课，有一部分老师既要担任班主任工作，还要开发和承担校本课程或学生社团工作。还有一部分老师承担了在学校校车接送学生的任务。基本教学任务包括着每天的备课上课、作业批改反馈、频繁的市区教研活动、每周的集体备课、每个单元的命题与考试分析、各种学科竞赛辅导、与个别学生的谈话以及与家长无休止的交流。还有很多说不出但又确确实实经常需要老师去做的工作。如要上交读书笔记、参加远程培训、

为迎接各类检查做的准备工作等。再加上民办学校特殊的评价体系（按教学绩效确定工作量，按工作量而不是职称发放薪酬，不能胜任工作者可以随时除名），教师的心理压力更大，工作投入程度也更强。

正因为这样，教师们对布置给他们但不是必须做的工作非常排斥。刚到青大附中时，我也想组织教师进行一些专题教研活动，但发现教师的参与热情很低，即使勉强参加也大多是一种应付表现。而集体备课是他们原来就要做的事情，而且和他们的教学业绩紧密相关，绝大部分人都有从集体备课中得到更多收获的愿望。选择集体备课作为我的重要改革点并没有给老师们增加新的任务，只是对原来工作要求更细致一些，标准更高一些。因此这是单元核心集体备课改革得以能够进行下去的基础。

2. 教师不喜欢空洞或深奥的道理，喜欢实际的示范和具体的操作技术

我早就意识到中小学教师不喜欢听教育理论的简单宣讲，到青大附中后更是进一步验证了这一点。中小学教师关注的是现实的教育教学工作，在烦琐的日常学校事务中，对班级和学生管理的经验，具体的教材解读与课堂教学技巧，考试分析与学生成绩提升等都是教师最关注的问题。如果你的改革与他们这些关注点挂钩，且能够提供最直接的帮助，往往就容易激发起他们的热情。但是，中小学教师不太喜欢理论，在他们眼里教育理论离教育教学实践工作还是比较远的，是晦涩的，甚至是空洞的。他们更喜欢你直接告诉操作要领，最好能进行示范。

这就会形成一个教育改革的两难境地。没有理论做支撑，没有理念上的影响，改革很难启动和深入，但理论的解读和理念的宣讲又可能会让中小学教师失去兴趣。为了破解这一难题，我在单元核心集体备课改革过程中，首先注意把理论和理念讲解生动，我是结合实例讲解集体备课作用，通过讲解我对公开课的案例研究和优秀教师成长案例让大家对集体备课方式产生思考；其次注意及时提供具体指导，通过参与集体备课直接指出问题和操作建议，亲自制定模板指导教师撰写集体备课稿，为了更有可操作性，找集体备课比较到位的备课组进行示范，录像后给全体教师讲解；再次，注意理论与实践的紧密结合，无论在学校专题会议上的讲解要求，还是在集体备课过程中的启发指导，都时刻注意理论理念的融入，让教师不仅知晓具体怎么做，而且了解为什么这么做，这么做的意义何在，在这种持续的跟进过程中，推动了集体备课的改革，也促进了教师的反思与成长。

3. 教师也具有惯性和惰性，教育改革需要帮、逼、推、引、促多措并举

在单元核心集体备课改革过程之初，我也遇到了教师的消极怠工、表面应付，甚至也有个别组根本不按照学校要求改变备课方式。在那一刻，我有过着急上火，甚至想要对个别集备组和教师进行处罚，杀一儆百。但静下心来，换位思考，首先要理解作为一个普通教师的心态。每一个职业人都有常年形成的工作习惯，在没意识到这个工作习惯具有重要危害，或者非改不可的时候，大都不愿意去改变。教师也是这样，改变他们习惯了的工作方式必然引起他们的抵触与逆反。但教师不同于一般体力劳动者，他们属于知识分子群体，荣誉感、自尊心更强，简单的经济处罚或奖励在教育改革中的作用十分有限。所以，要采取多种方法让他们进入改革场域，投入改革进程。

首先，是要站在教师的角度，发现集体备课中的问题，所有改革的出发点是为了帮助他们提升备课效率，让老师们认识到改革的价值；其次，集体备课改革之初也不能全靠教师的自觉，需要制定规章制度保证落实，当遇到不执行的集体备课组和教师时，不是简单批评或处罚，而是通过真诚谈心、明确要求、不断参与、持续跟进的方式，不仅逼迫教师启动改革，也让他们感受到改革者的决心；再次，对于有些改革动力不足或组长领导力不强的集体备课组，要给予更多的帮助和更细致的指导，推动改革。同时，从理论上和理念上的引导非常重要，只有教师们认识到改革的价值、单元核心集体备课的优势、改革带来的变化才能让他们产生内在动力。最后，通过制定积极的奖励政策（如评选优秀集备小组和集备教师）、让表现好的集体备课组成员有更好的展示机会、对改革典型进行点名表扬等方式，促进改革持续深入进行下去。所以，帮、逼、推、引、促多措并举是我在单元核心集体备课改革中形成的重要经验，而且在随后的教学模式改革中

得到了更充分的发挥（详见第六章）。

4. 聚焦学科核心素养、关注逆向教学设计是单元核心集体备课的发展方向

因为当时提出单元核心集体备课模式时还没有出现核心素养的概念，所以“核心”一词与核心素养并没有任何关系。但是，我认为，聚焦学科核心素养，恰恰是这个集体备课模式未来发展的新思路。为提高组织成员国竞争力以应对全球化经济发展的需要，促进个体适应未来社会，经济合作与发展组织（OECD）在 1997 年启动了“素养的界定与遴选”项目，揭开了以 21 世纪核心素养为导向的国际教育研究和改革的序幕。在 OECD 启动核心素养研究之后，12 个欧美国家（奥地利、德国、美国、法国等）开展核心素养研究，提交本国报告。也带动亚洲各国和地区（日本，中国香港，中国台湾，新加坡等）有关“核心素养”的研究热潮。尽管各个国家和国际组织提出的学生发展核心素养内容不同，价值取向各有特点，但都有个共同之处，那就是瞄准未来社会人才的关键能力与品格，并力图予以结构化分解。中国也提出了文化基础、自主发展和社会参与三大维度、六个方面、十八个指标点的学生发展核心素养框架。作为素质教育的时代升级版，核心素养迅速成为基础教育研究的大热点。为了落实到课程教学中，已经出台了高中各学科核心素养。学科核心素养是学生在进行学科课程学习时应该培养的关键能力与品格，是对新课程改革三维目标的又一次超越（三维目标是对双基目标的超越），更加指向人的培养。但是，作为课程目标的学科核心素养如何落地是一个难题。对整个学科而言学科核心素养太过笼统、不好细化，对一节课教学来说又难以对应和支撑学科核心素养。我认为，学科核心素养在单元教学目标设计中可能更为适合，也能帮助教师更灵活地统整单元教学内容，实施单元教学设计。

即使针对单元，学科核心素养目标比三维目标的表述还要抽象，怎样保证学科核心素养界定清楚和落实到位，逆向教学设计应该成为单元核心集体备课的主要策略。“逆向教学设计（Backward Design）”是由威金斯和迈克泰（Grant Wiggins &Jay McTighe）提出的运用逆向思维设计教学的方

法模式。其最大的特点是将依据教学目标设计的评价置于教学活动设计之前，首先明确评价标准和评价方式，使评价贯穿于整个教学过程之中，保证教学目标的达成，最终促进学生的理解。[①] 有利于实现课程标准、教学目标、教学评价、教学活动之间以及评价体系内部的一致性。逆向教学设计理论为我国从传统的教学设计模式转向基于课程标准的教学设计改革带来了新的启示和思路，近些年来也成为理论与实践的研究热点。单元核心集体备课的未来发展思路就应当是基于核心素养的逆向教学设计。即首先讨论本单元要实现的学科核心素养并尽可能分解为具体的行为目标，然后设计评价这些行为目标的标准与评价方式、工具，再去整合整个单元内容和设计具体教学活动。这样的组合就能够落实学科核心素养指标落地，基于目标的教学设计不跑偏，聚焦目标的单元整合有主线、评价保证的教学目标能落实。

---

① C.K. 纳珀、张学忠：《教学评价和美国心理学家 B.S. 布卢姆的学习分类》，《外国教育动态》1983 年第 2 期，第 54—57 页。

附录：青大附中单元核心课备课详案

集备组	初一数学组	集备单元题目：七下数学第一章：整式的运算	备注
集备时间	2012.2	集备主讲人：	

集备内容

一、单元分析

1. 课程标准要求

(1) 在本学段（7—9）中，学生将学习实数、整式和分式、方程和方程组、不等式和不等式组、函数等知识，探索数、形及实际问题中蕴含的关系和规律，初步掌握一些有效地表示、处理和交流数量关系以及变化规律的工具，发展符号感，体会数学与现实生活的紧密联系，增强应用意识，提高运用代数知识与方法解决问题的能力。

在教学中，应注重让学生在实际背景中理解基本的数量关系和变化规律，注重使学生经历从实际问题中建立数学模型、估计、求解、验证解的正确性与合理性的过程，应加强方程、不等式、函数等内容的联系，介绍有关代数内容的几何背景；应避免烦琐的运算。

(2) 整式

①了解整数指数幂的意义和基本性质，会用科学记数法表示数。

②了解整式的概念，会进行简单的整式加、减运算；会进行简单的整式乘法运算（其中的多项式相乘仅指一次式相乘）。

③会推导乘法公式：$(a+b)(a-b)=a^2-b^2$，$(a+b)^2=a^2+2ab+b^2$；了解公式的几何背景，并能进行简单计算。

2. 本单元在教材中的地位和作用

从前后联系的角度来看，本单元是七上第二单元《有理数及其运算》及第三章字母表示数的后继与延伸，又是后面要学习的分式、二次根式、函数、方程、不等式等知识中有关的运算基础。所以本单元是初中数学中代数部分分步教学、螺旋上升的关键环节。所涉及的推理方法也为数学学科的研究提供了基础。

3. 教材知识结构、重点和常见考点

(1) 知识结构

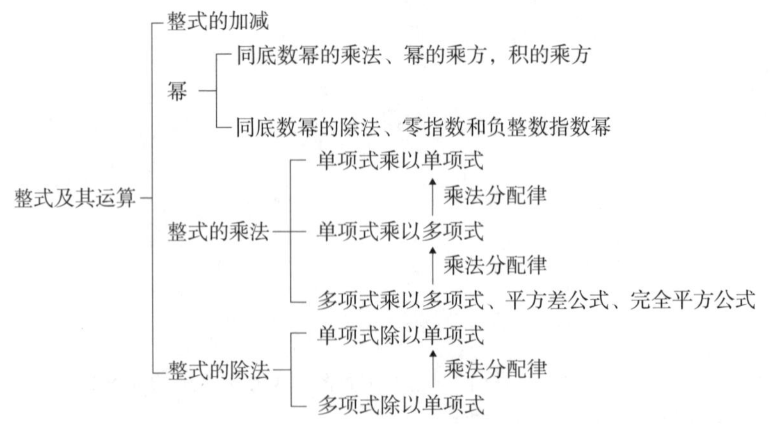

续表

(2) 本章重点 §1 整式 教学重点：①单项式的概念，系数和次数。②基本理解多项式的概念和正确确定多项式的次数和项数。 §2 整式的加减 教学重点：括号前面是负号或数时去括号。 §3 同底数幂的乘法 教学重点：①理解同底数幂乘法法则及其推理过程。②会用同底数幂乘法法则进行计算。 §4 幂的乘方与积的乘方 教学重点：①探索出幂的乘方与积的乘方的性质。②理解幂的乘方与积的乘方运算性质的探索过程，会利用性质进行计算。 §5 同底数幂的除法 教学重点：探索归纳出同底数幂的除法运算法则。 §6 整式的乘法 教学重点：掌握单项式与单项式、单项式与多项式、多项式与多项式的乘法运算法则。 §7 平方差公式 教学重点：理解、掌握平方差公式是本节课的重点。 §8 完全平方公式 教学重点：理解和运用完全平方公式进行计算。 §9 整式的除法 教学重点： ①理解单项式除法是单项式乘法的逆运算，进而掌握单项式除法的运算法则，并掌握单项式除法的步骤。②理解多项式除以单项式的运算法则，并能用法则进行计算。 (3) 考点例析 ①考查基本运算法则、公式等 例 1. 计算：$(a-2b)(2a-b)=$ 答案：$2a^2-5ab+2b^2$； 点评：运用多项式相乘的法则即可；应注意符号及其合并同类项，把结果变为简略的形式； 例 2. 下列运算中正确的是（　　） A.$x^3\cdot y^3=x^6$；B.$(m^2)^3=m^5$；C.$2x^{-2}=\frac{1}{2x^2}$；D.$(-a)^6\div(-a)^3=-a^3$ 答案：D。 点评：对照相应的公式即可看出正确的答案。 例 3. 下列式子中是完全平方式的是（　　）。 A.a^2+ab+b^2；B.a^2+2a+2；C.a^2-2b+b^2；D.a^2+2a+1； 答案：D。 点评：对照完全平方公式：可以看出：$a^2+2a+1=a^2+2\cdot a\cdot 1+1^2=(a+1)^2$；而其他三个选项都是错误的。	

续表

②同类项的概念

例 4. 若单项式 $2a^{m+2n}b^{n-2m+2}$ 与 a^5b^7 是同类项，求 n^m 的值。

点评：考查同类项的概念，由同类项定义可得 $\begin{cases} m+2n=5 \\ n-2m+2=7 \end{cases}$ 解出即可；

求出：$n=3, m=-1$ 所以：$n^m=3^{-1}=\frac{1}{3}$

③整式的化简与运算

例 5. 先化简，再求值：$x(x+2)-(x+1)(x-1)$，其中 $x=-\frac{1}{2}$。

解：$x(x+2)-(x+1)(x-1)=x^2+2x-(x^2-1)=x^2+2x-x^2+1=2x+1$

当 $x=-\frac{1}{2}$ 时，原式 $=2\times(-\frac{1}{2})+1=0$

点评：在化简的过程中，可以适当地运用乘法公式、运算法则进行简便运算。

④定义新运算：

例 6. 在实数范围内定义运算“☆”，其规则为：$a☆b=a^2-b^2$，

则方程 $(4☆3)☆x=13$ 的解为 $x=$

点评：两次运用题目中的新运算公式：(1) $(4☆3)=4^2-3^2=7$；

(2) $7☆x=7^2-x^2=13$，所以：$x^2=7^2-13=36$，求出：$x=\pm 6$；

例 7. 对于任意的两个实数对 (a, b) 和 (c, d)，规定：当 $a=c, b=d$ 时，有 $(a, b)=(c, d)$；运算“⊗”为：$(a, b)\otimes(c, d)=(ac, bd)$；运算“⊕”为：$(a, b)\oplus(c, d)=(a+c, b+d)$. 设 p, q、都是实数，若 $(1, 2)\otimes(p, q)=(2, -4)$，则 $(1, 2)\oplus(p, q)=$____________

点评：两次运用题目中的新运算公式，不难求出问题的答案来：

(1) 由：$(1, 2)\otimes(p, q)=(2, -4)$ 得出：$\begin{cases} p=2 \\ 2q=-4 \end{cases}$，所以：$p=2, q=-2$；

(2) $(1, 2)\oplus(p, q)=(1, 2)\oplus(2, -2)=[1+2, 2+(-2)]=(3, 0)$

⑤整体思想的运用：

例 8. 计算：$(x-y)^2(y-x)^3(x-y)^4$

分析：这里的底数为：$(x-y)$、$(y-x)$，而这两个式子恰为相反数，我们可以把 $(y-x)$ 看做一个字母：利用负数的偶次方是正数的原则变化：$(x-y)^2$、$(x-y)^4$ 两项的底数为 $(y-x)$，所以有：

解：原式 $=(y-x)^2(y-x)^3(y-x)^4=(y-x)^{2+3+4}=(y-x)^9$

点评：底数是多项式且以固定的形式（或者某一形式的相反数）时出现，这类幂的乘积运算问题，可以把固定的形式看做一个整体，常常变化次数是偶次的幂的底数为它的相反数，这样变化不出现“−”，便于运算；应注意变为同底数的幂的一般方法的灵活运用；

⑥巧妙变化幂的底数、指数，简便运算：

例 9. 已知：$2^a=3$，$32^b=6$，求 2^{3a+10b} 的值；

点评：根据现有的知识水平，很难求出 a、b 的值来，所以我们可以把：2^a、$32^b=(2^5)^b$ 中的 $(2^5)^b$ 分别看作一个整体，通过整体变换进行求值，则有：

续表

$2^{3a+10b}=2^{3a}\times2^{10b}=(2^a)^3(2^5)^{2b}=(2^a)^3[(2^5)^b]^2=(2^a)^3[(32)^b]^2=3^3\times6^2=972$； 例 10. 计算：$(-0.125)^{99}\times8^{100}$； 分析：显然：$-0.125$ 与 8 的乘积是“-1”，而（-1）高次方值容易得出答案来：①（-1）的偶次方是 1；②（-1）的奇次方是（-1）；所以变化 8^{100} 为：$8^{99}\times8$；则有 原式 $=(-0.125)^{99}\times8^{99}\times8=(-0.125\times8)^{99}\times8=(-1)\times8=-8$ 4. 学生已有基础、兴趣和难点（和具体知识点相联系） 在七上的学习中学生已有了认识代数式及合并同类项的基础，所以整式的加减是对以前内容的进一步认识，而幂的有关运算学生初次接触，会有很大的兴趣，但这部分同时又是后面整式的乘除的基础，所以是本单元的重点内容，同时也是难点内容。另外乘法公式的探索及对算理的理解是熟练进行整式乘法运算后的又一次提升。通过对两个乘法公式的由探索到熟练掌握是基本运算技能的培养，同时也是本单元的另一个重要目标。 §1 整式 教学难点：①系数是负数或分数时的情形。②多项式的次数和项的次数混淆。 §2 整式的加减 教学难点：括号前面是负号或数时去括号。 §3 同底数幂的乘法 教学难点：公式的逆用，理解同底数幂相乘与合并同类项间的区别。 §4 幂的乘方与积的乘方 教学难点：同底数幂的乘法、幂的乘方、积的乘方的综合运算。 §5 同底数幂的除法 教学难点：负整数指数幂的运算。 §6 整式的乘法 教学难点：探索出整式的乘法的法则。 §7 平方差公式 教学难点：①问题的提出与问题的解决需要学生的探索与创新能力。②如何引导学生发现并探究出平方差公式。 §8 完全平方公式 教学难点：①完全平方公式进行计算时，如何从广义上理解公式中的字母。②在运算时明确是哪两数的和或差的平方。 §9 整式的除法 教学难点：灵活运用整式的除法法则进行有理数运算。 **根据学生的实际情况，教学建议如下：** 整式及整式运算产生的实际背景——使学生经历实际问题“符号化”的过程，发展符号感；有关运算法则的探索过程——为探索有关运算法则设置了归纳、类比等活动；对算理的理解和基本运算技能的掌握——设置恰当数量和难度的符号运算，同时要求学生说明运算的根据。教学中要注意： ①注重使学生经历用字母表示数量关系的过程，进一步发展符号感。 ②以“观察—归纳—类比猜想—概括”为主线索呈现运算法则的探索过程，注重对运算法则的探索过程以及对算理的理解，发展有条理的思考与表达。	

续表

③注重在代数学习中发展学生的推理能力，培养表达能力。 ④保证基本的运算技能，避免繁杂的运算。 ⑤公式教学应体现：一般—特殊—般的关系，发展学生的符号感和推理能力，让学生经历从实际背景中符号化的过程和体会符号化的作用。 ⑥本章学习活动的设置应关注学生在符号表达、有理数运算、合并同类项、去括号、探索规律等方面技能与能力的螺旋上升。 5. 所用教材和其他教材内容编排比较与启示（知识点、知识点排列方式、引入方式、例题、习题等方面的差异） 北师大版与人教版粗略比较： （1）北师大版教材将其安排在七下第一单元，人教版将其安排在八下最后一个单元。 （2）北师大版仅安排了初中阶段涉及到的整式有关的运算，而人教版将因式分解的知识放在此一并进行。 我个人认为北师大版无论在时间的安排及教材的组合方面看更合理一些。人教版加上了分解因式，放在一起特别容易混! 附　　人教版目录第十五章　整式（13） 15.1　整式的加减 15.2　整式的乘法 15.3　乘法公式 15.4　整式的除法 15.5　因式分解 6. 单元授课计划（第一课 1 课时、第二课 2 课时……、复习练习课 1 课时） §1 整式　　1 课时 §2 整式的加减　　2 课时 §3 同底数幂的乘法　　1 课时 §4 幂的乘方与积的乘方　　2 课时 §5 同底数幂的除法　　1 课时 §6 整式的乘法　　3 课时 §7 平方差公式　　2 课时 §8 完全平方公式　　2 课时 §9 整式的除法　　2 课时 本章的回顾与思考　　2 课时 **教学建议：** 设立“回顾与思考”的意图是运用问题的形式帮助学生梳理本章内容，建立一定的知识体系。教学时，可以首先鼓励学生独立回顾所学的内容，并尝试回答教科书中提出的问题。在对问题进行回答时，教师应关注学生运用自己的语言解释答案的过程，关注学生运用例子说明自己对有关知识的理解，而不是简单复述书上的结论，学生的答案只要合理，教师都应给予肯定。在独立思考的基础上，开展小组交流和全班交流，使学生在反思与交流的过程中逐渐建立知识体系。在教学中一定要把握：概念、法则——不必死记硬背；运算——能说出算理。 7. 建议的每节课课后作业（如教材 23 页 2、3 题，一课一练 34 页 4、8 题……） §1 整式 教材 5 页习题 1.1 第 1、2 题	

续表

<table>
<tr><td>§2 整式的加减
教材 9 页习题 1.2 第 1、2 题
教材 12 页习题 1.3 第 1 题
§3 同底数幂的乘法
教材 15 页习题 1.4 第 1、2 题
§4 幂的乘方与积的乘方
教材 18 页习题 1.5 第 1、2 题
教材 21 页习题 1.6 第 1、2 题
§5 同底数幂的除法
教材 24 页习题 1.7 第 1、2 题
§6 整式的乘法
教材 28 页习题 1.8 第 1 题
教材 30 页习题 1.9 第 1、2 题
教材 33 页习题 1.10 第 1 题
§7 平方差公式
教材 36 页习题 1.11 第 1 题
教材 39 页习题 1.12 第 1 题
§8 完全平方公式
教材 43 页习题 1.13 第 1 题
教材 45 页习题 1.14 第 1 题
§9 整式的除法
教材 48 页习题 1.15 第 1、2 题
教材 50 页习题 1.16 第 1 题
8. 组合或选择的单元核心课及其原因（说明是在什么层次的单元核心课）
单元核心课：§8 完全平方公式
完全平方公式是本单元前面所学知识的综合运用，也是能力的提升，是本单元的重点内容，同时也是考试的常见考点（与后面整式的除法又基本没有联系）。所以选择本课作为这一单元的核心课，这节课也是比较典型的代数课，本课的自主探索法适用于需要探究的所有数学课，也是一种常见的数学教学方法。</td><td></td></tr>
<tr><td>二、单元核心课教学设计（详案）
（见下一页）</td><td></td></tr>
<tr><td colspan="2"></td></tr>
</table>

七下数学第一章《整式的运算》单元核心课

课　　题	§8 完全平方公式（1）
教学目标	1. 知识目标：理解公式的推导过程，了解公式的几何背景，能正确应用公式进行简单的计算； 2. 能力目标：渗透化归及数形结合的思想方法，培养学生的发现能力、灵活运用公式的能力和解决实际问题的能力； 3. 情感目标：培养学生敢于挑战、勇于探索的精神和善于观察、大胆创新的思维品质。
教学重点	体会公式的发现和推导过程，理解公式的本质，并会运用公式进行简单的计算。
教学难点	理解公式中字母的含义，公式的正确运用。
教学方法	小组合作探索，讨论交流。
教学准备	拼图板，实物投影仪，电脑等。

教学活动设计	设计思路
（一）创设问题情境： 小组活动：你会拼吗？ 材料：边长为 a 的正方形一个，边长为 b 的正方形四个，长为 a、宽为 b 的长方形四个。 要求：1. 使用其中的部分或全部，拼出一个更大的正方形（面积相同的算一种）； 2. 将所拼图形的面积用两种不同的方式表示出来，填写在实验报告册上。（实验报告册附后） （二）探究与发现： 1. 学生展示所拼图形，通过面积相等得到 $(a+b)^2=a^2+2ab+b^2$，$(a+2b)^2=a^2+4ab+4b^2$； 2. 你能否从其他角度给出解释？（多项式乘法） 3. 引出课题：完全平方公式； 4. 分析公式的结构； （三）理解与应用： 基础练习：第一组：你会填吗？（各组 D 同学回答） （1）$(x+3)^2=(\quad)^2+2\times 3+(\quad)^2$ $=\quad+\quad+$ （2）$(2x+5)^2=(2x)^2+2(\quad)(\quad)+5^2$ $=\quad+\quad+$	通过拼图活动，激发学生学习兴趣。同时培养学生合作意识。通过表示图形的面积，让学生体会数形结合的思想，利用图形更好地理解公式。了解公式的几何背景。 （小组合作，课前一天我先给组长下发任务，组长提前给组员布置任务） 体会公式的发现和推导过程。

续表

<table>
<tr><td>(3) $(3x+2y)^2=(\quad)^2+2(\quad)(\quad)+(\quad)^2$
$= \quad + \quad +$
(4) $(x+6)^2=(\quad)^2+2\times 6+(\quad)^2$
$= \quad + \quad +$
(在黑板上随机写几个，让其余小组都能答一遍，或者利用新课堂上的题，现还没发)

第二组：试一试！利用完全平方公式计算：(以抽签形式进行，每组一道)(各组 C 同学回答)
(1) $(x+1)^2$　(2) $(y+2)^2$　(3) $(2x+3)^2$
(4) $(3x+4y)^2$　(5) $(x+3y)^2$
(在黑板上随机写几个，让其余小组都能答一遍)

第三组：你能灵活运用吗？（各组 B 同学回答)
(1) 101^2　(2) 98^2
达标练习：计算
(1) $(2x+3)^2$　(2) $(4x+5y)^2$
(3) $(mn+a)^2$　(4) $(y+\frac{1}{2})^2$
创新练习：猜数游戏！（各组 A 同学回答)
观察：$15^2=225$　$25^2=625$　$35^2=1225$　$45^2=2025$
猜想：$75^2=?$
解释：如果设这个两位数为 10n+5，你能用所学的知识解释其中的奥秘吗？
拓展练习 1：想一想！（全班举手同学回答)
若要用开始的三种图形拼成一个面积为 $(a+3b)^2$ 的正方形，每一种图形分别需要几个？
拓展练习 2：想一想！（全班举手同学回答)
计算 $(a+b+c)^2$
(四) 课堂小结：
本节课你学到了哪些知识？有什么收获？</td><td colspan="2">培养学生的观察能力、归纳概括能力和小组合作能力。

让学生初步感受公式的特征。

进一步熟悉公式的结构。

渗透转化思想、换元思想。培养学生灵活运用公式的能力，增强应用意识。

培养学生的观察能力、创新能力。

回应引课，同时培养学生解决实际问题的能力。

提高尖子生的思维能力！</td></tr>
<tr><td>课后作业</td><td colspan="2">1. 必做题：课本 43 页 1、2；选做题：配套 1.8（书还没下发，没法选啊)；
2. 自己编制一道利用完全平方公式进行运算的题目，并将答案附后。</td></tr>
<tr><td colspan="3"></td></tr>
<tr><td colspan="3">本课教学评注（课堂设计理念，实际教学效果及改进设想）</td></tr>
</table>

实验报告册

第 ________ 小组

所拼图形 （标上字母）	面积表示方法一	面积表示方法二	你发现的结论

第七章

“竞争合作—主动愉悦”教学模式创生

众所周知，2000 年前后发起的基础教育课程改革是一种国家行为、政府行为，其目标是指向“每一个学生的成长”和“中华民族的伟大复兴”，同时，本次课程改革也涉及课程设计、课程采用、课程实施与课程评价的方方面面，是一项从理念到制度再到实践的复杂的系统工程。在新课程改革初期，人们的关注点往往聚焦在理论基础是否适切、三级课程体系如何实现、课程标准理解是否到位、新教材体系是否把握、教师教育理念是否更新等问题。但随着新课程改革的不断深入，基础教育领域关注点已经从宏观的理念课程、制度课程发展到微观的课堂教学研究。人们越来越认识到课程改革的最终指向是学生的发展。而对学生影响最大的、最直接的就是课堂教学。所以，不少学校都开始了课堂教学模式的改革与探索，涌现出一批有特色的课堂教学模式。当时，初中课堂教学模式比较有影响力的是山东杜郎口中学、江苏洋思中学等。

青岛市也大力倡导进行教学法研究，早在 2000 年就进行了首届优秀教学法评选。随着新课改深入，2008 年前后，学校教学模式创新再次成为热点。作为青岛市民办教育的品牌学校，青大附中还没有具有学校特色的教学模式，所以，王国利校长也较早向我提出了进行课堂教学模式改革的要求。在 2009—2013 年间我开始尝试进行教学模式改革，而且可以分为两个阶段，首先是帮助一位优秀教师提炼形成他的教学模式，然后以他的教学模式为原型，在学习借鉴先进学校经验基础上，在全校范围内提出并实施了“竞争合作—主动愉悦”教学模式改革。应该说，这项改革是我在青大附中花费力气最大，成效最为明显、感受最为丰富的一项工作。

第一节　理论基础：关于中小学教学模式创生

一、中小学教师教学模式生成意义的研究

对于教学模式生成对中小学教师的意义研究，主要有美国学者冈特、埃斯蒂斯、施瓦布在 Instruction: A Models Approach 中指出，世界上没有一个成为优秀教师的万能公式。教育模式不同于“一个氧原子两个氢原子结合便成了水”这类公式。合适的比喻是，教育模式像是食谱，必须适合于厨师与口味的需要并且原料可得。①

汪明帅、胡惠闵在《教师专业发展：教学法的视角》一文中，提出教学法填补了教师的实践经验和先进理念之间的空白，提升了教师专业实践活动的质量，进而促进教师专业发展。它们之间的关系大致如图 7–1 所示：②

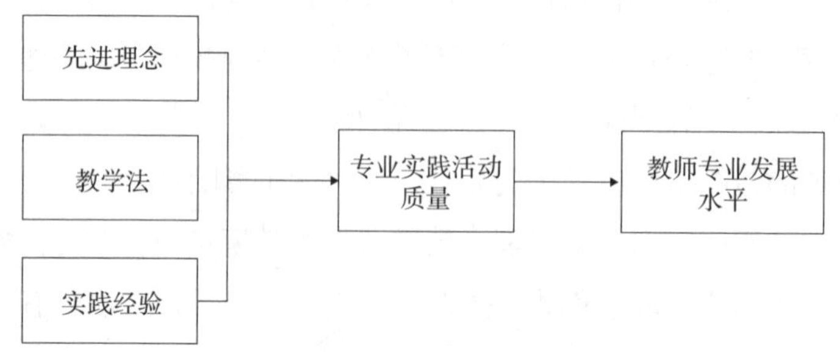

图 7–1　关系示意图

黄咏梅、曹益华在《教师实践智慧与校本教学模式研究》一文中，指出教学模式的研习是教师实践智慧提升的一种重要途径。教学实践过程中，教师总是有意识或无意识地以一定的方式实践着自己的教学法（模式），并

① ［美］冈特：《教学模式》，尹艳秋等译，江苏教育出版社 2009 年版，第 304 页。

② 汪明帅、胡惠闵：《教师专业发展教学法的视角》，《教育发展研究》2007 年，第 7—8 页。

在不同层次、不同问题情境中运用“教学模式”。① 基于校本的教学模式研究以现实的、具体的课堂为基点，其直接目的是提高课堂教学效率，研究的问题来自课堂，结果得以有针对性地落实在课堂实践中，是在理论指导下的教学“实践处方”。加强校本教学模式研究，不仅能有效地解决好新课程理念的衰减和异化现象，而且也是实施新课程的必要保障。

乔建中、张耀庭、邰友圣指出，在教学理论与教学实践的融合过程中，教学模式既能将新的教学理论运用于教学实践，使其变成人们易于理解和接受的方式，实现教学理论对教学实践的具体指导，又能将人们在教学实践中积累的经验上升到理论的高度，使之具有普遍性和推广性，实现教学实践经验的系统化和概括化。②

夏惠贤在《当代中小学教学模式研究》中从教学改革实验的性质、教学改革实验的效度、教学改革实验的评价、教学改革实验与教学理论、教学实践的关系四个方面论述了教学模式的生成对于教学改革实验的意义。认为教学模式是使教学改革实验的验证假说和促进学生发展两个目标统一起来的中介环节；可以真正提高教学改革实验的外在效度；是评价教学改革成败的关键要素；是联系教学理论与教学实践的中介和桥梁。③

程志宏在《教学模式的探索》一文中指出，教学模式的研究、实验、改革、创新充分反映了教学活动本身的科学性、艺术性和创造性的统一。它既是一个教学改革实践的重要环节，也是教育学中教学理论的重要课题，应该予以充分的重视。④ 郭广志在《构建教学模式是培养专业化教师队伍的重要途径》一文中指出教学模式创建的精髓在于给教师以“建模方法”，

---

① 黄咏梅、曹益华：《教师实践智慧与校本教学模式研究》，《连云港师范高等专科学校学报》2005 年第 3 期。

② 乔建中、张耀庭、邰友圣：《对当前教学模式建构中问题的反思》，《江苏教育研究》2009 年第 8 期。

③ 夏惠贤：《当代中小学教学模式研究》，广西教育出版社 2001 年版，第 9—12 页。

④ 程志宏：《教学模式的探索》，《安徽教育学院学报（社会科学版）》1992 年第 4 期。

使每位教师能自行建构教学模式，并不是只给出一些“教学模式”仅仅让教师去模仿，重在教师学会“自己建模”。教学建模是教学创作，也是教学创新。[①] 曹一鸣在《教师专业化成长中教学模式研究方略》一文中论述了如何应对新课程的挑战，培养、提升教师的教学智慧和实践能力是课程改革得以顺利实施的重要保障。从“有法（模式）到无定法（模式）”是教师专业化成长中实践智慧不断提升的一个过程。[②]

二、中小学教师教学法生成原则的研究

郝志军、徐继存在《教学模式研究 20 年：历程、问题与方向》中总结已有的研究，教学模式建构的基本原则主要有以下几个方面：[③]

（1）理论的科学性与实践的可行性相统一原则

（2）批判继承、合理借鉴与积极创新相统一原则

（3）普及与提高相统一原则

季银泉在《教学模式的借鉴与创新》一文中论述了教学模式的创新，要把握以下几个原则：[④]

（1）方向性原则

（2）整体性原则

（3）借鉴性原则

（4）实践性原则

三、中小学教师教学法生成方式的研究

吴也显在《教学模式研究的方法与过程》，申同武在《关于教学模式研究的几点思考》，郝志军、徐继存在《教学模式研究 20 年：历程、问题与

---

① 郭广志：《构建教学模式是培养专业化教师队伍的重要途径》，《吉林教育》2005 年第 10 期。

② 曹一鸣：《教师专业化成长中教学模式研究方略》，《继续教育研究》2005 年第 4 期。

③ 郝志军、徐继存：《教学模式研究 20 年：历程、问题与方向》，《教育理论与实践》2003 年第 12 期。

④ 季银泉：《教学模式的借鉴与创新》，《江西教育科研》1994 年第 5 期。

方向》，钟海青在《教学模式的选择与运用》等文献中，提出从方法论的角度看，国内外教学模式的建构不外乎以下两种基本方法：①

（1）演绎法

这是指从一种科学理论假设出发，推演出一种教学模式，然后用严密的实验证实其有效性。它的起点是科学理论假设，形成的思维过程是演绎。这里又可细分为以下几种情况：1.把基础研究成果直接转化成教学模式；2.设计法，这主要是指通过观察和实验所获得的经验材料基础上直接组织和设计的某种类型的教学模式。

（2）归纳法

归纳法是指从教学经验中总结归纳出来的教学模式。它的起点是经验，形成的过程是归纳。用这种方法形成的模式，有的是在历史上前人总结的各种经验基础上进一步加工改造而成的。还有一些模式是对现阶段许多优秀教师在教学实践中所积累起来的先进经验加以总结、提高、系统化而成的。例如情境教学法就是语文特级教师李吉林在教学实践经验中所总结的。因此这种由教学实践经验上升为教学模式的方法也称之为“升华法”。

演绎和归纳两种方法各有其价值和优势，我们应该综合使用两种方法。这也是研究教学模式在方法上的趋势。另外，教学模式的建构是一项富有创造性的工作，没有也不应有一个固定的格式。但是，这并不是说，教学模式的建构是可以随意而为的。

郭广志在《构建教学模式是培养专业化教师队伍的重要途径》一文中论述了创建教学模式从内、外两个角度切入，一是从外部移植教学经验上寻找切入点，一是从内部总结自身经验上寻找切入点。

季银泉在《教学模式的借鉴与创新》中论述教学模式的创新方法大致有以下四类：②

---

① 申同武：《关于教学模式研究的几点思考》，《教育探索》2007年第7期。

② 季银泉：《教学模式的借鉴与创新》，《江西教育科研》1994年第5期。

（1）设计法

也就是从一定的教学思想或理论假设出发，设计出相应的教学法模式，再将所设计的模式付诸实践，进行实验，通过反复实验，对原先的设计进行验证、发展和完善。最后形成相对稳定的可供借鉴和推广的教学模式。其过程大体为“设计—试验—修改—试验—完善—推广”。

（2）归纳法

这一模式的逻辑程序大致与设计法相反。它要求从教育教学的实际出发，将自己在教学实践中积累的关于教学方法的实际经验和探索、研究的成果进行加工、提炼，将其升华为教学模式，供他人借鉴和推广。从实际经验出发，进行教学模式的创新，其过程大体为“经验—理论—实践—完善—推广”。

（3）杂交法

这里的杂交，指在吸收两种甚至两种以上教学模式的某些思想、策略、结构方式的基础上，创造出新的教学模式的活动。新的教学模式产生后，同样要经过实践的检验。

（4）嫁接法

这里的嫁接法，指将某一学科的教学模式，移用到另一学科的教学中去，在移用过程，要在与该学科的实际相结合的基础上形成新的教学方法体系。这一过程类似于植物学上的嫁接。例如，李吉林的“情境教学”法，就是将外语教学中的暗示教学法“嫁接”到语文教学中的结果。

四、中小学教师教学法生成过程的研究

吴也显在《教学模式研究的方法与过程》一文中，指出教学模式研究的基本过程包括以下几个阶段：①

（1）课题准备阶段

主要是明确研究的性质、主题、范围和目的，搜集和整理各种有关的经验素材和理论成果为建构模式做准备。

---

① 吴也显：《教学模式研究的方法与过程》，《教育研究与实验》1991年第4期。

（2）模式建构阶段

模式建构是研究方法的主要阶段，它的任务是提出明确的假设，并把这些假设转化为解决问题的具体方案，以设计出与研究主题相一致的某种教学模式。

（3）模式试验阶段

模式试验就是把已建立起来的教学模式化为具体的教学过程和教学活动，并在教学试验中检验它的有效性。

（4）模式外推阶段

这一阶段是指把已经证明比较有效的教学模式再作进一步系统化、规范化的工作，然后从理论和实践两个方面加以推广。这是模式方法中最后的，也是最关键的阶段。

所谓外推有两种含义：一方面是从教学论的角度把已经形成的模式在理论上进一步系统化、规范化、普遍化，争取从教学模式进一步上升为教学理论以达到更高的水平和从更概括的层次上反映规律，指导实践。另一方面是从实践的角度出发，把已形成的教学模式作为某种具体的范型，提供给广大教师，使它能够在更广泛的范围内得到应用的检验，即由点到面的加以推广。

曹一鸣在《教师实践智慧与教学模式研究》①，黄咏梅、曹益华在《教师实践智慧与校本教学模式研究》②中论述了教师专业化成长过程中对教学模式的研究，根据具体情况可分为借鉴、整合、超越三个不同的层次。

（1）模仿、借鉴基本模式

（2）研究、整合多种模式

（3）重构、超越经典模式

钟海青在《教学模式的选择与运用》一书中提出一种新模式的产生并

① 曹一鸣：《教师实践智慧与教学模式研究》，《教育理论与实践》2006年第4期。

② 黄咏梅、曹益华：《教师实践智慧与校本教学模式研究》，《连云港师范高等专科学校学报》2005年第3期。

不是一蹴而就的，它往往需要在理论和实践之间进行多次往返求证、修改，经历实践—模式—理论—模式—实践的运行规律和机制。[①] 新模式一旦形成，就要运用于教学实践，在实践中得以发展和完善，并随着实践、认识的进一步深入和提高而转换成更新的教学模式。王贵忠在《新课程课堂教学模式创新实践的反思》一文中提出，教学思想的更新是教学模式创新的灵魂。模式原创、模式移植、模式组合是教学模式创新的途径。[②]

五、中小学教师教学法生成影响因素的研究

关于这方面的研究文献有：周如俊在《教师应树立怎样的教学模式意识》中强调教师应该树立教学模式的科学意识。并把它细分为“研究”意识、“扬弃”意识、“生成”意识、“深化”意识、“创新”意识、“变式”意识、“集成”意识和“放飞”意识。[③]

谭忠真、刘沛林在《教学模式创新和创造力发展中的“鱼”、“渔”之变》中指出，要实现“鱼”“渔”之变的关键在于知识的学习不是复制出守旧性思维模式，而是产生出创见性思维模式。要注重知识之间和知识与现实之间的系统性联系，积极推进理论系统性与案例教学的交融，向实践延伸，从而使理论知识、应用性知识与现实在逻辑上融为一体。[④] 吴爱琴、杨兰芳在《对教学模式创新需相关因素的思考》一文中，论述了中国现代教学模式创新需要相关因素的支持，指出了影响教学模式创新的制约因素：[⑤]

（1）教学模式形成的理论基础薄弱。

（2）教育工作者的个人选择空间狭小导致教学模式的大同小异。

---

① 钟海青：《教学模式的选择与运用》，北京师范大学出版社 2005 年版，第 12 页。

② 王贵忠：《新课程课堂教学模式创新实践的反思》，《教育探索》2008 年第 11 期。

③ 周如俊：《教师应树立怎样的教学模式意识》，《专题》2009 年第 10 期。

④ 谭忠真、刘沛林：《教学模式创新和创造力发展中的“鱼”、“渔”之变》，《教育评论》2005 年第 6 期。

⑤ 吴爱琴、杨兰芳：《对教学模式创新需相关因素的思考》，《考试周刊》2007 年第 20 期。

（3）教师的素质是制约教学模式理论形成的瓶颈。

（4）教育教学科研与实践的长期脱节是具有中国特色的教学模式没有最终形成的关键因素。

钟海青在《教学模式的选择与运用》一书中论述了教学模式的产生、发展的动力在于教学认识和教学实践的矛盾，当二者发展不相适应时，人们就试图提出某种新的模式，以求实现二者的协调和平衡。一种新的教学模式的构建需要两个条件：一是理论知识背景，二是教学实践水平。二者缺一不可。①

第二节　改革背景：课堂教学问题与优秀教师的教学模式创新

一、聚焦课堂找问题

听课是我在青大附中做得最多的一件事。五年间我听过的课至少有500节，一边听课，一边发现课堂中问题，然后在课间与教师交流研讨是我最常用的指导策略。经过深入的课堂听课与参加教研活动，我发现不少课堂中存在学生学习热情低、课堂气氛沉闷、被动听死板记、课堂教学效果不理想的问题。主要表现为以下几点：

1. 部分教师教学理念陈旧，讲授时间太多，没有启发性，而且唯恐学生不会，讲得非常细致，剥夺了学生行为、思维和情感参与的空间与时间；2. 为了赶进度，很多老师课堂上习惯于提问学习好、愿意发言的学生，久而久之，很多学生习惯于在课堂上做观众和听众，甚至是神游于课堂之外；3. 学生在学习上处于不同层次，但老师在提问或布置任务时却不能有针对性地分层教学，致使有些学生特别是中下游学生逐渐失去兴趣；4. 虽然在课堂上也有小组讨论活动，但无论是问题的设计还是组织都显得比较随意，

① 钟海青：《教学模式的选择与运用》，北京师范大学出版社2005年版，第12页。

使学生之间的交流和互助效果不佳；5. 与小学相比，教师在课堂上的鼓励性评价不足，评价方式单一化，不能很好地调动学生的热情。

在全校大会上，我把听课的发现跟老师们进行了交流，希望大家根据普遍性问题，探索有效的教学模式。并设立了学校教学模式改革专项课题，鼓励各位老师积极申报。

二、优秀教师教学模式创新的启发

（一）不愿意被听的试卷讲评课

为推进学校教学模式改革，我加强了平时听课的强度，特别是对申报学校教学模式专项改革课题的老师(当时有7位教师申报）进行了重点关注。2009年初的一天上午，我拿着小凳到了初二6班，准备去听贾老师的英语课。因为上任时间较短，这是我第一次听这位教师的课。之所以选择这节课，主要是因为贾老师也申报了改革项目，而且她的教学成绩非常突出。

来到教室门口，正好碰见贾老师，她见我来听课，非常紧张。对我解释这是一节试卷讲评课，不适合听课，希望我以后再来听，或者临时换个内容。我听后也有些失望。正在这时，上课铃响了，因不好换班级听课了，于是我不再犹豫，说不需要她更改内容，就听听她的试卷讲评课怎么讲。

上课开始，贾老师先给同学们宣布了一下考试的整体情况，表扬了几个考得好和进步明显的学生，然后发下了英语试卷。但接下来，贾老师并没有讲评试卷，而是让各小组集体研究试卷。只见学生非常熟练地自动形成了十来个小组，每组都有一位组长组织，4—5人在一起讨论。他们讨论的程序是先对答案，看对错，然后答对的同学给其他同学讲，都不会的题就记下来。过了一会儿，贾老师安排大组长巡视，只见又有4名同学拿着纸笔到各组回答疑问和进行记录。记录完后，向教师汇报各个大组中还没有解决的问题。当不同组都汇总了疑难问题后，贾老师说了一句："谁能来解答这几个问题？抢答开始！"很多同学立刻兴奋地举手，有的甚至站了起来。一位同学被老师提问并很好地解答了一个问题后，贾老师在黑板上给这个小组进行了标记。我这才发现，原来黑板上早写上了各个组的编号。学生们踊跃发言的原因是因为答对了能给小组"争分"。果然，后面所有回答正确的或进行有效补充的学生都为本组争得了分数。而且，这一切进行得很自然，学生显然已经适应了贾老师的这种教学方式。

最后，当试卷中还有2个问题没有人能解答时，课堂上安静下来。这时候贾老师针对这两个难题进行分析讲解和变式训练。由于前面问题都是学生自己解决的，给老师留下了较为充足的时间，贾老师讲解得很充分，学生们听得也格外认真。

下课前，贾老师对各个组得分情况进行了总结，宣布了本节课的优胜小组，课堂上爆发出热烈的掌声。

下课后，我和贾老师聊起来，才知道她几乎每节课都采用分组竞争得分的教学组织方式。当我表示赞赏时，她很高兴，并说她正在单元复习课上改良这种办法。我说有机会去听她的单元复习课。

（二）与众不同的单元复习课

这节课和贾老师都给我留下了深刻印象。我有意识地出现在她的单元复习课上。她看到我时明显吃了一惊，显然没有想到我真的会去听课。

这一节课果然与众不同。贾老师没有按照常见的教学套路提问、引导、归纳知识点，也没有给学生布置大量的练习，而是一上课在黑板上写下四个组的组号后，就让学生同桌、前后位之间开始讨论、总结整个单元的知识点。只见每个同学都拿出了课前自己总结的知识网络图，你一言我一语地讨论起来，并不时根据讨论情况在图上添加和修改。5分钟后，贾老师开始让同学到台上总结讲解，这时出现了一般课堂很难见到的学生踊跃发言情况，几乎全体同学争先恐后地举手要求发言，有的还激动地站起来。有幸被点名发言的同学把他补充完善的知识总结图投影在屏幕上，像模像样地当起了小老师，讲完后班里爆发出热烈的掌声，贾老师则给这位同学所在的组进行加分（在黑板上组号下面加上标志），接着又有几个同学在这位同学的基础上做出一些补充。只要补充合理，他们所在组也被加分。

当整个单元的知识点被同学们清楚、完整、准确地总结出来以后，课堂进入到了下一个环节，贾老师把学生们的单元练习册发到学生手中，刚才的同桌、前后位又开始互相批改和讲解。然后，又像试卷讲评课上那样，组长巡回指导讲解，记录和汇报疑难问题，学生自由竞争解答以上难题，为本组赢得积分。贾老师只是针对学生的回答做出适当归纳和补充，并对特别的难题进行讲析。最后，布置的作业就是根据这节课的学习，把自己总结的单元知识图进行修改完善，并根据自己练习册中的错误，每人出两道练习题。优秀的单元知识图还将在教室里评选展出。

（三）一起总结课堂教学模式

之后，我又多次专门听她的课，发现虽然课型和内容不同，但都是始终围绕着四大组之间的竞争和同桌、四人组、学习小组内的合作展开教学活动。通过合作和横向，达到主动愉悦的课堂效果。其中，竞争主要是起到激励、调动、反馈的作用，一般都是根据各大组的组内成员表现情况采用鼓励为主的加分方法；而合作的内容、形式和组织策略则因课型不同而有所差异。这种方式充分调动了学生的学习积极性，学生自始至终保持了旺盛的自主学习热情和愉悦的心情，绝大部分时间都是学生在自己总结、相互讲解、共同讨论，真正体现了学生的主体作用；贾老师则只是针对学生不能解决的难点进行讲解，讲解时间不到10分钟，真正充当了一个引导者、组织者、帮助者和评价者的角色。而且贾老师已经对这种方式驾轻就熟，运用起来得心应手、游刃有余。

我和贾老师进行多次交流后，根据课堂特点给这种教学模式起了一个名字："横向竞争、纵向合作、主动愉悦英语教学法"。并帮助她总结了多种课型的教学程序和策略，如新授阅读课教学程序与策略。她是这样总结的：

1.交流引入、知识准备

教师通过与学生进行课文相关话题的交流或采用头脑风暴法启动学生的知识储备，为课文教学做好知识、语言等方面的准备，也为导入教学创设情境、激发兴趣做好铺垫。这一阶段可以安排的活动有：讨论课文所配图片，猜谜（谜底当然要与课文内容相关），绘画（根据教师提供的简单英语信息，绘出与本课相关联的内容），或抽取课文内容，展开推理游戏等。

2. 合作阅读、步步深入

首先，就课文内容提出一个简单的问题，学生带着问题听课文录音。在提高学生听力的同时，培养学生捕捉信息的能力。这类问题绝大部分是同学都能自己解决的，通常是让学生自由抢答。

其次，让学生粗略默读课文后完成教师给出的问题。这一层次的问题通常是5W或是课文的框架，基本都可以通过同桌间合作完成。通常采取的方式是同桌之间互相检查，并通过小组汇报形式进行反馈。

最后，要求学生认真研读课文后，完成对短文细节问题、引申问题、拓展问题的回答。这类问题有一定难度，通常需要四人组或学习小组相互讨论、讲解，共同解决，有时也需要教师的点拨讲解。讨论的结果要及时展示。

这样对课文分层递进阅读的方法，可以鼓励每一位学生大胆参与和尝试，再给予他们加分的鼓励和肯定，让学生有学习成就感和愉悦感。

3. 组内探索、归纳总结

在充分感知课文基础上给出文中重要知识点骨架，要求学生合作归纳出知识点的用法。在合作解决这些知识点后，再让小组讨论就老师未给出的知识点进行补充和拓展。可以找小组代表讲解每个知识点的用法，教师对重点用法进行点拨和拓展，从而通过交流互助学习过程完成知识网络的总结。

4. 综合运用、形成新知

在充分阅读基础上，共同进行听说读写练习。本环节可以采用的策略有：说明类文章写点评，故事类文章续接故事，或者组间故事接龙，玩Truth or Fiction游戏，或以课文为基础的即兴作文，等等。

第三节　行动研究：学校教学模式创生

在对课堂教学进行诊断，对个别教师进行指导的同时，学校教学模式改革也在稳步推进。大致可以划分为以下几个阶段。

一、“竞争合作—主动愉悦”教学模式的行动变革过程

（一）增强实践感受，组织专项讲座，课题理论引领（2009—2010）

要想让教师理解并认同“教学模式创生”，首先要让教师对“教学模式创生”有直观印象。为此，我先后组织教师到杜郎口中学、洋思中学、潍坊广文中学、即墨二十八中等学校参观和学习他们的教学模式，感受他们的改革热情和改革效果。由于参观学习时间短，教师们对外校教学改革了解还很肤浅，认识上还很模糊，为了解决这个问题，我又发挥自己的专业特长，在参观学习后组织了教师座谈和教学模式创新的专题报告，结合其他学校的教学模式改革实例，进行深入浅出的讲解，阐述各种教学模式背后的理论支撑、分析教师们探索的过程，让教师们理解了教学模式的要素、教学模式创新的策略。

记得第一次带青大附中教师团队外出考察是到即墨二十八中学，因为我到青大附中之前就曾指导即墨二十八中学进行教学模式的探索，也知道该校的“师徒合作教学模式”已经小有名气，引来不少全国各地参观者。由于之前的关系，我们受到了热情接待，每个老师都能听 2 节课。而且更为重要的是，由于我之前对该校教学模式了解较多，在讲解时能深入浅出，所以，第一次教学模式考察效果非常好。

同时，我每月都会定期对教师进行理论讲座，先后进行了“有效教学”“教师学科教学知识”“教学设计与教学方法”“教学模式的构成要素”等系列讲座。这种讲座不是理论性的，而是基于学校课堂教学实例，结合最新教育理论进行深刻的分析，指出课堂中存在的问题，提出学校课堂教学改革的方向和具体策略。

真正优秀的教学模式创生必然是在先进教育理论指导下的有目的、有计划的行动研究。因此，为了能加强教学模式创新的指导，我自 2009 年初就鼓励教师主动申报教学模式改革课题，并在学校立项了 7 项优秀教学模式专项课题，目的在于激励教师进行教学模式自主创新，并利用课题研究对有志于教学模式创新的教师给予重点指导。

（二）**发现改革典型，大力扶持宣传，舆论政策引领**（2010—2011）

教学模式创生需要教师的主动探索，而教师的改革热情、研究能力和基础有很大区别，为此必须让一部分人先动起来，而发现和树立改革典型是一种有效方式。我在平时听课中偶然发现了学校英语教师贾老师，她在课堂上总是采用给学生分组，根据学生回答给小组现场加分的方式进行教学组织，而且她特别注意问题情境的设计和激励策略的变化，总能调动同学们的学习兴趣（前一节有较详细描述）。所以，她的课堂学生活动多，热情高，常常是争先恐后地回答老师问题或完成其他任务，而且小组讨论效果很好。经过几节课的观摩，我认为她已经初步形成了属于自己的较为稳定和高效的课堂教学模式。于是把她作为改革典型，进行了一系列的帮扶。

首先，学校形成了一个由学校领导、师院学科专家和研究生组成的研究团队多次听她的课，帮助她改进教学模式，并指导她进行理论学习和对模式的总结提炼，她的关于教学模式改革的文章在学术期刊中发表。其次，多给她展示机会，促其不断成熟。不仅在2010年学校教学年会上安排她执教，还由学校出面组织了一次专门针对她教学模式的研讨会，邀请市教科所、市区教研室领导专家对她的课和教学模式进行点评和指导。最后，宣传奖励，树立榜样。通过答辩、评选等环节，她的教学模式“横向竞争、纵向合作、主动愉悦教学法”被评为学校第一批优秀教学模式，学校不仅对她进行了重奖，还重视对她教学模式的宣传。很快，她的教学模式社会影响力越来越大，有些学校的教师自发地到我校进行观摩，甚至主管教育的副区长也专门到她的课堂听课，新闻媒体也对此教学模式和这位教师进行了专门报道。

（三）**不断整合创新，实施整体改革，强力推行模式**（2011—2012）

随着对这位英语教师教学模式的研究和宣传，很多教师开始主动学习这位教师的做法，合作竞争的教学方式在不少课堂上已经有所体现。我认为进行学校教学模式整体改革的机会到了。于是，首先组织全体教师学习文章“整体教学模式是一所学校成熟的标志”，并以这位英语教师的教学模式为基础，借鉴其他学校经验，提出了“竞争合作—主动愉悦”教学模式的整体改革计划。通过几次理论讲解和集体探讨，统一了教师的思想，制定了详细方案，明确了具体的改革举措，并于2011年开始在初一级部全面推行，通过每年主抓一个年级的方式，逐渐在全校统一推行这种模式。

为了保证学校整体教学模式改革的顺利进行，我采取了各种措施。

首先，重视课堂研究，结合单元核心集体备课改革，建立了课改年级各学科教师每人每学期至少上一节课改研究课（视频反思课）的制度，并在集备中进行研究课的教学模式研讨，重视听课后的视频反思、组内研讨以及跨学科研讨，还不定期推出“教学模式改革通报”，反馈改革进程、反映改革前沿、表扬优秀事迹、提供及时经验、提出发展策略、明确相关要求。通过不断地研讨—上课—反思—交流活动，通过总结教学模式操作策略88句口诀（见后面的详细介绍），逐渐让教师深刻理解模式内涵，形成操作性策略，并逐步落实到课堂上，实现了教学行为的改变。

其次，注重对教学效果的反馈，通过对单元、期中、期末各种考试成绩的分析，通过对学生大面积的教学模式专项调查，发现改革中的问题，了解学生的反映，不断反馈和调整改革实施策略。

再次，通过每年教学年会整体推进。近几年学校教学年会连续举行以“竞争合作—主动愉悦”教学模式改革为主题的课堂展示，邀请知名教育专家和相关领导参与，对学校教学模式及其推进过程进行点评，教学年会后再组织全校范围的专题研讨，把每年教学年会作为教学模式改革的阶段推动力。2012年青岛市教学年会还在青大附中专门设立分会场进行了“竞争合作—主动愉悦”教学模式的展示。

最后，建立激励评价制度，保证推进效果。譬如，学校制定了“竞争合作—主动愉悦”教学模式的课堂评价标准，举办了“教学法改革优质课比赛”和课改先进个人评选。

（四）开展微型课题，推进改革深入，实现研究引领（2012—2014）

经过几年的努力，学校层面的教学模式改革取得了很多成绩，但在课堂教学模式运用过程中还存在一些细节性、个性化问题，这些问题不是学校层面统一要求就可以解决的，需要教师进行深度的研究和变革。于是，在 2012 年青岛市教学年会上的教学模式展示研讨之后，学校趁热打铁，围绕教师们集中查摆教学模式运用中存在的问题，并号召教师进行微型课题研究。

为了体现微型课题的研究特点，学校设计了简单实用的微型课题申报表，一周内有 50 多位教师申报了近 40 项课题，经过学校初步审查，确定了其中 28 项课题为第一批微型课题，如“小组长培养策略研究”“小组分层研究”“课堂提问策略研究”“小组奖励办法探索”“小组积分方式改革研究”“竞争合作—主动愉悦教学模式在复习课上的应用”等。为了保证微型课题研究的有效性，学校特别重视课题的过程管理。

首先，学校召开了微型课题立项指导会，进一步明确了微型课题研究的特点，而且制定了学校微型课题研究进程和管理办法。对课题开题、研讨、中期汇报、结题、展示汇报和优秀课题评选的具体要求、标准和时间进行了详细讲解。其次，在课题开题会上，对老师们的研究设计进行了个别指导。开题之后，学校领导有意识地多到课题负责人的课堂上听课，特别关注他们的课题研究内容在课堂教学中的落实情况和收效，鼓励教师坚持研究，帮助他们解决困难。课题进行一段时间后，学校统一组织了课题中期汇报，及时全面了解微型课题开展情况，对研究中表现优异的教师和课题组提出表扬，并通过“小翅膀”让所有教师借鉴和学习。后来，学校又对课题结题提出具体要求，确定了自由确定结题时间、以课堂展示和结题汇报为主要结题方式，从结题表现、相关材料、教学成绩、学生评教、平时观察等多方面进行课题评优的基本原则和操作策略。通过以上一系列的过程管理，不仅保证了微型课题研究的落实，引导微型课题的研究方向，而且加强了微型课题的过程指导，切实保证了微型课题研究的实效。

经过一年多的尝试，微型课题研究已经初见成效。通过微型课题研究，解决了课堂教学模式改革中的很多细小问题，这些研究成果不仅已经在课题研究者的课堂上显现出来，而且也通过校内交流宣传被其他教师所借鉴，促进了学校课堂教学模式的深度变革。教师在微型课题研究过程中，初步掌握了教育科研的一些方法，体验到做教育科研的严谨与艰难，也感受到做教育科研的乐趣和收获，初步实现了学校引导教师走上研究道路的目标，是学校教科研工作的又一次突破，对教学模式改革和教师专业发展起到重要的推动作用。

二、“竞争合作—主动愉悦”教学模式改革的成果

经过 5 年的行动研究，我不仅带领老师们在实践中形成了较为成熟的“竞争合作—主动愉悦”教学模式，而且从教学模式的理论基础、基本策略、典型课型程序、模式主要特征等方面进行了较为系统的梳理。

（一）明确了“竞争合作—主动愉悦”教学模式的理论基础

1. 建构主义：建构主义教学理论认为，知识不是通过教师传授得到的，而是学习者在一定的情境下，以自己的知识、经验、兴趣为基础，借助他人的帮助，利用必要的学习资料，主动建构自己知识经验的过程，是通过新经验与原有知识经验的相互作用而不断充实、丰富和改造自己已有知识经验的过程。它强调学习的主动性、实践性、创造性和社会性。因此，它积极倡导学生主动参与的、互动合作的教学方式，认为“情境、协商、会话”是完成意义建构的条件。

2. 学习动机理论：学习动机理论认为，学习动机是借助于人际交往过程产生的，其本质体现了一种人际相互作用建立起的积极的彼此依靠关系。激发动机的最有效手段就是在课堂教学中建立起一种“利益共同体”的关系。这种共同体可以通过共同的学习目标、学习任务分工、学习资源共享、角色分配与扮演、团体奖励和认可来建立。道奇（Deutsch，M.1949）曾界定了三种目标结构：合作性结构、竞争性结构和个体性结构。从动机主义者的观点来看，合作性目标结构创设了一种只有通过小组成功，小组成员才能达到个人目标的情境。因此，要达到他们个人的目标，小组成员必须帮助其他成员做任何有助于小组成功的事，或许更为重要的就是要鼓励同伴们去尽最大的努力。①

---

① ［美］R.E. 斯莱文：《合作学习与学业成绩：六种理论观点》，王红宇译，《外国教育资料》1993 年第 1 期，第 63—67 页。

（二）“竞争合作—主动愉悦”教学模式的内涵与基本策略

所谓“竞争合作—主动愉悦”教学模式，即对学生进行分组分层，教师在课堂上一方面组织分层次竞争性学习，一方面组织小组合作性学习，并通过现场团队计分评价方式进行组间评比，促成学生自主、愉悦、高效学习的一系列教学组织方式的相对稳定组合。其中，“竞争合作”是两种相互关联、相互促进的课堂组织手段，“主动愉悦”则是追求的学生课堂学习状态。该模式主要有以下基本策略：

1. 分组分层策略

首先由各班班主任根据学生学习成绩、性格特征、性别、身高等多种因素进行小组划分，每班一般分为 4 大组、12 小组，集中安排座次。在分组时，充分考虑到各小组间的实力相对均衡、小组内个体间的和谐。为保证分组的合理性和可培养性，一般在初一入学第一学期中间阶段分组。班主任分组后，把分组情况报给各任课教师，然后，任课教师根据学生学科成绩状况，每小组设一名学科小组长，每大组设一名学科大组长（一般 3 个小组为 1 大组），根据每小组四人学科成绩确定 A、B、C、D 四个学习层次的人员。四人组合在各学科课堂中保持不变，但学习层次可以改变。如某同学语文课堂上是 A 层次，但数学课堂可能是 C 层次。

2. 分层竞争策略

教师对不同学习层次的学生可以布置适合的课前、课堂和课后任务，体现分层次教学，并且在评价上采用同一层次竞争评价的方式。如教师在课堂上提出一个难度较小的问题，可以指定由各组 D 层次同学举手竞答；教师布置作业时，可以规定必做作业，所有层次的同学都要完成，还可以布置分层作业，对 A、B 层次同学提高要求；在布置课前预习任务时，D 层次同学可以在书上画出基本知识，C 层次同学要能用自己的语言描述，但 A、B 层次同学可能要提出问题，甚至是根据知识点设计习题或进行课外知识拓展。在实施分层竞争策略时，要求教师不仅要设计好任务或问题，而且要预先设计好完成问题任务的不同层次和竞答规则。当然，分层竞争的方式是多样的，可以轮流、抓阄、教师指定、自由竞答、其他组学生指定等。

3. 合作讨论策略

课堂上以小组为单位进行讨论时，由组长负责，集思广益，优生帮差生，并且在设计的学案或讨论本中落实，基本问题达成共识后，一般由 C、D 层次同学进行汇报。小组内产生分歧或困难时，由大组长进行指导帮助，大组讨论也有困难时，教师再给予指导。讨论可以分为大、小两种，小讨论是针对较为简单的问题的短时交流，主要作用是组内统一，特别是关注 C、D 层次同学的落实。大讨论指针对重难点问题的较长时间的讨论，又分为三种情况，即合力型（每个同学做不同工作后才能完成任务）、分歧型（不同学生可以有多种思路、角度或方法）和难度型（独立完成有困难，需要相互帮助启发）。课堂上讨论合作的时间和次数并不固定。

4. 组长负责策略

组长是教师的帮手，小组长主要负责四人小组的讨论，包括分工、协调、组织，不同学科课堂上各小组的小组长是不同的，而且，并不一定是 A 层次同学担任组长，如果 B 或 C 层次同学热情和能力突出，都可以担任组长。而大组长分管 3—4 个小组，一般都是成绩、热情与能力都较突出的学生，他一方面负责本小组的活动，当遇到大讨论时，还要到另外 3—4 个小组了解情况，帮助解决疑惑或把情况反馈给老师。例如，小组完成一组习题后，老师只需要批改大组长的练习本，然后由大组长检查并反馈其他小组长完成情况，各小组长再落实组内同学情况。

5. 评价激励策略

无论是分层竞答还是小组讨论后的汇报交流，教师都会根据学生表现在现场给予小组计分，即把分数给小组而不是学生个人。而且，教师往往会根据任务或问题的难度、容量赋予不同分值，如个别回答的问题一般计 1 分，小组讨论后的回答计 2 分，黑板上展示或讲解的可以计 3 分。每个教室的黑板上都设计有一个专门给小组计分的表格，教师随时记录，并在课堂小结时对各小组表现予以点评和各种形式的鼓励表扬，而课代表则对每节课的小组得分进行统计汇总，各学科课代表学期汇总后，作为学生平时成绩计入期末评价。

（三）“竞争合作—主动愉悦”教学模式的几种典型程序

在教师们自主探索下，学校已经形成了“竞争合作—主动愉悦”教学模式思想指导下的不同学科、不同课型的教学程序。

1.新授课

（1）针对复习、分层竞争

新旧内容之间有密切的联系（不一定是教材顺序上的关联），教师要根据学习内容，设计不同层次的问题，用分层竞争方式考查学生已学的相关知识。这样做的目的，一方面是复习引入、导入随后设计的任务或问题，调动学生思维，做好心理上的引导和知识上的准备。另一方面，教师也可以根据学生回答问题的情况，了解各层次学生学习新内容的知识基础，根据学生情况设计或调整课前准备的任务。

（2）展示目标、任务驱动

在复习环节之后，教师要展示课堂学习目标，让学生明确本节课学习内容和要达到的状态。接着，老师开始布置本节课小组研讨的内容，可以是一个问题或一串问题组，交代好小组讨论的要求（如时间、规则）和展示评分标准（如怎样展示讨论结果、可以得到的分数），但并不告诉小组里哪个层次的同学汇报，然后由小组进行讨论。

（3）小组讨论、展示汇报

小组围绕教师提出的任务展开讨论。讨论时，学生或借助学案，或借助讨论本把他们汇总的答案进行纸面落实。小组遇到问题也可以和其他组研讨，讨论过程中，教师要巡回了解学生情况，并进行一定的指导帮助。讨论结束后，由组长举手，教师任意指定组内成员展示（这样可确保小组内要达成共识），根据任务性质不同，展示可以有多种方式，如口头回答、板书、实物投影、讲台讲解、实物操作、角色扮演等。教师会根据情况，让1个或多个小组进行汇报。根据教学内容，课堂上可以设计1次或多次讨论。

（4）组间互评、教师点拨

在小组汇报后，一般可以安排A、B层次的同学对其他组的汇报进行点评或补充（点评同学也会为本组争分），教师会针对学生回答情况，进行点拨、精讲或进一步拓展质疑，帮助学生突破重难点。

（5）师生总结、组内落实

新授课内容完成后，教师会和学生参照课前展示的学习目标，一起总结本节课所学内容。总结时，往往也通过学生自由竞答或分层竞答的方式进行，教师通过多媒体课件或板书进一步明确知识网络、方法等。当总结环节结束后，教师一般会给各组几分钟的时间，整理笔记或学案，组内落实（优生帮差生），这时如果小组还有问题，也可以请教大组长或直接问老师。

（6）当堂检测、教师评价

组内落实后，教师会设计一系列问题进行当堂检测，检测时根据题目的难度和性质，既可以采用自由竞答方式，也可以采用分层竞答方式进行。检测结束后，教师会把各环节小组得分情况进行汇总，表扬优胜小组和表现突出的同学，然后布置作业。

2. 单元复习课

（1）小组讨论、知识网络

复习课之前，教师会布置每个学生把本单元的内容以图表或知识树的形式进行总结。上课开始后，小组就开始交流各自总结的内容，在各自总结的知识结构图表基础上进行补充和完善（补充完善部分用红笔标出），并选出最好的一份，作为组内汇报展示的材料（课下教师也会把这些优秀的单元总结在班级板报中展出）。当大部分组完成讨论后，自由竞答，并派代表在实物投影上展示和讲解，其他组的同学可以再做评点和补充。

（2）组内出题、自主互检

知识结构梳理清楚后，教师提出具体要求，由小组根据本单元知识点情况，从教材、教辅材料中选择一部分习题，另外自编部分习题，构成一份小的检测试卷，组内先完成，然后和其他组互换练习，互相批改。如果时间紧，也可以每组分工出考查不同知识点和不同题型的题，汇总成一份试卷，全班共同练习，组内互批。

（3）大组反馈、教师精讲

组内或组间互相批改过程中，教师会首先批改每组小组长或大组长的试卷(一般组长完成得较快、错误率较低)，然后由组长检查组员测试情况。不管是组内检测还是组间检测，都由大组长反馈本组学生出错较多和仍有疑问的问题。然后由其他组学生竞答讲解，学生都不会或讲不清楚的问题由教师重点讲解，必要时，还可以出类似的题目再次练习。

（4）组内落实、教师评价

教师讲解重难点后，通常会留给各小组几分钟时间再次落实，优生负责帮助学困生当堂掌握应会的知识(如果仍有困难的可以在课后继续辅导)，确保绝大多数同学都能达到单元学习的基本要求。最后教师再把各环节小组得分情况进行汇总评价，布置作业。

3. 试卷讲评课

（1）组内讨论、相互纠错

试卷下发后，教师首先整体点评测试情况，然后，由组内互助，相互纠错，完成对试卷的修改。

（2）大组反馈、竞争解答

大组长巡回，了解各组讨论中不确定的、有困难的问题，并报告给教师，教师再组织会解答的学生竞答讲解。

（3）突破难点、补充拓展

根据各组的反馈和基于试卷的分析，教师会对考试中出错较多的题目进行重点讲解，然后再设计一些类似的题目让学生用竞答方式练习，也可以由学生组内设计针对性题目，交换练习。

（4）试卷总析、教师评价

最后，教师会要求各组讨论试卷每个题目所考查的知识点和方法，并让学生课后写一个对自己考试的总体分析（作为作业）。然后，再把各环节小组得分情况进行汇总评价。

（四）“竞争合作—主动愉悦”教学模式的本质特征

1. 有效利用差异

本模式不仅在教学中对不同层次的同学布置不同的任务或提出不同的问题，关注了不同层次的同学，在课下也可以布置不同的作业，让学生能自主选择作业，体现分层次教学。而且，由于异质分组方式，课堂讨论和组内落实中可以很好地利用学生间差异，进行优生对学困生的帮助，这是对学生差异资源的积极利用。

2. 合理利用竞争

不管是分层竞答还是讨论展示，本模式都采用了现场竞争计分方式，看似简单的小组计分，学生们是非常关注的，如果教师漏记或错计分数，学生会在课堂上或课后认真地去找教师“理论”。这种方式，不仅提高了学生的参与热情，而且富有趣味性，使得课堂充满生机，也因为采用的是团队评价，使得小组成为“利益共同体”，学生们不再只是为自己努力表现，而是为整个团队主动学习，在竞争杠杆的作用下，课堂上的合作学习更有效果。

3. 充分发挥团队力量

在整个教学模式中，小组研讨、组内落实、组间互评的环节较多，交流渠道丰富，协商会话充分，很好地发挥了团队力量。特别是由于教师赋权给大小组长，他们具有较强的责任感，会把小组成员真正团结在一起，互帮互组、共同进步。

4. 凸显学生的主体作用

在“竞争合作—主动愉悦”教学模式中，一直遵循“先学后教”的原则，每个环节首先都是学生的自主、合作、探究学习，教师只是起到了组织、引导、辅助的作用，学生的主体作用得到了充分发挥。经过改革，老师们普遍认为，大部分情况下，学生学习能力超过教师的预测和期望，甚至在有些环节中，学生的讲解、总结、编题并不亚于教师的水平。

5. 实现多重教学目标

在“竞争合作—主动愉悦”教学模式中，传统的教学组织形式和教学方式同时改变，相互支持。通过合理分组分层，现场团队评价的组织形式，利用分层次竞争、合作学习的教学方式，调动学生的学习热情，提高学生参与度和合作效率，改变学生学习方式，不仅提高当堂知识达成度，还着力培养学生的学习兴趣、学习方法、自学能力、合作意识和责任感，追求主动、愉悦、高效的学习状态。

（五）教学模式改革中要处理的几个关系

在改革过程中，经常发现很多教师在实施“竞争合作—主动愉悦”教学模式时有一些操作不到位、过于形式化、落实不细致等问题，于是我明确提出在教学模式改革中要处理的几个关系。

1. 处理好实施教学模式与完成课堂教学任务的关系

在改革初期，教师们普遍反映运用这种模式教学，虽然学生积极性调动起来了，但是往往因学生讨论或展示时间过长而不能完成教学任务。我的要求是：首先，发挥集体备课的作用，特别要根据学情和教学内容精心设计好问题或任务，问题或任务要有层次性，要交代好回答或讨论的要求，问题要集中在关键、难点内容上，尤其是要精选有价值的、可操作的问题组织讨论，充分扩充有效教学时间。其次，对于彼此之间没有前后逻辑关系的问题，可以采取不同组研讨不同问题的方式节省时间，如语文课分析段落或人物时，可以让不同组学生就某一部分或某个人物进行分析，然后汇报交流，这样，一方面让每个学生都经历研讨过程，学会方法，另一方面可以更为简捷和快速地学习，提高课堂效率。最后，因为课堂上时间有限，很多问题要依靠学生课下自己预习，所以，建议大多数学科有意识地实行作业前置，即减少复习性作业，增加预习性作业的方式，以确保课堂讨论的有效性。

2. 处理好教学预设与生成的关系

课堂教学是预设和生成的结合。上课之前，教师要根据课程标准、教材内容、学生情况来认真设计教学方案，这是教学取得成功的基础。但在课堂教学中，尤其是“竞争合作—主动愉悦”的课堂上，由于学生活动增加，师生互动更为自由，总有教师预想不到或与预想状况不同的情况发生，这时，教师就要发挥教学机智，调整思路和方法，进行合理生成。因此，在课堂上，我要求教师一方面要加强集体备课，尽可能对教学环节和活动内容细致设计，一方面在课堂上根据学生回答问题或讨论情况进行灵活组织，课前设计的问题、原定的讨论时间、教学组织方式都可以改变。要做到这一点，就要依赖于教师的专业素养和教学经验。我原来预计教学模式改革中，可能青年教师改革热情和效果比较好，但实践证明，一旦有经验的教师认可和接受了这种方式，他们的改革更为成功，而青年教师在生成方面能力的不足，会限制该教学模式的高效运用。这也说明，教师经验的丰富性、学科教学知识的水平都会影响教学生成，从而影响教师对教学模式的运用。

3. 处理好课堂规则与课堂氛围的关系

由于本模式追求主动、愉悦的课堂效果，改革刚开始时，有些教师刻意追求表面的热闹和活跃，课堂上一度出现混乱甚至无序的情况。我认为，必要的课堂纪律和规则是课堂效率的保证，这与创设自主、愉悦的课堂氛围是不矛盾的。而且，对于教师和学生来说，“竞争合作—主动愉悦”教学模式是一种全新的方式，更有必要建立一定的规则。如小组讨论要求面对面，讨论结束后迅速坐好；讨论声音保证组里听见而尽量不要影响其他组；讨论交流之前的竞争发言如果不完整，由本组学生补充后可以得分，但讨论后的发言不允许小组补充，如果不完整，其他组可以补充并得分；其他组学生发言时，如果打断或扰乱，则取消该生所在组竞答机会；等等。当然，这样的课堂不是追求严格的“控制”，在很多方面比常规课堂赋予学生更多的自由，如学生组间交流时可以离开座位；有时不需要举手就可以直接上黑板展示或上讲台汇报等。同时，教师要灵活处理一些课堂规则，充分调动每个小组的积极性。

4. 处理好统一思想与自主探索的关系

由于学科性质不同、教学内容不同、教师个性不同，各班学生情况也有差异，所以，学校在统一模式思路，提出课改基本操作 88 句口诀的基础上，并不做死板的统一要求，而是倡导教师以教研（集备）组为单位，对具体教学组织形式进行合作探索，大胆创新、踏实改革、相互学习，逐渐形成具有学科特点的课堂教学程序和策略。如英语学科课堂上口语、对话练习很多，较多采取小组成员依次练习，按小组综合表现计分的方法；而数学课上思维训练更重要，会更多采用学生上讲台讲解的方式，并更好地发挥大组长的检查、反馈作用；物理、化学、生物课上，合作实验探究的环节比较多；语文、历史、政治课上则更多采取系列问题的讨论和组内角色扮演的方式；音乐、体育、微机课上则更加突出技能练习中的互帮、互助和相互检查。学校会及时把改革实践中出现的有特点、有实效的创新方式，通过"课改通报"的形式介绍给其他教师，并通过组织跨学科相互听课和教研、课改专题研讨活动、课改展示课、课改优质课评选等方式，把改革引向深入。在这种改革管理机制下，教师逐渐成为课堂教学改革的主体，从"要我改"到"我要改"，使得教学模式改革很快进入自主创生阶段。如评价策略方面，出现了很多有实效、操作性强的办法：减免优胜组作业、课堂颁发小奖品、通过微信等方式及时和家长沟通、给优胜组学生加盖奖励小印章等，有的班主任还把小组得分和班级量化评比进行了有机结合，大大促进了课堂教学改革效果，提高了课堂教学改革的效益。

（六）最受教师欢迎的 88 句操作口诀

在听课过程中，我不断思考怎样对老师们进行通俗易懂又全面具体的指导，于是我尝试把对模式的整体理解、各环节要点和操作要领编写成 88 句操作口诀，这种顺口溜形式深受教师欢迎。

关于模式整体理解

优质减负靠课堂，精心设计学轻松。
合作提高达成率，公平竞争来促动。
知识落实是底线，能力培养贯始终。
主动愉悦全发展，眼前将来都保证。
不是被动求平衡，不是简单来折中。
中庸之道高境界，适度超前来引领。
若是练功不练拳，犹如航行无舵船。

若是练拳不练功，到老也是一场空。
模式就是一套拳，专业素养是内涵。
功力不足死板套，花拳绣腿成热闹。
只有练拳加练功，模式才能显威风。
功力练就非一日，模式探索可促成。
初学务必要模仿，矫枉过正也正常。
不断尝试与反思，招式慢慢记心里。
教学具有普适律，整体模式可统一。
学校只是提思路，具体操作自由行。
学科之间有差异，求同存异保个性。
理论思路指方向，关注实践才可取。
模式有形也无形，灵活机动来应用。
实效第一形第二，并非对外图虚名。
提问计分加指令，注重细节才能行。
观念改变非易事，能力习惯难蹴成。
探索需要慢功夫，苦尽甘来才成功。

关于小组讨论

讨论并非死套路，大小讨论要分清。
1—2 分钟小讨论，重点统一全达成。
争议难点与合力，大的讨论分三种。
深挖必然费时间，有无价值是关键。
有主有次巧组合，课堂任务能保证。
有张有弛有节奏，竞争合作贯始终。
讨论要求面对面，讨论之后要坐正。
声音控制把握度，组内听清不大声。
组长组织很重要，合作之中有分工。
集思广益共参与，利用优生帮差生。

关于竞争方式

竞争方式不唯一，注重实效不固定。
有些可以全班问，有些可以来分层。
有时需要小组动，有时需要大组争。
有时可以来指定，有时需要自由竞。
有时组间来合作，有时组内可竞争。
抓阄轮流无不可，关键要把生调动。
讨论之前竞争答，发言不是小组总。
若是回答不完全，允许组内再发言。
有人随便来插话，取消机会是规则。
其他同学认真听，评价补充二次竞。
讨论之后组长竞，根据问题选择层。
一旦回答不完整，不许本组来补充。
语言表达多训练，声音洪亮条理清。
歧义回答多展示，最终教师要求同。
公平公正加调控，全班学生保热情。
改革初期难理想，坚持规则习惯成。

关于分组

分组注意巧搭配，全面因素考虑中。
成绩固然是参考，还要根据生个性。
组长选择很关键，未必都是 A 学生。
组长需要来培训，十二助手才好用。
过程评价不可少，制度明确来调动。
优秀小组优秀生，榜样树立很管用。
各组发展应均衡，一段时间需调整。

关于问题设计与提问

问题类型有多种，提问目的要分清。
精心设计多层次，问题分为难易中。
简单问题问 cd，复杂问题问 ab。
多给 cd 机会答，鼓励评价提兴趣。
总结评判拓展题，这种机会给 ab。
层次不要提前说，保证全体都思索。
简单问题对答案，难题思路要讲清。
举手要求有规则，点面结合讲公正。
表面热闹非目的，思维情感真互动。

关于分层

分层不是有歧视，差异需要巧利用。
学生感受多关注，尤其 cd 心理病。
家长疑惑不轻视，耐心回答解疑情。
不同学科不同层，根据表现来变动。
每人每层有机会，分层评选优秀生。
基础综合与拓展，abcd 都调动。
各层都要有发展，因材施教真体现。

关于评价

分数必须当面显，团队评价利竞争。
后续奖励要落实，模式发展有生命。
分数学生很关注，教师操作要慎重。
根据难度设分值，计分规则科学性。
科学合理又公正，调动热情是原则。
最初计分很麻烦，习惯内化不需烦。
计分方式基本定，奖惩策略常变通。

课外评价可拓展，班级管理可结合。

关于师生互动

教为主导学主体，先学后教是准则。
竞争合作教学法，更加突出主体性。
多给学生供机会，充分表达与讨论。
课堂气氛更愉悦，自主合作更充分。
主导不是全代替，放手不是无原则。
规则需要教师定，活动组织激热情。
课堂节奏要掌握，难点必须要点拨。
归纳总结不可少，纸面落实很重要。

（七）改革成效

经过近 4 年的探索，从初一年级三门主学科的教学模式改革，到全校三个年级所有学科的教学模式推行，我带领团队逐步形成具有特色和实效的整体教学模式——“竞争合作—主动愉悦”教学模式，而且根据不同学科、不同课型和教师个性特点，逐渐形成了具有个性化的、更为精细的“教学模式群”。并通过行动研究方式，把“竞争合作—主动愉悦”教学模式不断完善与发展。几年来，多家媒体对“竞争合作—主动愉悦”教学模式改革进行了宣传和报道。

学校课堂发生了明显变化，“自主、合作、探究”成为课堂主旋律，课堂上积极举手的学生越来越多，小组合作学习的效率大大提高，学生们都盼着上课、期待着成为优胜组。几年来，针对全体学生的问卷调查表明，学生的自学能力、创造性和学习兴趣大大提高，达到了自主愉悦高效的教学效果。在历次考试和质量检测中，学校各级部教学成绩都有明显提升。特别是在 2012 年、2013 年市初中升学考试中，学校更是取得了优异成绩，重点高中录取率、普高达线率均创历史新高。

更为可喜的是，通过“竞争合作—主动愉悦”教学模式改革的行动研究，学校教研教改氛围空前高涨，自觉听课的教师多了，跨学科交流的教师多了，课下主动交流课堂改革经验的教师多了，课堂上主动尝试新方式的教师多了，教师团队的凝聚力日益增强，一支科研型、创新型的优秀教师团队正在形成。学校将不断深化“竞争合作—主动愉悦”教学模式改革，让每一个课堂都能充满主动愉悦的氛围，让每一个学生都能享受到学习的快乐。

学校教学模式改革在取得了实践成效的同时，也取得了一系列理论成果。2010 年，以教学法改革以核心内容申报的教学成果获得首届全国基础教育课程改革教学研究成果三等奖，2013 年《竞争合作—主动愉悦教学模式的探索》发表在权威核心期刊《课程教材教法》，标志着该模式在全国范围产生重要影响。该文还获得山东省民办教育科研成果一等奖（2013）和山东省教育科研成果二等奖（2015），2014 年“竞争合作—主动愉悦”教学模式的探索获得山东省省级基础教育教学成果二等奖，是青岛市初中学校教学成果最高奖。2014 年该教学模式还获得青岛市南区优秀教学法。

基于青大附中教学模式改革实践，对教学模式创生规律的研究论文《学校教学模式创生的理性思考》《中小学教师教学模式创生的案例研究》《重要他人：中小学教师教学模式创生的影响因素研究》《优秀教学模式的实践创生研究》等发表在《课程教材教法》《基础教育》《教育导刊》等学术期刊，开辟了“学校教学模式创生”研究的新领域，产生了较大的学术影响。根据青大附中实践经历编写的 2 篇教学模式改革案例也成功入选全国专业硕士教学案例库。

青大附中2010年教学年会上的数学教学模式展示课

<table>
<tr><td colspan="2">教学内容</td><td colspan="3">4、7 中心对称图形</td></tr>
<tr><td colspan="2">教学时间</td><td>2010 年 10 月 20 日</td><td>教学课时</td><td>第 1 课时</td></tr>
<tr><td rowspan="6">知能准备</td><td>课程标准</td><td colspan="3">理解中心对称图形的定义及其性质，会寻找生活中的中心对称图形</td></tr>
<tr><td rowspan="3">教材分析</td><td colspan="3">教学目标：
1、知识与技能：
(1) 经历观察发现中心对称图形的有关概念以及性质
的过程，理解中心对称图形的概念和性质。
(2) 会判断一些常见图形是否是中心对称图形。
(3) 会判断生活中的一些图案，图标是否具有中心对称性。
2、过程与方法：形成运用数学眼光分析身边事物的能力。
3、情感、态度与价值观：培养审美能力与竞争合作意识。</td></tr>
<tr><td colspan="3">教学重点：理解中心对称图形的定义及其性质</td></tr>
<tr><td colspan="3">教学难点：理解中心对称图形的定义，会判断哪些图形是中心对称图形</td></tr>
<tr><td rowspan="2">教师</td><td colspan="3">教具使用：多媒体，图片</td></tr>
<tr><td colspan="3">板书设计： 4、7 中心对称图形
一、定义性质</td></tr>
<tr><td rowspan="2">教学过程</td><td></td><td colspan="3">教案设计</td></tr>
<tr><td>教学步骤</td><td colspan="3">一、课前二分钟准备，数学瞭望角（让学生静下心来，学习一些与本节课有关的思想方法）
二、教学活动
1、欣赏图片，引出课题
(1) 首先向学生展示一组轴对称图形，回答图形共同特征。(4 号学生竞答，复习轴对称图形)
(2) 再出示一组可以由一个基本图案通过旋转可以得到的图案
提问：上面这些图案绕旋转中心旋转多少度可以与自身重合？（2 号学生竞答，引出课题：中心对称图形）</td></tr>
</table>

续表

<table>
<tr><td rowspan="1">教学过程</td><td>教学步骤</td><td>
2、性质探究

(1) 这个图形是中心对称图形吗?
(2) 对称中心是什么?将图形绕对称中心旋转 180°,指出 A 点、B 点的对应点。
(3) 小组合作探究对称中心与对应点连线的关系。
(小组合作讨论后竞答,得出性质:中心对称图形上的每一对对应点所连成的线段都被对称中心平分。)
3、动手操作(利用学生准备的平行四边形卡片)
(1) 平行四边形是中心对称图形吗?如果是,请找出它的对称中心,并设法验证你的结论。(小组合作讨论后,学生代表上台展示)
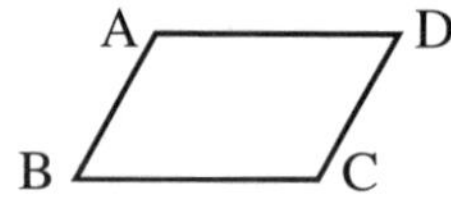

平行四边形是中心对称图形,对称中心是两条对角线的交点。
(2) 根据上面的过程,你能验证平行四边形的哪些性质? (3 号学生竞答)
能验证平行四边形的对边相等、对角相等、对角线互相平分等性质。
(3) 在平行四边形、矩形、菱形、正方形、梯形、等腰梯形中,哪些图形是轴对称图形?哪些图形是中心对称图形?哪些图形既是轴对称又是中心对称图形?(小组讨论交流后竞答)
4、发现生活中的中心对称图形
(让学生课前准备图片,以小组为单位,拿出收集的图片,判断它们是轴对称图形还是中心对称图形,并上台展示!引导学生发现数学来源于生活,也服务于生活)
5、能力提升
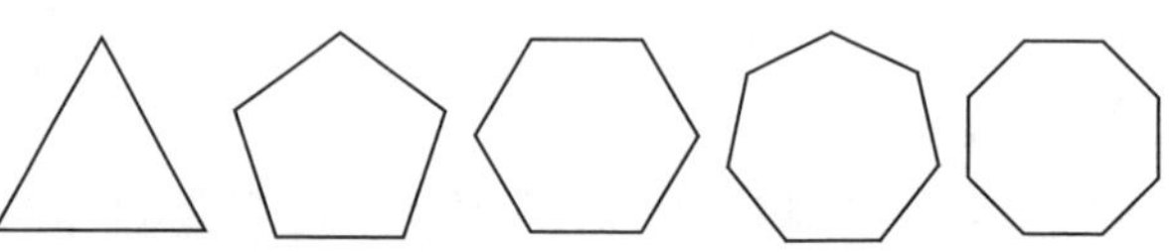
探究:(组织小组合作)
1、上面图形绕点 O 旋转多少度能与原图形重合?
2、正 n 多边形绕点 O 旋转多少度与原图形重合?
3、中心对称图形有哪些?既是轴对称又是中心对称图形有哪些?
经过小组合作探究,学生会发现:①一般地,正 n 边形绕它的中心旋转 $\frac{360^\circ}{n}$ 或其整数倍都能与原来的图形重合。②边数为奇数的正多边形都是轴对称图形。边数为偶数的正多边形既是轴对称图形又是中心对称图形。
6、课堂小节
7、当堂检测(5 分钟)(学案)
8、小组评价
9、分层作业(学案)
</td></tr>
</table>

续表

<table>
<tr><td rowspan="3"></td><td>精编精练</td><td>当堂检测（学案）</td></tr>
<tr><td>归纳小结</td><td>1、中心对称图形的定义，性质
2、会判断中心对称图形
3、小组合作交流中的其他收获</td></tr>
<tr><td>课后作业</td><td>学案</td></tr>
<tr><td>课后反思</td><td colspan="2"></td></tr>
</table>

第四节　理性思考：教师教学模式创新与学校教学模式创生

教学模式改革是我精力投入最大、成效最为显著的一项改革。在改革初期，我常常做梦都在课堂上指导教师如何运用教学模式，88 句口诀也是我在听课过程中不断琢磨出来的，因而这也是在教学模式创新中最大的收获。本节将从教师教学模式创新、学校教学模式改革以及学校教学模式创生三部分来阐述我的思考。

一、优秀教师教学模式创新研究

（一）优秀教师教学模式创新阶段分析

在帮助贾老师总结教学模式的过程中，我对她的教学模式创新过程产生了浓厚的兴趣，通过访谈分析，我把贾老师的教学模式创新过程分为五个阶段：个体初步尝试期、有明确意识的探索期、个体探索的高原期、学校的关注与支持期、专业力量的推动与完善期。

1. 个体初步尝试期

我："能记得是从什么时候开始探索的吗？从一开始就想研究一种教学模式吗？"

贾老师："改革尝试起始于 1999 年，当时是受李咏主持的'幸运 52'节目以及'第二起跑线'电视节目的启发。我觉得团队捆绑竞争的方式很有趣，就在一节复习课上设计了一次英语竞赛，收到了意想不到的好效果！学生学习热情高，课堂气氛很活跃，我感觉也很好。于是我开始越来越多地在课堂上引入这种竞争模式……其实，刚开始那几年，我根本没想创造什么教学模式。"

我："你为何要做这种探索？为什么是受'幸运 52'节目的启发？"

贾老师："我觉得英语课堂应该是活跃的、和谐的，学生应该争着抢着说英语，回答问题，交流时也应该能调动学生的学习热情。'幸运 52''第二起跑线'等节目就有这些特点。抢答、小组得分、不同难度的分值、奖惩措施等环节后来在我的课堂上都有所体现。"

可见，在最初探索阶段中，贾老师并没有创造新的教学模式的意识，但她有自己的教育理想，她的探索行为是对教学中一些经常遇到却又难以解决的现象的自然改进，是一种朝向教育理想的无明确目标和系统计划的尝试性教学变革。而在这个阶段中，一些内部或外部诱因，如电视节目的启发，也起了重要作用。这个阶段，可以称作是"教师个体的初步尝试期"。这个时期的特征是非系统性和非计划性。

2. 有明确意识的探索期

我:“你什么时候想到要形成自己的稳定的教学模式?”

贾老师:“四五年前。随着我不断的尝试，我的课堂逐渐有了一些经常性的办法，如计分，分组，鼓励学生自己举手，等等，这些办法很奏效。特别是我的教学成绩总是在级部里领先，我就想到能不能形成一套相对固定的程序，每堂课都用。”

我:“想到这个你兴奋吗?”

贾老师:“一开始觉得自己是异想天开，后来越来越觉得自己的办法真的挺好。……那一段时间，我吃饭睡觉都想着我上课时用的新办法，想着如何使这种新办法更有效，想着如何让这种新办法在我的课堂上固定下来。……有时，早上很早就醒了睡不着，脑子里全是上课时的情景。有时，我也在备课本上、日记本上记一些想法，画一些图，当时那种感觉很好。”

可见，当贾老师意识到新的教学办法在逐渐形成一套稳定程序，并且初步尝到这种改变带来的教学效果和成功愉悦时，她开始让自己在繁忙的事务性工作中抽出相当的精力与时间，反复思考和实践这些改变，想在多种方法之间建立起较为稳定的联系。这时，她开始真正进入一种研究的兴奋状态，这就是“有明确意识的探索期”。这一阶段的特点是有意识地把个别阶段的尝试联合起来从而有了形成稳定组合的想法。

3. 个体探索的高原期

我:“你的教学模式探索顺利吗?”

贾老师:“不顺利。有的时候有想法，有的时候没想法，有的时候觉得自己研究的东西很独特，有时候又觉得没特点。而且，在这个过程中，很多办法也在不断改变，还稳定不下来。……再加上平时静不下心来，当班主任的事情太多了，就放弃了。……有一段时间觉得自己挺可笑的，创什么教学模式，都是自己一厢情愿，越做越没有信心了。”

我:“你停止教学模式探索了吗?”

贾老师:“倒是一直在做，但是总结形成自己教学模式的想法逐渐没有了，觉得这不是我一个普通教师能做的事情。而且，有了这种想法之后，课堂上的尝试也少了，基本在维持着前面的经验。”

贾老师所说的这种状态可以称为“个体探索的高原期”。由于仅靠贾老师自身的能力难以把零星的做法整合成一种新的教学模式，难以解决屡次出现的困难，再加上平时工作、生活的繁忙，她难免出现困惑、焦虑、疲惫甚至想放弃的想法。教学模式创新过程中出现高原期是很正常的，这是探索、尝试本身的特性所决定的，同时也往往是由教师自身教育理论不足、实践能力有限、对同行优秀经验了解不多、缺乏强有力的专业支持等方面造成的。

4. 学校的关注与支持期

我：“那你觉得什么时候重新出现研究教学模式的想法呢？”

贾老师：“从学校倡导教学模式改革以后。学校组织我们出去参观，动员我们探索，学校领导还经常听我的课，并且表扬鼓励我，而且其他同事也开始频繁听我的课，我既感觉到压力，也感觉到动力。后来我又申报了学校的‘优秀教学法专项课题’，我们教研组也经常一起研讨这种教学模式。应该说一半是我想做，一半是学校逼的（笑）。”

这时的贾老师开始进入“学校的关注与支持期”。在这个阶段，由于得到了学校领导的认可，教师会有一种受重视的成就感和责任感，会增强研究的动力。同时，学校的介入、帮助和支持可以使教师教学模式创新的信心增强。在这个时期，团队力量开始发挥重要作用。

5. 专业力量的推动与完善期

我：“你觉得我帮了你什么？”

贾老师：“我觉得你来了以后，学校教研氛围越来越好。你的讲座给我很多启发，你听完课后对我的课堂非常认可和鼓励，给我很大信心。特别是你领我们到外面其他学校参观他们的教学法，而且讲解他们的教学法形成过程，我很受启发，也学了一些他们教学法中好的东西。你还和研究生多次听我的课，帮我分析，学校这么支持，您这个大专家这么帮忙，我当然要利用了（笑）。”

我：“你写这个教学法总结材料顺利吗？”

贾老师：“说实话，我平时就怕写东西，可费大劲了。看了你帮我做的修改和补充，真是受益匪浅，有些我能感觉到却说不出来的东西你帮我说出来了，而且很自然地和建构主义、合作学习等教育理论结合起来了，我真的很佩服，博士就是不一样啊！”

我：“修改完善你的总结对你教学法的现实改进有影响吗?”

贾老师：“有，太有了，你和我研讨总结的过程中，我受到了很多启发。我现实中尝试后，发现你从理论出发提出的很多建议和思路很有实效，我觉得有了这篇清晰的教学法总结，我的教学法才真正成为一个体系。”

在这个时期，专家团队和学校教师密切合作，关注对教学模式的总结、提炼与升华，我们称这个时期为“专业力量的推动与完善期”。加强教学模式的理论性、系统性成为这个时期的主要工作，这个时期教学模式的研究已经从纯粹的实践探索转变为基于实践的理性总结，而总结后的理论又会对实践改进发挥重要的指导作用。

（二）教学模式个体创新的因素分析：贾老师的职业发展之路

由于与贾老师在教学模式创新过程中经常接触，关于她个人的成长经历我也了解了一些。我发现她能成为一位成功创新教学模式的教师并非偶然，她的个人职业成长史很具有代表性。

1. 儿时的家庭熏陶

贾老师的父亲是一名优秀的教师，他一直以做教师为荣。从父亲工作、生活以及与其学生的交往过程中，贾老师感觉到了教师职业的光荣与神圣。在谈到父亲的影响时，贾老师这样说。

“当一名老师是我从小的梦想，当老师也是我喜欢的工作，我从没想过别的工作。真的！因为我父亲一直都希望我们家三个孩子都能当老师。我从小就觉得我父亲特别优秀，他很投入地备课和批改作业，他总是很关心班上的孩子，他也获得了很多奖状。记得每年过节，他总是能收到很多漂亮的卡片，经常有毕业好多年的学生到家里来看望他。所以，我在很小的时候总喜欢去模仿他讲课，逼着两个哥哥当学生听我讲课，那种感觉挺好。高中毕业后，我非常坚决地报考了师范院校。”

我：“后来，你父亲对你有影响吗?”

贾老师："当然了，我在师范院校上学期间，父亲就嘱咐我好好学习各门课程，教我怎么练好基本功。工作后经常问我工作的情况，不断鼓励我。现在父亲已经退休了，在老家生活，但我还是会经常给他打电话汇报工作，我汇报取得的一些工作上的成绩以及教学方面的心得都能让他很高兴。"

2. Y 中学的从教经历

从师范院校毕业后，贾老师服从学校分配来到了 Y 中学，在这里她首先得到教研组长 Z 老师的帮助。

贾老师："刚参加工作，Z 老师就一步步地引导我去了解什么才是真正的课堂。我现在还记得上第一节课的时候，教研组长 Z 老师就去听我的课，听完以后，他没评价什么，只说：'我下午有课，你去听我的课吧。'然后我就去听了。听了以后才知道，原来课是这么上的。"

我："他是怎么上课的"？

贾老师："他是一位很有名气的老师，上课上得有条不紊，然后我就想，课应该这样上。他不会说我的课有什么问题，让我自己去感受，但他一看就知道我上得怎样。新教师和老教师的区别就是老教师知道自己的问题出在哪儿。不过，他说了一句话：'你很有潜力，一定会把课上得很好！'其实就是他这句话给了我信心。感觉就像他说的有潜力，就好好上，以后就不停地思考怎么样把我的课上好。"

当回忆起在这所她工作了 15 个春秋的学校时，贾老师露出深深的感激与留恋之情。

贾老师："我出来以后，那个学校让我最留恋的地方就是学校氛围：大家都会想自己的课，你就会想别人这么上，那我要怎样把自己的课上好呀？学校每次有老师参加赛课，大家都很齐心。参加比赛不是一个人的事，是全组的事，大家都会帮你想怎么上好课，哪个环节用什么方法。所以在那个氛围里面，我觉得自己很幸运也很感激。所以，现在我也经常打电话与他们联系。"

3. F 中学的从教经历

在 Y 中学工作 15 年之后，贾老师从一座小城市到了大城市，来到青大附中。在新的工作环境，她很快感觉到学校教研氛围和原来的学校有较大差异，教师来自五湖四海，单兵作战特点明显，教研氛围不浓。但她依然怀着对教学的热爱之情和很高的自我期许，不断尝试教学上的改变。我来到学校倡导教育科研，加强校本研修之后，她更加主动积极地进行课堂教学改革。也正是这样，我发现了她的努力和基础，也非常重视贾老师原生态的教学模式，因此组成了一个团队专门帮助她总结并完善其教学模式，不仅给予她物质上的奖励，还为她提供更好的专业发展平台。

贾老师对我和学校的支持心存感激。

贾老师：“我非常感谢青大附中学校领导，特别是您。您让我们学校的老师有了更多外出学习的机会。课堂教学中的‘合作’策略有些是到几个中学参观后学习的，我对合作的运用上在头脑中能够更清晰一些，虽然以前也在课堂上用‘合作’的方法，但是那个时候还不是很清晰。学习之后呢，我对这个‘合作’策略能够理解的更透彻，能把它和已有的教学法融到一起。另外您的理论讲座给我的教学实践做了很好的指导。您还多次专门听了我的课，找我谈话。真心感谢您的‘慧眼’，能够看出我是一个有些想法的人。您还不断让我去总结，让我把怎么上课的过程写出来。我在写的过程中不断反思，才让上课模式清晰化。写完后您又帮我看，告诉我问题在哪里，然后再让我改，就这样不断地让我反思改进。我的教学模式就是在这样一个环境之下总结成型的。

我研究了那么多年，从来没有想过把自己的教学模式总结出来，但是在您的帮助指导之下，这个教学模式才有了理论上的提升。”

（三）优秀教师创新教学模式的影响因素分析

根据对贾老师教学模式创新过程和成长经历的了解，其教学模式创新成功的因素可以分为内部（个人）和外部两方面。

1. 个人因素分析

（1）有自己的教育信念

我：“你为什么要进行课堂教学模式探索？”

贾老师：“理想的英语课堂应该是一个学生积极参与、体验快乐的地方，但在我工作前几年的英语教学实践中却达不到这种效果，课堂上效率也不高。因此，十几年来我都是围绕着如何提高课堂教学效率，来对学生自主学习、快乐体验这个核心目标进行不断尝试和改变的。”

从与贾老师日常交流中可以明显感觉到她的教学信念：要充分调动学生的积极性，课堂不仅要高效更要快乐，课堂应该是让人愉悦而非“死气沉沉”的。正是由于这种内在的动力促使她不断地学习、尝试、反思和改进自己的教学方式。她的整个探索过程都是围绕这个教学信念进行的。

（2）对教育教学的内在兴趣

我：“你喜欢教学吗?”

贾老师：“当一名老师是我从小的梦想，当老师也是我喜欢的工作，……我一看到孩子们就感觉很亲切，一走上讲台就觉得兴奋，平时的劳累和不愉快都会忘掉，看到孩子们的成长我由衷地高兴。”

在平时接触中能明显感到贾老师真心喜欢教师职业，喜欢教学，喜欢学生。这不是出于对工作负责的态度，也不是出于对最终教学成绩、教学结果的追求，而是出于对教育教学本身所产生的内在兴趣。

（3）良好的职业习惯

我：“你的这种教学模式借鉴了其他教师的做法吗?”

贾老师：“当然了，很多都是借鉴和学习别人的。譬如：……。很感谢学校组织我们出去参观学习，每到一个地方我觉得自己都能学到一些新东西。其实，包括我在校内听课时，也经常会学到同事的一些好的做法。”

我：“看到好的做法，你会马上尝试吗?”

贾老师：“一般都会马上尝试，尝试后有的觉得自己用着不顺手就不用了，有的（方法）可能要改进，有的（方法）在我的课堂上就固定下来了。”

我：“你经常反思你的课堂教学吗?”

贾老师：“经常。一般情况下，我上完课以后，都会对这节课的过程回顾一下，想想哪个环节做得好，哪个环节有问题，在下个班上课的时候就会改变。在教学法研究过程中，我还让学生把他们认为的课堂最精彩之处和感觉不舒服之处写下来。……可能是自己对教学非常感兴趣，我还喜欢把在课堂上出现的问题带回家去研究。”

我：“你平时愿意读一些教育理论书吗？”

贾老师：“还行，我读过一些，主要是关于教学法方面的。前些年关于英语教法的书籍非常少，最先弄透的是大学里发的那本教学法，再后来就在图书馆和书城买过一些教育类书籍。看完书，再去尝试。我觉得看书对自己的专业成长很重要。”

善于借鉴、勇于实践、勤于反思、自觉学习理论等良好职业习惯在贾老师身上的体现尤为明显。她经常能从其他教师的课堂上发现一些看似寻常的好做法，不断将其融进自己的课堂，并且花费很多精力琢磨自己的课堂，不断寻求变化和创新；她也经常会在假期里研读教学理论书籍，这使得她的教学模式研究能够借助理论得到指引和启发。在贾老师的教学模式创生过程中，反思、探究和学习是深层次的，这为她提供了切实的帮助和富有批判性的见解，为其教学模式创生提供源源不断的动力。

2. 外部因素分析

（1）课改大环境

自我国新一轮基础教育课程改革启动至今已有十多年，课程改革为学校、教师的改革创新营造了良好的环境，并逐渐由理念层次、制度层次下移到学校层次和课堂层次，这为贾老师的教学模式创生提供了丰富的资源和有力的外部支持。贾老师不仅从教育理论专著、专家讲座中不断受新课改理念的积极影响，而且通过外出参观、校本教研、优质课展示等活动深切感受到教育实践的变化，从而有更多机会产生改革的想法并进行创新的尝试。

（2）关键人物影响

影响贾老师教学模式创生的有三个关键人物：父亲、曾经的教研组长和我。

在贾老师的成长过程中，父亲为她树立了榜样，使她走上教师岗位，并始终是其教学研究的精神力量，这是她自觉探索教学模式的内在动力；曾经的教研组长让她感受到教学的艺术，并为其提供了无私的经验帮助，引领她走上教学研究之路，这是她教学模式创新的引路人；而我则给予她教学模式创生的信心，为她开阔了眼界、提供了理论支持和政策激励，也是其教学模式创新的关键人物。

（四）教师个体教学模式创新的一般过程分析

贾老师的教学模式探索过程具有一定代表性，她的成功是个人因素与外部因素相互作用的结果。从这个案例出发，我构建了教师个体教学模式创新的一般过程及其影响因素关系图见图 7-2。

首先，个体初步尝试期、有明确意识的探索期、个体探索的高原期、学校的关注与支持期、专业力量的推动与完善期这五个阶段基本反映了教师个体教学模式创新实践的一般规律，当然，有时会出现阶段的错位或某个阶段并不明显，如“个体探索的高原期”可能会出现在“学校的关注与支持期”之后，“学校的关注与支持期”和“专业力量的推动与完善期”可能没有明确界限。

其次，在这五个阶段中主要影响因素有所不同，教育改革大背景与各种专业活动是一种改革背景，会对各个阶段产生潜移默化的影响；教师的个人教学信念、教育教学内在兴趣与良好的职业习惯是教学模式创生的直接因素，但它们的作用主要表现在前三个阶段。而其他外在因素或人物，可以提炼为“四个引领”。

精神引领就是一种榜样，在贾老师这个案例中，父亲是一种“精神引领”，其实，著名教育家、特级教师甚至是曾教过自己的优秀教师都可以成为这种榜样。“精神引领”主要在个人初步尝试期起着重要作用。在初步尝试期和有明确意识的探索期阶段，“经验引领”有着重要影响，而“经验引领”不仅包括“曾经的教研组长”这样的人物，还包括其他学校的成功经验和其他教师的好的做法。在学校的关注与支持期中起主要作用的是一种“行政支持”，包括领导的认可、表扬、提供的宽松环境和制定的支持政策等，通过“行政支持”把教师的个人行为转化为学校的工作。“专业引领”不同于“行政引领”，引领的措施不是权力和行政指令，而是专业理论和专业技能，引领者往往是研究者和教育专家。

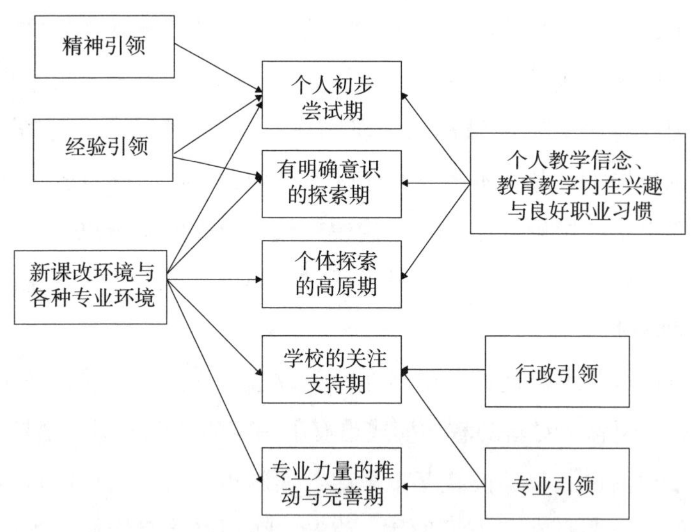

图 7-2 教学模式创新过程与影响因素关系图

二、对学校教学模式改革过程的分析

我在进行教师教学模式创新的同时，也在试图分析和挖掘学校教学模式改革的一般规律，对学校教学模式创新阶段及其成功因素进行了模式建构。

（一）学校教学模式创新的阶段划分

1. 产生改革愿景。在学校层面教学模式改革之前，学校领导班子早就有了进行教学改革的意愿，希望通过科研指导下的教学模式创新，达到优质、轻负的教育理想。而且学校领导班子也认识到学校改革的核心是课堂教学，只有课堂教学模式改变了，才能真正实现教学方式的转变，贯彻和落实新课改思想。

2. 形成共同信念。产生改革愿景只是有了改革意识，但要达到一个什么样的状态，则依赖于领导班子和全体教职工是否有一个共同信念，即应该追求怎样的教学。为此，我不断组织教师进行业务学习，坚决反对“加班加点、题海战术、片面追求升学率”的应试教育思想，明确素质教育的办学追求，树立“既要为学生当前负责，更要为学生一生奠基”的教育理念。共同信念的确立奠定了学校教学模式改革的基调。

3. 提出改革思路与策略。有了共同的信念，还要有教学模式改革的思路和策略。因为一线教师缺乏理论指导和创新能力，且整天忙于事务性工作，因而要让每个教师都像贾老师那样进行自主创新是不现实的。为此，在教育理论指导下，基于本校教师个体教学模式，同时融合其他学校先进经验，我提出了“竞争合作—主动愉悦”教学模式的基本思路，制定了改革的步骤与实施策略，并进行了民主研讨和集中宣讲。这是真正的教学模式改革启动阶段。

4. 强力执行与不断调控。虽然在学校教学模式推广之前，教师们都已经认可了教学理念，对新的教学模式也有了一定的认识，但当学校提出“竞争合作—主动愉悦”教学模式基本思路与实施策略后，改革的进程并不是一帆风顺的。主要存在三方面原因：首先，教师群体有惰性，不愿意改变自己长期以来形成的教学习惯，不愿意花费大量的精力去为变革做努力；其次，很多教师对于改革的结果比较担心，对新教学模式缺乏信心，害怕因为改革影响学生成绩；最后，虽然学校提出了一些原则、方法和建议，但由于存在不同学科、不同课型和不同教学内容，很多教师不知道如何把改革思路和策略落实到自己的课堂上。针对这种情况，我一方面采取了强力推行的政策，即允许暂时改不到位，但不允许不改革；另一方面，通过不断的跟踪听课、反思研讨、视频讲解、成绩分析、问卷调查、阶段总结等手段来反馈调整，保证改革踏实进行。

5. 教师主动创生阶段。就像在教学中教师为主导、学生是主体一样，学校教学模式改革要想获得成功，教师必须成为改革的主体。教师的理念认可是基础，教师的改革意识是关键，教师的实践反思是保证。在改革初期，学校是改革的发起者、引导者、监督者和调控者，而大部分教师则是观望者、被动执行者、机械使用者和尝试者，但随着改革的进行，有的教师开始主动地适应和创造，特别是一些优秀教师的教学模式创生开始进入自己的节奏中，教师开始真正成为教学模式创新的主体。这时，我适时开展了微型课题研究。教师不再是被动地适应和应付，而是开始在学校整体教学模式思路之下，根据自己的情况，进行再加工和新创造，教学模式出现多样化发展，各种课型、各个学科、各位教师开始形成不同于一般模式的新做法，许多行之有效的具体措施开始出现，课堂教学发生着质的改变。整个教学模式改革的过程就是教师主体性日益发挥的过程。在教学模式改革过程中能清晰地感受到教师们的变化，当教学模式改革一旦由“要我改”到“我要改”时，教师的研究潜质和创新能力才真正显现出来。这一阶段教师成为改革的主体。

6. 教学模式的去模式化。教学模式本质上就是一种模式，它是一系列教学方法与组织策略相对固定的组合。在改革初期，要求教师要按部就班，体现教学模式的每个环节和特征，但随着教师成为教学模式改革的主体之后，程序与策略变得不再重要，学校和教师们开始关注教学模式的实操性和实效性。课堂上的很多教学行为已经与原来的规划产生出一些差异，但又在本质上体现了教学模式的核心思想。当进入这个层次后，教学模式本身已不再重要，改革已从“走进模式”进入“走出模式”阶段。

（二）学校教学模式创新成功的因素分析

1. 外部大环境

新课程改革的社会背景是学校教学模式推广的外部大环境，它提供了新的教学理念，帮助学校领导班子和教师群体产生改革愿景和共同信念，此外，其他地方和学校的改革经验也对学校教学模式改革提供了可以借鉴的经验与模板。学校组织的业务学习、外出参观、专家讲座等方式都对教学模式改革的启动与执行起到重要的作用。

2. 校长支持

历史经验告诉我们，一所学校要想进行真正的课堂教学改革，一把手必须要全力支持。在整个教学模式改革过程中，虽然由我全程规划和实施，但一把手 W 校长的支持是至关重要的。记得在改革之初召集全体教师进行讨论时，面对部分教师的质疑、犹豫，W 校长明确表态：“老师们大胆改革，出来成绩是你们的，出现问题我来承担。”记得每一次我制定出课程改革计划、相关活动方案，W 校长都是亲自审查、帮助完善，并一直坚持听课督促改革；在全校大会上，W 校长也多次强调课改的意义，明确支持我的改革举措。正是W校长的充分信任、全力支持和全程参与才使得学校教学模式改革顺利进行，也正是由于W校长赋予改革者（我）宽松的环境和一定的权力才使得教学模式改革走到今天。

3. 专业引领

由于我本身是教育学博士，基础教育研究的学者，所以，“专业引领”贯穿于整个改革过程中。无论是改革之前的理念宣传、外出参观后的经验交流与讲解、对教师个体教学模式的总结提炼、对全校整体教学模式的构建，还是在改革过程中的跟踪指导、研讨反思、视频讲解、问卷调查、调整反馈，都有博士副校长、其他外聘专家甚至包括教育学研究生的专业指导和协助。如果没有专业引领，学校教学模式改革也很难取得成功。

4. 榜样的力量

在改革过程中，各个集中备课组的教师表现是不一样的，总有一部分教师能主动积极地参与，也有一部分教师被动应付甚至反对改革。在改革的最初阶段，是一批有思想、敬业的优秀教师起到了先锋队的作用，学校也充分发挥了他们的榜样作用，才能突破改革之初的艰难，使得教学模式改革得以大范围推进。他们是改革强力推进期的坚决执行者，也是教师主动创生阶段和走出模式化阶段的核心人物。

5. 优秀的学校文化

榜样的作用之所以能够发挥作用，还要依赖于优秀的学校文化。虽然学校建校时间不长，但通过学校文化建设、办学特色创建、学校课程规划、单元集体备课改革等一系列措施初步形成了敢于创新、勇于探索的学校文化：干部队伍和谐团结、一派正气，教师队伍踏实敬业、专业发展意识强，教研氛围浓厚。因此，当广大教师意识到教学模式的优势、看到改革的前景时，他们都成为了教学模式改革的主体，都用不同的方式向着同一个方向努力。

（三）学校教学模式创生的一般过程构建

基于学校的行动研究过程，我构建了学校教学模式创生的一般过程及其成功因素关系图见图7–3。

产生改革愿景、形成共同信念、提出思路与策略、强力执行与调控、教师主动创生、去模式化这六个阶段基本反映了学校教学模式创生的一般规律。但是，在这六个阶段中主要影响因素有所不同，课改大环境是一种改革背景，主要会对前三个阶段产生潜移默化的影响；校长支持是学校教学模式创生（推广）的重要条件，其作用主要表现在前四个阶段。榜样力量和学校文化则主要在后三个阶段起作用，但榜样力量的作用是显在的，而学校文化的作用却是潜在的。“专业引领”作用贯穿教学模式改革的始终，在前四个阶段发挥着策划、发动、执行、调控的作用，而在后两个阶段则主要表现为引导和帮助。前四个阶段学校是主体，体现着校长和专家的课程领导力，而后两个阶段则发挥出了教师的课程领导力，整个过程就是一个实施学校课程领导、创造变革的过程。

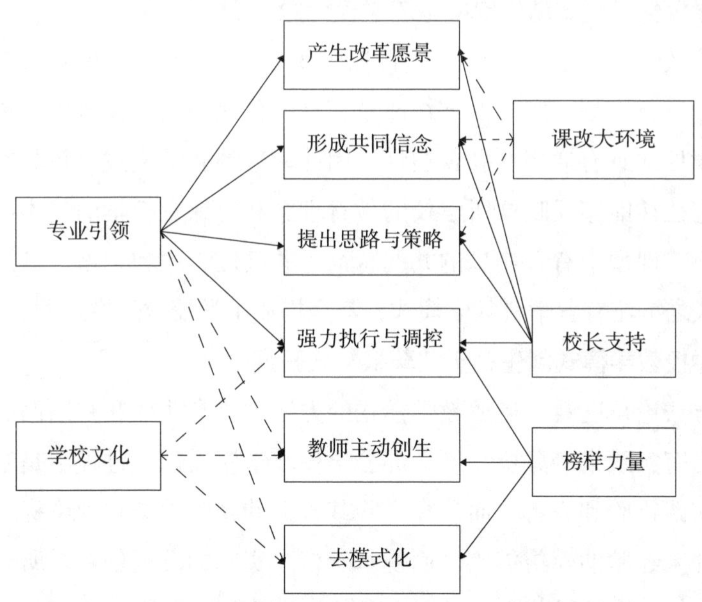

图 7-3　学校教学模式推广过程与影响因素

三、对学校教学模式创生的理性分析

跳出青大附中教学模式改革，结合近几年对其他学校教学模式改革的指导和个人思考，本部分从学校教学模式创生的内涵、层次与主体、误区与对策三个方面谈谈自己的认识。

（一）学校教学模式创生的内涵

教学模式是在一定的教学思想指导下建立的比较典型和比较稳定的教学程式，[①]是根据客观的教学规律和一定的教学指导思想而形成的整个教学过程中必须遵循的比较稳定的教学程序及其实施方法的策略体系。[②]学校教学模式指的是在一所学校全面推广的教学理念、程序与策略的系统组合。

“生成”指事物的发生与形成，具有过程性、开放性和发展性的意义。创生，即创造性生成的简称。学校教学模式创生是指根据学校状况，依据教育理论、外部与自身经验，通过长期实践研究，不断调整改革进程，逐步形成具有学校特色、较为成熟、具有一定创新性的教学模式的动态过程。其基本内涵包括以下三个方面。

1. 学校教学模式创生是典型的学校行为

学校教学模式创生不是针对个别教师或学科组的教学模式改革，是从学校层面进行谋划、实施的系统改革，是一种典型的学校行为。创生出的学校教学模式具有通用性和普适性。因此，这种教学模式一般具有高度概括性，它往往能够反映这所学校的教育理念和对课堂教学的基本要求，在不同学科、课型中有着典型的共同特征、关键性程序和策略。有的学校在学校模式之下还有各学科教学模式，甚至构成了学校教学模式群。[③]

2. 学校教学模式创生属于“草根”式研究

从方法论角度看，形成教学模式的方法主要有演绎和归纳两类基本方法。从已有实践案例分析，绝大部分学校教学模式创生过程不是基于理论推演的实践检验和完善，而是在实践基础上的经验总结和理论提升，不是简单的外来经验的模仿借鉴，而是基于校本实际的发展创新。所以，学校教学模式创生的过程虽然离不开理论指导，但主要表现为归纳的研究方法，

① 于深德、朱学思：《探索新的教学模式》，《山东教育科研》1989 年第 4 期。

② 柳海民：《试论教学模式》，《中国教育学刊》1988 年第 5 期。

③ 马勇军：《竞争合作主动愉悦教学模式的探索》，《课程·教材·教法》2014 年第 3 期。

是伴随我国课程改革的深入逐渐升温的一种“草根”式研究。按照创生过程特点，可以将学校教学模式创生分为两种典型类型（有的学校教学模式创生介于两者之间），第一种是内发型教学模式创生，即学校在对校内优秀教师或先进学科组长期以来形成的教学模式进行总结提炼的基础上完善推广而成的；第二种是外鉴型教学模式创生，是在借鉴学习其他学校教学模式基础上改造完善发展起来的。无论哪种方式，创生过程都不是一蹴而就的，都需要创造性地设计和变通，都需要理论与实践对话，都需要外来经验与本校实际相结合，都要体现出预设与生成结合的特点。

3. 学校教学模式创生重视成效

学校教学模式创生要有成功的结果，即形成了具有学校特色的、相对成熟的教学模式。其特色与成熟主要表现在三个方面：一是在理论总结方面，对教学模式的理论基础、教学目标、教学程序、教学策略等已经有较为成熟的文字总结，且教学模式名称与内容有一定独特性和新颖性，以区别于其他学校教学模式；二是在课堂实践方面，教学模式所倡导的精神已经渗透到学校课堂，常态课堂上教师的教与学都能够体现模式的基本要求、关键性步子和典型策略；三是创生成果方面，通过较长时间的改革，课堂教学质量、教师专业水平、教学成绩、学生发展等方面均取得显著进步，并在一定范围内产生了积极影响。

（二）学校教学模式创生的层次

学校教学模式创生是一个长期的实践探索过程，在这个过程中，校长、教师、学生、专家等多主体参与互动且分别在不同阶段充当核心人物，也使得学校教学模式创生表现为不同的层次特征。

1. 学校教学模式创生的层次分析

基于已有成功案例和实践探索经验，我把学校教学模式创生过程划分为以下五个层次。

（1）理念层次的教学模式创生

学校教学模式创生之前，需要充分的舆论和思想准备。学校往往有意识地借助媒体报道、专业期刊、专家讲座（以上是外鉴型教学模式创生的来源）或本校优秀教师的经验介绍、课例展示（这是内发型学校教学模式创生的来源）等方式，主动传播某种新教学模式（往往成为学校教学模式的原型）的理念、特征及其效果。由不同渠道传播的教学模式有不同特点：媒体报道的教学模式往往关注改革效果，重点描述模式中的亮点、新奇点，追求“轰动效应”；专业期刊中的教学模式则更关注用“还原论”的思维方式对教学模式的环节与策略等进行抽象和概括，追求总结的学术性和模式本身的普适性；专家讲座和学校经验介绍则分别从研究者和实践者身份，从旁观者和亲历者视角来介绍教学模式，前者特点接近专业期刊，且会更细致并聚焦在某一方面，后者特点类似于媒体报道，不过在过程和案例介绍方面会更准确和鲜活。但是不管新教学模式来源于何种渠道，都是先于学校改革实践的，是以一种理念或理想的方式外在于学校和广大教师。这一阶段可以称之为理念层次的学校教学模式创生。

理念层次的学校教学模式创生阶段，新教学模式在校长和教师头脑中仅仅是一个概念或符号。在这一时期，学校尚无具体的改革措施，主要活动为接触外部信息、更新教学理念、评价新的模式、探寻创生可能。课堂上也并没有发生什么变化，该阶段的核心人物是外在教学模式的传播者——学者和外部专家。

当王国利校长给我提出创新学校教学模式任务时，改革方向是明确的，那就是更好调动学生兴趣，充分发挥学生主体作用，倡导自主合作探究学习方式。但具体怎么做却没有想法，所以，这一时期的青大附中基本处于理念层次的教学模式改革阶段。

（2）校长层次的教学模式创生

在不断的学习、交流和思考中，学校教学模式创生的领导者（一般是校长或主管教学的副校长）会逐渐对未来的教学模式形成明确预期，在舆论和思想宣传之后，开始制定改革目标、设计改革方案，包括提出新教学模式的程序、组织策略、评价方式等具体要求，进而启动创生过程。但在任何一所学校，无论是内发型还是外鉴型教学模式，其创生的最初阶段都特别艰难。因为学校教学模式改变的不仅是广大教师的教育观念，还有他们多年形成的课堂教学思维与行为习惯，这是一个艰巨的任务。所以，改革初期往往存在部分教师消极怠工的情况：校长听课时用新模式，没人检查时就不做改变，甚至校长听课时也只是被动应付。这时，学校必须要借助行政权力强力推行，而且要通过持之以恒的督导、检查、反馈、评价，才能真正启动学校教学模式创生。

强力推行、艰难执行是这一时期学校教学模式创生的主要特征。新倡导的教学模式仅在学校领导层头脑中具备了形象化的图式，但在大部分教师头脑中还是概念和口号，他们对新教学模式还存在疑惑和怀疑，或者由于惯性和惰性不愿意变革。因此，这一时期可以称为校长层次的学校教学模式创生，该阶段的核心人物主要是以校长为首的学校领导层。

青大附中教学模式改革的前三个学期基本属于这一阶段。我心里清楚课堂教学模式应该是怎样的，但老师们并不清楚怎么做，而且很多教师不愿意去改变课堂教学行为。所以，我要不断呼吁和讲解，不断尝试找到范例，想着法地、坚定不移地推动，这是教学模式改革最艰难的一个阶段。

（3）教师层次的教学模式创生

在学校强力持续推行下，教师逐渐开始了课堂教学改革。成功的学校教学模式创生往往依次经历忠实执行、相互适应和个性创新三个阶段。最初，迫于行政命令和改革压力，很多教师选择了忠实执行的改革策略，即不折不扣地贯彻新教学模式的要求，如每节课都要体现每个教学程序，甚至使用固定的课堂语言和组织策略，严格控制讲课时间，等等。随后，当教师逐渐发现学校方案中不合适自己课堂的要求，或者是改革指令并不明确时，他们就会进行适应性调整，如根据目标、内容、学情改变组织方式和调整教学程序等，随后进入相互适应状态。经过一段时间的尝试，当教师最终准确把握了新教学模式的内涵，体会到学校教学模式创生的实质，并初步感受到教学模式创生的成效时，他们开始了更为大胆的、主动的、个性化的创新。

教师开始成为学校教学模式创生的真正主体后，学校教学模式创生进入教师层次。教学模式创生的学校要求逐渐转化为教师的内部需求；教师的改革态度逐渐由“逼我改”“要我改”转变为“我要改”“我来改”。学校教学模式创生的推进不再那么艰难，课堂上机械的、程序化的操作越来越少，灵活、个性化但仍能体现教学模式本质的行为日益增多。

三个学期之后，青大附中教学模式改革基本进入这个阶段，我不再需要通过持续不断的听课反馈来督促推动老师们的课堂改变，而是很欣慰地看到老师们的主动创新，看到教学模式的真正落地。也正是在这个阶段，为提升教师们的主动性和创造性，我适时启动了微型课题研究计划。

（4）学生层次的学校教学模式创生

随着教学模式改革的深入，教师对教学组织策略日益熟悉，且在实践中不断进行调整和创新，课堂教学开始持续地变化并逐渐稳定下来，学生主体地位和学习兴趣开始被真正调动起来，对自主、探究、合作的新课堂学习方式逐渐习惯，学习能力得到充分锻炼。学生逐渐从面对课堂变革的无所适从、被动适应转变为主动适应和享受变革状态。这时，学校教学模式所追求的课堂效果开始显现，而且学生进入课堂改革状态后，可以在互动中帮助教师更好地调整和改进教学策略，教学模式创生进入良性循环状态。

如果说教师层次的学校教学模式创生最显著标志是教师教的程序和策略的改变，那么，学生层次的学校教学模式创生最显著标志就是学生学习方式的改变和稳定化。判断学校教学模式成熟的标志，并不是看教师执行教学模式程序、策略的熟练程度，而是要看学生在这种课堂教学模式中的各种能力和习惯是否形成(如自主学习、交流讨论、小组合作等)。应该说，当学生成为学校教学模式创生的核心人物时，学校教学模式才开始真正的“创生”。

这个阶段是伴随着教师层次的教学模式创生自然而来的，有经验的教师会越来越多地把注意力放在学生课堂行为上，会用更明确的指令、更科学的要求、更有引导性的规则来规范和指导学生课堂学习行为，使得学生都清楚在每一个教学环节自己应该做什么，课堂上师生互动更为和谐有效。甚至有的老师试图模仿我总结的教学模式口诀给学生编课堂学习口诀。

（5）专家层次的学校教学模式创生

为了诊断学校教学模式创生中的问题，完善教学模式，总结成功经验，或进行课题、奖项申报和学校宣传，学校往往会专门邀请有关专家参与学校教学模式创生。如有的学校会邀请专家听课会诊，有的会邀请专家帮助组织材料，有的学校还为此召开专门研讨会。通过教学专家的诊断、评估、总结和理论讲解，学校教学模式的概括性和操作性等都会有所提升。专家一方面会略去教学活动中的次要因素，一针见血地反映模式的操作框架及其理论核心，并用更概括和简洁的语言、图表来表达教学模式。另一方面又对教学操作程序进一步明确界定，以避免教学模式落入空洞。

这一时期，校外理论专家往往成为学校教学模式创生的核心人物，能否对教学模式准确诊断、科学命名、高位提升主要取决于专家对于学校教学模式的把握和自身教育研究水平。专家层次的学校教学模式创生已不再是一个简单的归纳过程，它一方面依赖专家的理论素养更好地提升实践经验，一方面用理论推演促使实践过程更加完整和科学。这个理论与实践互动的过程，是归纳法和演绎法交错使用的过程。

这个层次就是我来总结提炼“竞争合作—主动愉悦”教学模式的过程。这与一般学校的这个层次不同，我全程领导了青大附中教学模式改革，因此总结提升过程是水到渠成的。但若专家没有全程参与，那就需要专家与校方的深入互动、需要理论演绎与实践总结的多次碰撞，这是我在指导其他学校总结教学模式的感受。

根据我在青大附中教学模式改革经历和指导多所中小学教学模式的经验，以上五个层次基本反映了学校教学模式创生的一般过程，只不过在各所学校每个层次经历的时间、方式及其转换特征有差异。如有的学校强力推进阶段特别长，有的学校专家参与得比较早，有的学校校长领导作用特别突出，有的学校优秀教师带动作用特别显著，等等。

（三）学校教学模式创生中的多主体分析

1. 校长领导力是学校教学模式创生的首要因素

学校教学模式创生从一开始就是一种学校行为，因此，首先发挥作用的是校长。无论是发现学校中已有优秀教学模式，还是学习借鉴外来成功经验，校长都需要充分发挥其领导力。这种领导力首先表现在校长要有先进的教育理念、教育改革精神和一定的理论修养。当选择借鉴外来经验时，他不仅要善于捕捉有价值的信息，判断外来经验的真伪优劣，更要善于审时度势，分析外来经验在本校的适切性。在挖掘本校教学模式改革经验时，他不仅要有教学改革的敏锐嗅觉，更要有慧眼识人才的伯乐情怀，善于从身边寻找典型。

在教学模式改革的启动阶段，在教学模式改革结果未知、很多教师顾虑重重的时候，当学校教学模式创生受阻时，校长要有专业自信心和勇于担当的气魄，要有坚定的信心和顽强的意志力。在领导学校教学模式创生时，校长不仅要凭借行政权力强力推行，还要依靠个人信念感染教师；不仅能够制定出切实可行的改革方案，更要能够不断落实、监控、反馈和调整改革方案；不仅要能够宣讲（或组织宣讲）教学模式的特点、价值，还要能用合适的方式（如展示课、研讨交流活动）让全体教师真切感受这种模式。从这个意义上，没有一个好校长，就不可能有成功的学校教学模式创生。

2. 教师创造力是学校教学模式创生的核心要素

无论是内发型教学模式还是外鉴型学校教学模式的创生，都需要发挥教师，特别是优秀教师的创造力。

内发型教学模式的创生就是来源于本校优秀教师的教学经验。他们往往长期地、自发地进行课堂教学的改革，尝试构建个性化的课堂教学模式。当其模式取得显著成效并被学校关注和推广时，其教学模式就成为学校教学模式的原型。也正因为本校优秀教师的人品、能力、教学成效都为大家所了解，所以，内发型教学模式创生往往比外鉴型教学模式创生更顺利。

外鉴型教学模式创生初期阻力较大，有经验的校长会特别关注并善于发现那些有意愿改革的优秀教师，这些教师会用自己的实际行动表达其对教学模式改革的信心，他们会带动观望者投身到教学模式改革中去，他们也会用改革效果生动阐释教学模式的价值。通过他们的身体力行，理念上的教学模式逐渐显性化、可视化。更为可贵的是，这些改革的先锋教师绝不会仅停留在忠实执行和相互适应的阶段，他们能够较快进入个性创生阶段。

3. 学生、家长都是学校教学模式创生中不容忽视的群体

学生不仅是学校教学模式创生的目标人群，也是教学模式创生过程中的主要参与者。在学校教学模式创生过程中，学生甚至家长的支持和理解非常重要。在教学模式改革前期不仅要转变教师理念，还要让学生甚至家长对教学模式特点、改革目标、要求有一定的理解，争取他们的支持。为此，有的学校曾在改革之初专门召开家长会进行宣传，有的学校会专门对学生课堂学习行为进行培训。

教学模式是为教师提供的教学“范型”。这种“范型”，它一方面必须研究教师教的过程、技巧、策略，为教师提供可操作的教学行动步骤；另一方面，它又必须研究学生心理活动的特点，学习活动的规律。① 因此，科学的教学模式必然是符合学生身心发展特点的，并且学生能够很快地适应它。如果一个教学模式在学生层次遇到问题，大多是因为模式本身有问题。当前成功的教学模式改革都体现了尊重学生主体地位、焕发学生生命活力、倡导学生自主合作探究等特征。所以，只有学生在课堂中不再是知识的被动学习者，不再只是课程的外在接受者，而是成为课程的组织者、课程资源的创造者、课程的二次开发者，课堂才真正变为学生的课堂，教学模式创生的目标才能实现。所以，优秀教学模式创生过程是能激发出学生的能动性、创造性和个性。成功的学校教学模式创生的最终结果一定是学生主体性的解放。

4. 理论专家是学校教学模式创生过程中不可或缺的人物

学校教学模式创生过程就是理论与实践对话的过程。该过程一方面把抽象的教育理论形象化于课堂，用具体的课堂程序、策略阐释教育理论，使得教育理论可视化。另一方面，又把琐碎、复杂的课堂进行“还原化”

① 姚云：《谈教学模式的研究趋势》，《课程·教材·教法》1995 年第 10 期。

和“典型化”处理，用概括、简练的语言总结其所表现的教育思想和理念，把课堂教学实践提升到理论层面。在这个过程中，仅仅依靠学校和教师的力量很难完成理论与实践的多次跨越，所以，学校迫切需要教育专家的帮助，而课程与教学专家就是此时刻的最佳人选。

现实中，课程与教学专家在不同学校的教学模式创生中出现的时机不同，发挥的作用也各不相同。有的专家可以通过讲座、著述、交流等方式给学校教学模式创生带来信息和启迪，成为教学模式创生的导火索；有的专家能在教学模式创生初期进行评估、指导甚至参与创生方案的设计；有的专家能在教学模式创生中期对课堂教学进行问题诊断、针对性指导和校本化改造；还有的专家能在创生后期进行模式再提炼和理论提升。但不管哪种形式，课程与教学专家都在学校教学模式创生过程中发挥了重要作用。多所学校的实践证明，优秀的课程与教学专家不仅可以借助文字符号打造出学校的教学特色品牌，还可以为学校教学模式创生指出改进和发展方向，把学校教学模式创生引向深入。

（四）学校教学模式创生的误区与对策

各地学校教学模式创生的热潮反映了课程改革的真正落地，体现了基层学校的课程领导力和教师创造力，这对于基础教育当然是一种好现象。但是，在创生实践中也存在着一些问题，我们需要在对这些误区深刻分析的基础上，思考促进学校教学模式创生良性发展的策略。

1. 学校教学模式创生的误区

（1）盲目跟风，刻意制造

目前很多学校甚至教育管理部门盲目跟风，一窝蜂地进行学校教学模式创生。一所学校教学模式成名之后，多少学校跟风效仿，造成东施效颦、不伦不类的创生过程；即使是内发型教学模式创生的学校，也往往因忽视了学科间差异、忽略了教师个性来采取简单粗暴的推广进而创生失败。我认为盲目与刻意大可不必。首先，课堂教学具有普遍性规律，没有必要也不可能一个学校提出一种教学模式；其次，成功教学模式往往是历史必然性和现实偶然性的结合，是自然产生的，如果为了刻意制造学校教学模式而大动干戈就太过劳民伤财。

（2）“模式”僵化，尺度失衡

长期以来，有一部分学者质疑教学模式存在的价值，认为模式化了的教学程序不但不是接受教学新理念的武器，反而是制约教师创造力的工具。① 这种说法不无道理，因为在实践中确实有很多学校对教学模式规定过细，如一节课必须要提多少问题，必须要进行几次讨论，讲授时间不能超过多少分钟，等等。这些规定就像一道道枷锁，困住了教师手脚，使得教学实践机械化乃至僵化。但同时，也有学校提出的教学模式仅仅是一种教学理念，缺乏具体的程序和操作策略，不便于教师操作而使得教学模式概念化、理念化、泛化。因此，把握好“教学模式”的收放尺度非常重要，既要发挥教学模式实践操作性强、便于模仿和借鉴的特点，又不能死板僵化地套用教学模式。对于一个学校教学模式来说，既应该有面对全校各年级学科的核心理念、关键性步子和典型策略，更要允许在教学环节、组织方式等方面有弹性和变式，以更好地适应不同学科、年级、课型、内容和不同个性的教师。

（3）标新立异、人为添乱

学校教学模式创生是一个在实践中自然而然形成学校特色教学模式的过程，但很多学校为了使教学模式打上学校的烙印，却人为地标新立异。一方面，他们会在教学模式创生过程中把“创新”放在第一位，要么东学西仿，搞成时髦教学模式大拼盘；要么对已有教学模式的某个环节或策略刻意改造，甚至是为了创新而违背教学规律；另一方面，他们会在模式名称和文字总结中下功夫，用新的词汇或者新的视角重新包装已有的模式。这样，看似五花八门、丰富多彩的学校教学模式实则大同小异，人为造成了教学模式领域的混乱。

（4）急功近利、虚假“创生”

学校教学模式创生要经历理论与实践的多次互动，经历忠实执行、相

① 杨开城、张晓英：《教学模式到底是什么》，《中国电化教育》2008 年第 4 期。

互适应和个性创生多个阶段，因此要循序渐进。从成功案例可以发现，学校教学模式创生往往要从转变理念逐渐落实到改变课堂行为，要从个别学科、年级试点开始逐渐向全校铺开，要从优秀教师改革示范开始逐渐带动全体教师。但实践中，很多学校为了早出成果、快出特色，教学模式创生过程呈现出短平快的特点。这样的过程严重违背学校教学模式创生规律，没有扎实的理论基础和实践探索，创生成果势必是人为“打造”和“炒作”出来的，急功近利只能带来虚假的“创生”。

2. 促进学校教学模式创生良性发展的对策

（1）正确把握创生本质，始终关注学生发展

学校教学模式创生的本质是教育理论与教育实践的反复互动，外部经验与学校实际的深度融合，充分发挥学校课程与教学领导力，借鉴、改造、创新和发展教学模式的行动研究过程。学校教学模式创生的根本目标不是为了创学校特色，出名师名课，更不是校长、局长的政绩，而是为了解决课堂教学存在的问题，提高课堂教学效益，促进学生发展。判断学校教学模式创生是否成功的唯一标准是学生的全面发展、个性发展和可持续发展。因此，学校教学模式创生一定要遵循教育规律和学生身心发展特点，始终关注课堂、关注学生。学校要从校情出发，以实事求是、科学谨慎的态度持续、主动、创造性地进行变革。

（2）促进校长专业化发展，保障创生方向和质量

随着教育的发展，校长的多重角色被日益关注，校长专业化也已经成为一个重要研究领域。在 2013 年 2 月，我国教育部颁布的《义务教育学校校长专业标准》中，明确提出校长要履行“规划学校发展、营造育人文化、领导课程教学、引领教师成长、优化内部管理、调适外部环境”的六项专业职责 60 条专业要求。由于学校教学模式创生是一种学校行为，校长兼具领导者、策划者和落实者的多重角色，所以，从一定意义上，校长的专业化发展水平，特别是其课程与教学领导力决定了一所学校教学模式创生的方向和质量。只有提高校长队伍整体专业水平，发展校长课程与教学领导力，才能从根本上促进学校教学模式创生的良性发展。

（3）尊重教师主体地位，理性对待教学模式

首先，学校教学模式本身解决不了所有的课堂教学问题，但是可以借助模式研究促进课堂教学质量提高。教师的综合素养和专业水平才是决定教学效果的最重要因素，所以，促进教师专业发展比创生教学模式更为重要。其次，教师是教学模式的创造主体，在学校教学模式创生过程中，要多听取教师意见，强力推行不等于简单粗暴，谨防校长一言堂。最后，要充分尊重教师的已有经验、个性和创造力，理性对待教学模式的概括性与操作性、相对性与绝对性、稳定性与灵活性之间的关系，在教学模式操作细节方面不必死板划一。一般来说，学校教学模式创生初期需要比较细致的、具体的要求，但一定要让教师知道，这些教学程序和策略仅供参考，面对不同的教学内容、学科特点、不同的学情和教师的个性，教师可以适应改造和创新。理想的学校教学模式创生应该是一个先引导教师“走进”模式，再带领教师“走出”模式的过程。

（4）充分发挥专家作用，提升理论研究水平

大多学校教学模式创生都会有专家的参与，专家大多会在总结经验、理论提升时期发挥核心作用。但我认为，这样的方式并没有充分发挥专家作用。首先，专家不能只去看材料，帮助润色文本，而是要走进常态课堂，直接接触和研究课堂教学模式。专家的真正价值不在于做“高级枪手”，而在于专家的“慧眼”和“慧心”。其次，专家要把专业引领贯穿于学校日常工作中，参与创生全过程，在各个环节发挥理论的指导作用。最后，面对实践层面丰富多彩的学校教学模式，专家们还要加强教学模式的理论研究。十几年之前，有的专家学者就呼吁开展教学模式的元研究，因为教学模式研究在方法论上具有理论与实践的双重创造性。[①] 但时至今日，对教学模式的理论研究、元研究与丰富的学科教学模式实践研究相比依旧显得单薄，在理论和话语体系方面，几乎没有什么突破。课程与教学专家应该抓住当

① 郝志军、徐继存：《教学模式研究 20 年：历程、问题与方向》，《教育理论与实践》2003 年第 12 期。

前学校教学模式创生的改革热潮，面对丰富的课堂教学模式改革实践、面对具体的人和课堂，运用适切、精致的方法搜寻材料，在理性分析基础上阐释实然，在实然材料基础上形成新理论，让学校教学模式创生研究指导和推动学校教学模式创生实践，让学校教学模式创生研究成为中国课程与教学论本土化进程中新的增长点。

第八章

实践使命：一名课程与教学论研究者的反思

五年的副校长经历给我的教育研究理念带来很大影响，我从中不仅对课程领导有了新的认识，对基础教育实践有了深刻的理解，更对教育研究范式有了深刻理解，对课程与教学论领域研究范式进行了深刻反思，对一名课程与教学论学者的角色有了新的认识，本章内容就是在课程领导校本行动研究之后的感受。

第一节　我们在怎样做研究：对三种教育研究范式的体悟

一、教育研究范式及其分类

长期以来，国内教育研究领域对教育研究范式有不同的声音。近几年华东师范大学每年召开教育实证研究大会，掀起了国内实证研究的热潮，也再次引发了对教育研究范式的研讨。我在读博之前并没有研究范式的概念，但在读博期间对思辨研究和实证研究有了比较清晰的认识，到青大附中兼职后，又对行动研究有很多体会。基于以上经历，我专门查阅了教育研究范式的相关研究成果，就三种典型教育研究范式谈谈个人的观点。

（一）范式与教育研究范式

“范式”这一概念最初由托马斯·库恩（Thomas Samuel Kuhn）于 1968 年提出，是支撑其科学论的关键概念。在库恩看来，所谓“范式”，是指科学共同体的共有信念，这种共有信念建立在某种公认的并成为传统的重大科学的基础上，为共同体成员提供一种把握研究对象的概念框架，一套理论和方法信条，一个可供仿效的解题范例，它规定并表征了一定时期内某一科学的发展方向和研究途径。① 我国学者陈向明教授根据库恩的定义，进一步指出："范式是从事某一科学的科学家群体所共同遵从的世界观和行为方式，代表该共同体成员所共有的东西。范式可以被认为是一种'学科基质'（disciplinary matrix），包括四个方面的内容：（1）特定的符号概括，如 X、Y、Z；（2）共同承诺的信念，如热是物体构成部分的动能；（3）共有的价值，如预言应该是精确的，定量预言比定性预言更受欢迎；（4）范例，即对问题的具体解答，如自由落体运动。'范式'的基本原则可以在本体论、认识论和方法论三个层面表现出来，分别回答的是事物存在的真实性问题、知者与被知者之间的关系问题以及研究方法的理论体系问题。这些理论和原则对特定的科学家共同体起规范的作用，协调他们对世界的看法以及他们的行为方式。" ②

在教育研究中，也有着一些共有的价值追求、理论和方法信条、话语体系被教育研究者所共同认可、信奉、遵守和传承，便形成了教育研究范式。教育研究范式和具体教育研究方法不同。教育研究方法通常指的是在某一研究中所采用的程序、途径、手段和工具等，而教育研究范式则是上位于教育研究方法的一个概念。有学者提出其三个特点：一是具有相对独特的研究理念；二是有一套较为成熟的操作程序；三是不能独立使用，必须以各种具体研究方法的使用为前提③。综合来看，教育研究范式至少包括三方面内涵：一是研究者的研究视角、研究目标和研究信念，这决定了其对

① 王兆璟：《我国教育研究中的四种范式及其批判》，《兰州大学学报（社会科学版）》2002 年第 5 期，第 158—163 页。

② 陈向明：《质的研究方法与社会科学研究》，教育科学出版社 2000 年版，第 378 页。

③ 董树梅：《行动研究是研究方法吗——基于方法论视角的思考》，《教育理论与实践》2014 年第 1 期，第 9—13 页。

研究问题和基本路径的选择；二是研究者在解决问题时思维方式、习惯和规范，这决定了其研究方法的选择与应用；三是研究者对研究结论的解释和使用的倾向，这也在一定意义上显现了研究者对“研究”的理解。

（二）教育研究范式分类

库恩认为“范式”代表了学科的科学结构，积累到一定程度会进行“革命”，然后在新的范式下达到新的平衡。教育研究的范式也是随着人们认识的深入不断演化的。教育研究有哪些研究范式？学术界对此观点并不统一。在中国知网以“教育研究范式”为“关键词”检索条件，以“核心期刊”为检索范围，共检索到52篇相关文献，其中最早的是沈剑平和瞿葆奎（1990）发表的《教育研究范式简论》①。发现样本文献中对教育研究范式有11种划分之多（如表8–1所示）。

表8–1 研究范式分类统计表

序号	范式分类	文章数量
1	实证研究范式、思辨研究范式	12
2	解释/阐释/理解研究范式、实证主义范式	9
3	定性（质性）研究范式、定量（量化）研究范式	8
4	科学主义范式、人文主义范式	7
5	思辨研究范式、定性研究范式、定量研究范式	6
6	定性研究范式、定量研究范式、混合研究范式	3
7	实证范式、阐释范式、混合研究范式	2
8	行动研究范式、常规/传统研究范式	2
9	思辨范式、批判范式、行动范式、实证范式	1
10	思辨范式、实证范式、行动范式	1
11	哲学思辨研究范式、科学实证研究范式、人文主义研究范式	1

将其进一步分类，发现主要有三种情况：即两分法、三分法和行动研究单列式。其中持两分法的学者较多，但具体的划分并不相同，如我国学

① 沈剑平、瞿葆奎：《教育研究范式简论》，《华东师范大学学报（教育科学版）》1990年第1期，第55—60页。

者袁振国(2017)[1]，姚计海(2017)[2]，陆根书(2016)[3]等人把教育研究范式分为实证与思辨两大研究范式；朱志勇（2005）[4]，孙冬梅、黄坤（2009）[5]，程岭、王嘉毅（2013）[6]等学者提出实证主义范式和阐释/理解/解释研究范式；毛亚庆(2001)[7]，王红彬、黄忠侨(2003)[8]，蒋凯(2004)[9]等学者将教育研究范式分为科学与人文两种研究范式；王枬（2000）[10]，冯天荃(2008)[11]，靖东阁、谢德新(2014)[12]把教育研究分成定性和定量两种研究范式。

三分法中，要么是把定性和定量研究与思辨研究并列，如高耀明、范

---

① 袁振国：《实证研究是教育学走向科学的必要途径》，《华东师范大学学报（教育科学版）》2017 年第 3 期，第 4—17 页。

② 姚计海：《教育实证研究方法的范式问题与反思》，《华东师范大学学报（教育科学版）》2017 年第 3 期，第 64—71、169—170 页。

③ 陆根书、刘萍、陈晨：《中外教育研究方法比较——基于国内外九种教育研究期刊的实证分析》，《高等教育研究》2016 年第 10 期，第 55—65 页。

④ 朱志勇：《教育研究方法论范式与方法的反思》，《教育研究与实验》2005 年第 1 期，第 7—12 页。

⑤ 孙冬梅、黄坤：《教育研究范式及方法的变革与融合》，《中国高教研究》2009 年第 2 期，第 30—32 页。

⑥ 程岭、王嘉毅：《教育研究方法的内在逻辑》，《教育研究》2013 年第 12 期，第 18—24 页。

⑦ 毛亚庆：《从两个教育家的论争看教育研究的两大范式》，《清华大学教育研究》2001 年第 1 期，第 30—37 页。

⑧ 王红彬、黄忠侨：《从皮亚杰到罗杰斯——由比较看两位心理学家的教育研究范式》，《外国中小学教育》2003 年第 11 期，第 21—23 页。

⑨ 蒋凯、郑园：《涵养科学精神——教育研究方法论的省思》，《北京大学学报（哲学社会科学版）》2004 年第 1 期，第 63—70 页。

⑩ 王枬：《20 世纪教育研究范式的类型分析》，《教育科学》2000 年第 1 期，第 28—31 页。

⑪ 冯天荃：《量化研究与质化研究：社会科学领域两种对立的研究范式》，《南京师大学报（社会科学版）》2008 年第 4 期，第 92—96 页。

⑫ 靖东阁、谢德新：《从量化到质性教育均衡发展研究范式的转向》，《当代教育科学》2014 年第 11 期，第 12—15 页。

围(2010)[①]，姚计海、王喜雪(2013)[②]，楚江亭、李廷洲(2014)[③] 等人。要么直接将教育研究范式分为定量、质性、混合三种，如田虎伟（2006）[④]，唐涌（2015）[⑤]，陈明选、俞文韬（2016）[⑥] 等人。

对于行动研究，郑日昌、崔丽霞(2001)[⑦]，程岭、王嘉毅(2013)[⑧] 等学者认为它更多的是一种研究方法，但马勇军（2011）[⑨]、王洪才（2013）[⑩] 等学者倾向于认为行动研究不是一种单独使用的研究方法，不能与观察、调查、实验等具体研究方法相并列、相混淆，应归属于教育研究范式层面。李小云（2008）[⑪] 也把行动研究作为与常规或传统研究相对应的研究范式进行单列。

---

① 高耀明、范围：《中国高等教育研究方法：1979—2008——基于 CNKI 中国引文数据库（新）“高等教育专题”高被引论文的内容分析》，《大学教育科学》2010 年第 3 期，第 18—25 页。

② 姚计海、王喜雪：《近十年来我国教育研究方法的分析与反思》，《教育研究》2013 年第 3 期，第 20—24 页。

③ 楚江亭、李廷洲：《范式重构：教育学研究取得进步的必然选择》，《北京师范大学学报（社会科学版）》2014 年第 5 期，第 25—34 页。

④ 田虎伟：《混合方法研究：美国教育研究中的新范式》，《高等教育研究》2006 年第 11 期，第 74—78 页。

⑤ 唐涌：《混合方法研究——美国教育研究方法论的新取向》，《外国教育研究》2015 年第 2 期，第 12—21 页。

⑥ 陈明选、俞文韬：《信息化进程中教育研究范式的转型》，《高等教育研究》2016 年第 12 期，第 47—55 页。

⑦ 郑日昌、崔丽霞：《二十年来我国教育研究方法的回顾与反思》，《教育研究》2001 年第 6 期，第 17—21 页。

⑧ 程岭、王嘉毅：《教育研究方法的内在逻辑》，《教育研究》2013 年第 12 期，第 18—24 页。

⑨ 马勇军：《我们该如何做研究——对课程与教学论主流研究范式的反思》，《课程·教材·教法》2011 年第 7 期，第 3—7 页。

⑩ 程岭、王嘉毅：《教育研究方法的内在逻辑》，《教育研究》2013 年第 12 期，第 18—24 页。

⑪ 李小云、齐顾波、徐秀丽：《行动研究：一种新的研究范式?》，《中国农村观察》2008 年第 1 期，第 2—10、80 页。

尽管各位学者的研究范式分类都有其理论依据和合理性，但其中也存在概念模糊、内涵混淆与名称杂乱的问题。如有些持实证—解释（阐释/理解）两分法和科学—人文两分法的学者大多是依据对胡森《教育研究的范式》一文的理解，虽然思路清晰，但往往倾向于定量—定性的简单划分。有的甚至将哲学思辨研究和质的研究统称为定性研究，把所有非定量的研究都纳入定性研究的范围①。还有的学者只把量化研究归属于实证研究范式②，不把质性研究划归实证研究，认为里面掺杂了太多主观东西③。但从量化和质性研究的界定来看，两者均具有实证研究特点：都强调使用研究方法来处理研究问题，都具有一套比较规范的操作程序，都是基于证据的研究。关于这一点，个人比较同意陈向明教授的解释，"定性研究"（即思辨研究）更多的是一种研究者个人观点和感受的阐发，注重的是一种形而上的思辨方式和理论推演；而"质性研究"强调研究者在自然情境中与被研究者之间的互动，在原始资料的基础上建构研究的结果或理论，其探究方式不包括纯粹的哲学思辨、个人见解和逻辑推理，也不包括一般意义上的工作经验总结。④

基于以上学者研究范式分类及其分析，可以看出教育研究存在着三种典型的研究范式：思辨范式、实证范式和行动范式，它们构成了教育研究的三维空间。而定量研究、质性研究以及混合研究只不过是实证范式之下的亚范式（具体分类见图 8-1）。

---

① 郑日昌、崔丽霞：《二十年来我国教育研究方法的回顾与反思》，《教育研究》2001 年第 6 期，第 17—21 页。

② 靳玉文：《教育研究大视界 · 上篇，教育研究方法论》，东北师范大学出版社 2010 年版。

③ 周志高：《当前我国教育研究规范性的理论探讨》，广西师范大学硕士论文，2007 年。

④ 陈向明：《质的研究方法与社会科学研究》，教育科学出版社 2000 年版。

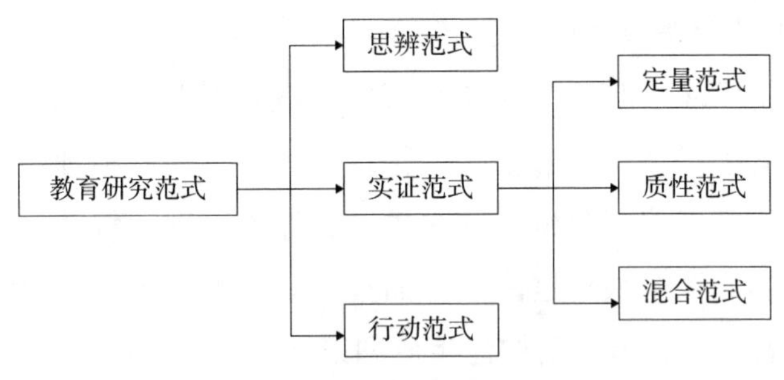

图 8-1 教育研究范式分类

二、三种教育研究范式的内涵与关系

（一）三种研究范式的内涵

1. 思辨研究范式

思辨研究范式一般表现为在研究者个人教育哲学指导下，依据一定的理论基础，运用合理的逻辑，对教育问题或教育现象进行解释、做出评判、阐述观点、提出对策等。在这个过程中，可能借助某种理论、某些事实、前人观点，但主要依赖的还是个人经验和理念，追求思想深刻性、观点创新性和逻辑自洽性。思辨研究者所持的信念就要通过深度思考发现规律并指导实践，研究的最高境界是创新发展理论。可以说，思辨研究的认识论基础主要是先验主义，认为人的知识是先于感觉经验、先于社会实践的东西，是先天就有的①，所以思辨研究往往是观念在先，事实在后，引证事实或经验主要是为了用来证明预先得到的理论或观念而不是从事实中发现，用观念估量事物而不是从事实引出观念②。思辨研究主要表现为“应然”研究，在研究中追求“解放”与“理性”，把人类的美好理想和愿望融入研究，在研究中体现思想深邃之美、思维逻辑之美和形式简明之美，即把求善与求美融为一体，其最高境界是追求美。所以，教育的思辨研究更像哲学研

① 阳正泰：《哲学问答二则》，《社会科学研究》1980 年第 4 期。

② 周志高：《当前我国教育研究规范性的理论探讨》，广西师范大学硕士论文，2007 年。

究，更多体现人文学科特征。

如我曾经写过一篇“论和谐课堂”，首先就是从词意上进行分析，解读“和谐”必须是一个关系范畴，是指主体客体间一种理想的、协调的状态。接着，又把课堂分解为师生关系、课堂管理和教学三个方面。然后，就引经据典谈个人对这三个方面理想状态的认识，并批评现实中的问题，最后就三者和谐互动如何生成和谐课堂进行论述。在整个过程中，虽然结合实践中的问题，但更主要是一种理论演绎方式，专注于个人观点的阐述与论证。尽管没有实证材料，但凭借严密的逻辑和有力的论据，还是能够让人理解、认同和有所启发。我就曾在青大附中的一次全体教师会议上，结合学校课堂现状，宣讲过和谐课堂的思想，收到了很好的效果。

简言之，思辨研究中并不关注具体的研究方法，但有着丰富的逻辑演绎思维。其研究一般是从概念、命题出发经过逻辑推理演绎出理论成果，遵循的是自上而下、从一般到个别的演绎模式①，正如潘懋元先生所说，“思辨研究方法说到底是一种运用逻辑思维进行分析、判断的研究方式”。②

2. 实证研究范式

实证研究范式一般表现为通过收集事实证据并基于证据，或对现状进行调查，或对现象进行分析，或对效果进行评估，或对变量关系进行探究，或探索现象背后的规律，并在此基础上提出对策建议的研究。实证研究者把握的信条是以事实为依据，不说无凭证的话，不做无证据的结论。如果说思辨研究主要是在研究者的头脑中“想”出来的，主要运用的是演绎思维，那么实证研究一定要通过设计、取证和基于证据的分析，主要运用的是归纳思维。如果说思辨研究属于“应然”研究，实证研究则属于“实然”研究，

---

① 岳欣云：《应然、实然与必然——关于我国教育研究范式的思考》，河南大学硕士论文，2002 年。

② 潘懋元：《高等教育研究方法》，高等教育出版社 2008 年版，第 53 页。

研究者在研究中追求的是“严谨”和“可信”，更多借鉴自然科学和其他社会科学研究方法，求真是其核心追求。所以，实证研究反映的是科学研究（包括自然科学和社会科学）的特点。

另外，实证研究又可分为三种亚范式：定量研究、质性研究和混合研究。其中定量研究（又称“量的研究”“量化研究”）是一种对事物可以量化的部分进行测量和分析，以检验研究者自己关于该事物的某些理论假设的研究方法。① 质性研究是以研究者本人作为研究工具，在自然情境下采用多种资料收集方法对社会现象进行整体性探究，使用归纳法分析资料形成结论和理论，通过与研究对象互动，对其行为和意义建构获得解释性理解的一种活动。② 尽管都是基于证据的研究，但可以看出，量化研究和质性研究的认识论基础、研究方法与分析手段差异显著。实证研究最初理论基础是实证主义③，其在认识论上属客观主义④，主要表现为量化研究。但随着人们对于教育现象复杂性的认识，质性研究开始表现出对教育问题复杂性、“人”性等方面的优势⑤。于是，以解释主义为理论基础的质性研究也成为被认可的一种重要研究方法，并逐渐盛行⑥。后来，量化和质性研究的有机结合产生了混合研究，并逐渐成为一种研究趋势，它是被田虎伟（2007）⑦、

① 岳欣云：《应然、实然与必然——关于我国教育研究范式的思考》，河南大学硕士论文，2002 年。

② 陈向明：《质的研究方法与社会科学研究》，教育科学出版社 2000 年版，第 12 页。

③ 程建坤、陈婧：《教育实证研究：历程、现状和走向》，《华东师范大学学报（教育科学版）》2017 年第 3 期，第 150—158、174 页。

④ 田虎伟：《混和方法研究——美国教育研究方法的一种新范式》，《比较教育研究》2007 年第 1 期，第 12—17 页。

⑤ 杨艳玲：《教育科学研究中量的研究与质的研究方法的讨论》，《国家教育行政学院学报》2003 年第 5 期，第 52—54、74 页。

⑥ 姚计海：《教育实证研究方法的范式问题与反思》，《华东师范大学学报（教育科学版）》2017 年第 3 期，第 64—71、169—170 页。

⑦ 田虎伟：《混合方法研究：美国教育研究中的新范式》，《高等教育研究》2006 年第 11 期，第 74—78 页。

唐涌（2015）[①] 等人引介的，是对质性研究和量化研究的合理补充，当然也类属于实证研究范式。

实证研究范式特别重视研究方法的规范与精致运用，大多规范的研究方法，无论是以量化为主的问卷调查法、内容分析法、观察法、实验法，还是以质性材料分析为特点的田野研究、个案研究、叙事研究等均属于这种研究范式。甚至规范的文献研究也应属于实证研究范式。虽然我国学者徐辉、季诚钧（2004）[②] 认为文献概括是通过思辨的方式进行的，高耀明、范围（2010）[③] 将通过梳理文献探讨问题看做思辨研究的下属方法，胡伶（2017）[④] 将文献介绍法归类于思辨研究，但我认为，思辨研究范式下的文献运用不同于实证研究中的"文献法"，因为思辨研究中的文献一般是"为我所用"原则，主要帮助提供论据和证明自己观点。而实证研究中是把文献作为重要的研究基础，或作为间接证据，追求对文献的精致、条理、系统甚至数量化（如用内容分析法或可视性技术）使用。

尽管在青大附中的研究属于典型的行动研究范式，但在这个过程中也不乏实证研究，而且这样的实证研究更能令人信服。如我在青大附中做的"学生作业情况的问卷调查"就是一个典型的量化实证研究，在这个研究中，研究目的是要通过调查，用数据准确了解和分析学生作业现状，因此，需要有一个较为规范的设计。如需要考虑样本的数量和代表性，需要根据研究目标提前构思调查内容，需要把调查内容分解为精细的问题，需要后期规范的统计分析。类似的量化研究还有对学生选修课程满意度调查、课外

---

① 唐涌：《混合方法研究——美国教育研究方法论的新取向》，《外国教育研究》2015 年第 2 期，第 12—21 页。

② 徐辉、季诚钧：《高等教育研究方法现状及分析》，《中国高教研究》2004 年第 1 期，第 13—15 页。

③ 高耀明、范围：《中国高等教育研究方法：1979—2008——基于 CNKI 中国引文数据库（新）"高等教育专题"高被引论文的内容分析》，《大学教育科学》2010 年第 3 期，第 18—25 页。

④ 胡伶：《我国教育政策研究方法的演进与反思：2000—2015 年》，《现代教育管理》2017 年第 6 期，第 47—52 页。

辅导班调查、对教师集体备课话语的内容分析等。而我对贾老师教学模式创新的案例研究则属于一个典型的质性实证研究。通过了解她的专业成长和教学模式创新过程，基于描述性语言去分析总结教师教学模式创生的过程及其影响因素。质性研究尽管没有量化数据，但也是讲究证据的，使用的是质性材料。

3. 行动研究范式

行动研究这一概念最早由美国的社会工作者约翰·考利尔在20世纪30年代提出，他认为："既然研究成果必须通过管理者和非研究人员操作实施，而且必须经受他们经验的审查和批评，那么，管理者和非研究人员就应该根据他们自己的需要创造性地参与研究。"① 之后，德国心理学家勒温率先在社会心理学研究中应用，并提出"没有无行动的研究，也没有无研究的行动"，强调行动与研究者间的密切关系。而哥伦比亚大学师范学院院长科利（S.N.Corey）则是行动研究法在教育研究领域中引入、推广、运用的首倡者。但在发展过程中，由于研究人员倾向于将研究者和实际工作者的责任区分开来，行动研究法研究在教育中运用也在五六十年代一度停滞不前。但60年代末和70年代初，行动研究法再度兴起②，并且日益受到关注，直至被广泛认可是一种非传统的研究：致力于将教育理论与实践结合，将行动和研究相结合，以改善教育实践为目的的研究。而且，在行动研究发展过程中逐渐形成了一套自己的研究特点和操作步骤，其研究追求、研究规范和研究特点均与思辨与实证研究范式不同。如果说实证研究专注于求真，思辨研究在求善基础上求美的话，行动研究本质则是求善。实证研究和思辨研究无论是注重方法精细化、设计规范化，还是注重思想深刻性、逻辑严密性，都关注于理论成果（一般表现为论著或研究报告）的发表，而行动研究却追求"应然"与"实然"的结合，更关注于实际效果的改善，

① Collier J.: United States Indian Administration as a Laboratory of Ethnic Relations. Social Research，1945，12（3）:265-303.

② 李西亭、邹芳：《行动研究法和教育》，《上海师范大学学报（自然科学版）》1995年第1期，第110—116页。

追求“统整”与“实效”，其理论基础是实用主义①。如果说思辨研究更多体现人文研究特征和哲学学科特征，实证研究更多体现科学研究本质，行动研究则更多借鉴工程领域方法，注重考虑复杂现实和互动演变的系统设计，表现出工程技术领域的特点。

在行动研究过程中，可能会用到一些具体的研究方法，如自然观察、问卷调查和访谈等，但往往因其目的是改变实践而不是发现规律，所以，并不太关注方法的精致和规范。这也成为区分实证研究和行动研究的标志之一。如若为了验证假说或发现规律而精心设计实施（准确定义自变量、测量因变量、严格控制无关变量）的真实验和准实验（事实上，教育实验无法达到自然科学实验的精确与控制，都属于准实验），应属于实证研究范式；而如果倾向于探索和完善某种教育行为，并没有严格按照信效度要求设计实施的前实验，则可以划归行动研究范畴。

我在青大附中五年间所做的工作总体就属于行动研究，目的就是为了提高学校教育教学质量，促进学生素质全面发展和教师专业发展。研究历程遵循了深入实践发现问题—基于校情分析问题基础上设计改革方案—不断实施、反馈、改进、完善改革方案的实践逻辑。

三种研究范式的系统比较如表 8–2 所示。

表 8–2　三种研究范式比较

	思辨研究	实证研究	行动研究
核心信仰	研究最需要深度思考	研究最需要证据	能改进实践最有价值
核心追求	求善基础上求美	求真	求善
核心关注点	思想和逻辑	方法和证据	实效和操作
核心环节	思考	设计、取证与解释	实践
核心思维特征	演绎	归纳	系统方法
评价标准	深刻、新颖与逻辑性	精细、巧妙和信效度	操作、效果与影响力

① 胡继渊：《杜威和陶行知行动研究思想及实践的浅析》，《外国中小学教育》2004 年第 1 期，第 8—12 页。

续表

	思辨研究	实证研究	行动研究
一般成文方式	论点、论据逐级展开	背景—设计—结果—解释	问题—分析—设计与实施—评价与反思
研究者核心素养	理论功底与思辨能力	研究方法与分析能力	问题意识与实践能力
体现学科特征	哲学（人文学科）	自然科学与社会科学	工程技术
理论基础	先验主义	客观主义—解释主义	实用主义
擅长	批判	解释	改造

（二）三种研究范式的关系

1. 相伴相生

就像鸡生蛋还是蛋生鸡的争论一样，思辨和行动研究范式的形成也难以确定先后，因为先哲们的教育思想和教育实践是完整结合在一起的。诸如孔子和苏格拉底的教育实践，同时也是最早的教育研究，这种教育研究完全是内在于教育实践的，与教育实践是完全一体的，都是着重于如何采取行动使得教育发生。① 但随着教育的发展、职业的分化、知识分子群体的诞生和壮大，当有些学者开始把思考、研究、写作等作为主要工作而不是从事教育实践的时候，思辨研究的队伍开始发展壮大，理论成果逐渐丰富。当教育学理论体系逐渐建立和完善，基于逻辑推演和已有理论框架就能进行教育思考和研究的时候，思辨研究开始与行动研究渐行渐远。在理论和实践研究逐渐分离的过程中，哲学思辨传统以及其他人文社会科学的借鉴融合却使得教育思辨研究成果日益丰富，话语体系逐渐规范、研究所持的理论和方法信条越来越被认可，发展成为教育学研究的主流范式。而行动研究的话语体系越来越难以融入学术领域，乃至影响力逐渐变弱。但在教育研究发展历史上，行动研究从未真正退出过舞台。世界范围内重要的、典型的教育实践变革和教育实践家具有极强的影响力和辐射力，从而推动教育理论的丰富和创新。特别是 21 世纪以来，由于世界范围内实践变革的需要，行动研究的“研究”属性和价值被人们再次认识。可以说，行

① 宁虹：《教育研究导论》，北京师范大学出版社 2016 年版，第 9—16 页。

动研究范式和思辨研究范式相伴而生，行动研究是最原初状态，而思辨研究逐渐独立并逐渐占据学术话语权。在这一点上，中西方没有显著差异。

由于自然科学研究范式的发展，逐渐出现了社会科学研究自然科学化的要求，加上相关学科如心理学发展影响，自然科学中讲究实证、精细量化、可重复检验的研究思路逐渐渗透到教育研究领域，典型标志就是教育实验学开始兴起，心理学研究方法逐渐进入教育研究领域。虽然思辨研究依然是建筑西方教育学科大厦的重要支柱，但实证研究却逐渐成为西方主流教育研究范式。在这一点上，中西方发展还是存在明显差异的。如国内教育学术期刊刊载大量思辨类文章，而绝大部分教育类 SSCI 期刊却只接受实证研究论文。

2. 相对独立

三种研究范式都是对教育现象、教育问题的探索，都试图在教育理论或教育实践层面有所创新、有所突破，但即使是针对同一研究主题，也表现出完全不同的特征。如同样是针对课堂教学方式研究，实证研究要从一定的分析角度或框架出发，设计具体研究方法考察当前教学方式的实际效果、影响因素等，要用明确的数量关系或充分的质性材料探寻其中的规律，说明某教学方式的优劣与作用机理；思辨研究要从个人教育理想或某种教育理论出发，关注教学方式的本质是什么？谁是主体？师生间关系怎样？用理想标准审视当前教学方式，探讨理想的课堂教学方式。而行动研究则是基于实际教学中的真实问题，分析原因，制定改进已有教学方式或探索新教学方式改革的方案和计划，并实施具体干预（如如何进行提问、怎样表述目标、怎样进行评价、怎么进行合作等），再根据反馈信息调整，促进教学方式的优化，最后才进行总结提升。

3. 各有所长

实证研究范式长于精确分析现状，找寻问题和规律；思辨研究范式长于指出发展方向，勾画理想状态；行动研究范式长于进行实践变革，改善教育现状。即实证研究擅长回答当前是什么状态，思辨研究擅长回答应该朝哪个方向做，行动研究则擅长具体如何去做。实证研究是基础，它凸显教育学的科学性、规范性，不断提升和发展教育科学水平；思辨研究是保证，它凸显教育学的人文性和经验性，有利于始终把握教育发展方向；行动研究是根本，它凸显了教育学的应用价值和实践性，促进教育理论和实践的深度结合。

4.相互渗透

实证研究需要针对教育现实，要么引发行动，要么评价行动，因此，实证研究往往带有行动的特征。而确定研究视角、选择研究对象、设计研究工具和分析研究数据等过程都不可避免地渗透了主观态度，从一定意义上要去验证研究者的思想，在分析过程中更是离不开研究者的哲学观。所以，实证研究渗透着理性思辨。可以说，深刻思辨可以提升实证的品位，扎实行动可以增加实证的信度。

思辨研究的出发点是形成理论而不是改变实践，是针对实践反思而不只是描述和分析事实。但思辨研究不是空洞的、纯理论的，它往往以自己的行动研究和实证研究为基础，在经验的基础上，凭借一定的事实和证据才会形成较为成熟的观点、认识和思想。没有行动体验的思辨可能是空洞的，没有实证基础的思辨可能是臆想的。

行动研究过程中更离不开思辨的指导和实证的反馈。在目标设计、方案构思与执行过程中，都深深地受到研究者思想的影响；在行动过程中都应注重对事实、数据的收集，从而更精准地反馈、修正和评价。所以，没有深刻思辨的行动是低水平的，没有规范实证的行动是缺乏说服力的。

当然，三种研究范式的交界处，还存在着体现多种范式特点的教育研究，如强调思辨基础的实证设计和实证基础的思辨研究、凸显思辨为指导的行动研究和行动后的思辨提升、重视实证辅助的行动研究和行动后的实证分析等。正是由于三种范式交叉融合，才形成了丰富多彩的教育研究世界，形成了教育研究求真、求善、求美的三维空间。

对于三种研究范式的相互渗透，我在青大附中实践过程中是深有体会的。在研究过程中，虽然分析了社会需求、教育发展趋势和学校现状，借鉴了先进经验，但从本质上说，更多是基于我们对教育的理解和信念展开的一系列行动变革。因而这是一个思辨引领的行动研究过程。在改革过程中，也采用了问卷调查、访谈、课堂观察、作品分析等实证研究方法，尽管方法的使用不像标准的实证研究那样精致与规范，但毕竟为研究方案的制定、问题原因的分析、实施效果的反馈提供了有力的支持。而在后期总结梳理过程中更是把思辨研究、实证研究与行动研究融为一体，相互支持。

三、中国教育研究范式总体状况、困境分析与发展路径

（一）中国教育研究范式的总体状况

1. 思辨仍然是主流研究范式

随着新兴研究范式的兴起，西方哲学思辨的教育研究范式所占比重已经大大减少。但在我国当前的教育研究中，哲学思辨研究仍然占据主流地位。① 据袁振国和多位学者的统计，我国教育学领域的实证研究论文还不到论文总数的15%，大多数论文还停留在主观性的思辨和应然性的畅想阶段。②

思辨研究成为我国教育研究主流范式的原因是：首先，与其他自然科学不同，思辨研究是当代教育学建立的基础，对我国影响较大的前苏联教育学体系更体现了这一点③。其次，与西方科学文化传统相比，中国更倾向于模糊笼统的全局性整体思维和直观把握。这种把求真与求善融为一体，追求顿悟和整体思维的文化特点，使得思辨自然成为国人适应和擅长的研究范式。④ 最后，教育研究方法的应用与研究在中国发展较慢，致使中国教育的实证研究范式发展缓慢。

---

① 周志高：《当前我国教育研究规范性的理论探讨》，广西师范大学硕士论文，2007年。

② 袁振国：《实证研究是教育学走向科学的必要途径》，《华东师范大学学报（教育科学版）》2017年第3期，第4—17页。

③ 袁振国：《实证研究是教育学走向科学的必要途径》，《华东师范大学学报（教育科学版）》2017年第3期，第4—17页。

④ 马勇军：《我们该如何做研究——对课程与教学论主流研究范式的反思》，《课程·教材·教法》2011年第7期，第3—7页。

2. 实证研究范式强势发展

近年来，实证研究范式发展态势迅猛。一方面，我国学者对实证研究范式的重视程度加强，如袁振国（2017）① 明确提出，实证研究是教育学走向科学的必要途径，程建坤（2017）② 则倡导为提高我国教育学研究的科学化水平，实现教育研究范式由“占据绝对主导地位的思辨研究”向实证研究转型，学界要加强实证研究。另一方面，我国使用实证研究范式进行研究的论文数量也有明显上升，如陆根书、刘萍（2016）③ 对国内教育研究5种重要期刊在2013—2015年间发表的2327篇学术论文的研究发现，有42.1%的文章使用了实证研究方法，而且整体呈现一种在波动中上升的趋势。

我国实证研究迅猛发展的主要原因是：首先，实证研究逐渐兴起是世界范围的发展趋势。近代自然科学、心理学等学科的发展与渗透，使得量化研究开始在教育研究领域兴起并逐渐精细化。随后，社会学等研究方法的渗透，解释主义的影响，使得质性研究（扎根研究、叙事研究、人种志研究、田野研究）日益进入教育研究领域。其次，受到了欧美国家教育研究的影响。随着与欧美港台教育研究人士的交流，随着留洋教育学博士的回归和逐渐形成学界影响，也伴随着国际学术交流和对SSCI期刊的关注，越来越多的学者开始关注和学习实证研究。最后，对国内思辨研究传统的反思。可以说实证研究一直是在对思辨研究的批判中兴起和发展的。

3. 行动研究日益被认可和倡导

在我国，行动研究正在被日益认可和倡导。主要表现在三方面：首先

---

① 袁振国：《实证研究是教育学走向科学的必要途径》，《华东师范大学学报（教育科学版）》2017年第3期，第4—17页。

② 程建坤、陈婧：《教育实证研究：历程、现状和走向》，《华东师范大学学报（教育科学版）》2017年第3期，第150—158、174页。

③ 陆根书、刘萍、陈晨：《中外教育研究方法比较——基于国内外九种教育研究期刊的实证分析》，《高等教育研究》2016年第10期，第55—65页。

是学界开始对行动研究本身进行探讨，如李小云（2008）[①]从行动研究的概念、背后的哲学与实践反思、其与常规研究的区别出发，探讨行动研究面临的挑战；董树梅（2014）[②]则针对行动研究的归属提出了自己的见解。其次是从行动研究功能、价值的研究，如谢燕（2018）[③]的“行动研究”在师范生职前教育培养模式上的影响和意义的研究；周友士、朱益民（2018）[④]认为行动研究是教师专业自主发展的生长点。最后是体现行动研究特质的学术文章数量明显增多，如秦枫(2013)[⑤]，朱德全(2015)[⑥]，罗晓杰、牟金江（2016）[⑦]等人的行动研究论文都发表在高水平的教育类期刊中，研究内容涉及学科教育、教学模式、教师专业发展等多方面。

在我国，行动研究之所以日益被认可和倡导，主要有以下几个原因：首先，教育一线的行动研究产生重大影响，行动研究的实践价值被充分认可。如杜郎口中学的高效课堂模式，人大附小、谢家湾小学的课程整合都在教育研究界产生了重要影响。其次，行动研究已成为联接理论与实践的最佳桥梁，其理论创新价值被正确认识。如前苏联的苏霍姆林斯基在帕夫雷什中学任教过程中将自己对教育的思考和见解全部倾注在其专著或论文

---

① 李小云、齐顾波、徐秀丽：《行动研究：一种新的研究范式?》，《中国农村观察》2008年第1期，第2—10、80页。

② 董树梅：《行动研究是研究方法吗——基于方法论视角的思考》，《教育理论与实践》2014年第1期，第9—13页。

③ 谢燕、全春艳：《论“行动研究”在师范生职前教育培养模式上的影响和意义》，《英语广场》2018年第2期，第71—72页。

④ 周友士、朱益民：《行动研究：教师专业自主发展的生长点》，《现代教育》2018年第1期，第40—42页。

⑤ 秦枫、洪卫、郎曼：《基于问题的教学模式在英语口语教学中的行动研究》，《外语电化教学》2013年第4期，第70—75页。

⑥ 朱德全：《农村中学“三位一体”课程与教学模式创新的行动研究》，《西南大学学报（社会科学版）》2015年第1期，第80—86、190页。

⑦ 罗晓杰、牟金江：《反馈促进新教师教学反思能力发展的行动研究》，《教师教育研究》2016年第1期，第96—102、74页。

中，可以说是教育行动研究的楷模[①]。当今中国叶澜教授的“生命·实践”教育学派、朱永新教授的“新教育实验”也在学术界产生强烈反响。再次，行动研究促进教育理论本土化的价值被日益看好。我国教育实践工作者经验不成体系，教育理论工作者很少参与教育实践[②]，这既是难以形成国内教育学体系的原因，也是西方教育学本土化过程缓慢的原因。而行动研究被认为是促进教育学本土化的重要路径。[③]

（二）中国当前教育研究范式的困境分析

1. 缺乏理解沟通，不同范式研究者之间互相批评

思辨研究的强大传统与实证研究的迅猛崛起引发了两大范式研究者的激烈冲突，特别是三届实证研究大会后加剧了这种争论。首先，实证研究者对思辨研究方法的形而上学倾向提出了彻底的质疑，在他们看来，形而上的思辨研究是无意义的，因为这种思辨研究最后提出的命题都是无从证明的[④]，而且思辨研究局限于从概念到概念的思辨，忙于构建理论体系，往往忽视对现实生活的关注，常常令实践工作者陷入无所适从的境地[⑤]。思辨研究者对实证研究亦不满意，部分思辨研究者贬低实验、实证研究的学术价值，认为这些研究获得的只是由数字、变量等构成的报告[⑥]。甚至实证研究范式中的两大分支也在相互指责，20 世纪 80 年代末的“范式之战”中，

---

① 任燕：《对教育行动研究理论的认识与理解》，《延安职业技术学院学报》2009 年第 2 期，第 28—31 页。

② 袁新文、赵婀娜、赵梓斌：《香港教育学院校长张炳良回顾明远》，《中国教育报》2007 年 3 月 11 日。

③ 李小云、齐顾波、徐秀丽：《行动研究：一种新的研究范式?》，《中国农村观察》2008 年第 1 期，第 2—10、80 页。

④ 彭荣础：《思辨研究方法：历史、困境与前景》，《大学教育科学》2011 年第 5 期，第 86—88 页。

⑤ 周志高：《当前我国教育研究规范性的理论探讨》，广西师范大学硕士论文，2007 年。

⑥ 于忠海：《思辨的危机与思想的贫乏——方法论视野中的教育研究现状透视》，《教育学术月刊》2008 年第 10 期，第 6—8 页。

反自然主义、解释主义和批判性理论的拥趸者坚决反对定量范式，他们认为定量研究不仅忽视人类行为的意义，而且其变量之间是直接、单一的因果联结①，但也有学者认为质性研究获得的研究结果也需要结合其独特的情境来理解，不能像定量研究范式那样追求超越具体情境的、普遍有效的“真理”。②

其次，当前学术会议或教育现场也经常会爆发理论研究者和实践探索者的争论，很多思辨研究和实证研究者并不认可行动研究，嫌弃实践研究者理论水平低，只注重实际操作，功利化色彩严重。而一线实践者则觉得很多理论研究就是在玩概念、创名词、拼术语，绕来绕去根本解决不了实际问题。这充分说明了行动研究范式与思辨、实证研究范式的差异，使得其很难融入教育研究主流学术圈。这种差异也反映在学术期刊中，因为对文章理论性和规范性要求较高，行动研究的文章很少能刊登在权威专业期刊中。而愿意刊载行动研究类文章的期刊，如一些学科教学类期刊，则由于实践一线研究者不善于和不习惯引用文献，造成这些期刊的引用率和影响因子较低，难以成为权威核心期刊。

造成这种相互批评和互不认可的重要原因是持不同范式研究者之间缺乏沟通和交流，研究者往往只了解自己擅长的研究范式，会不自觉夸大本研究范式的优点和其他研究范式的不足，或者仅仅用某种偏颇的视角和尺度评价研究范式。

2. **缺乏精细追求，研究质量亟须提高**

不同范式研究者之间相互批评的另一个原因是三种研究范式都存在质量问题。虽然思辨范式的研究传统在中国发展比较成熟，成果丰硕，但也呈现出鱼龙混杂的特点。低水平重复、玩文字游戏、空洞乏味、隔靴搔痒、无病呻吟和自说自话的思辨性文章比比皆是，而真正能开创研究领域、突

---

① Erickson F.: Qualitative Methods in Research on Teaching. Occasional Paper No.81. Handbook of Research on Teaching，1986，77（5）:467–496.

② 周志高:《当前我国教育研究规范性的理论探讨》，广西师范大学硕士论文，2007 年。

破原有理论、进入国际学术话语体系、产生重大影响的思辨研究却非常之少。虽然实证研究范式发展势头迅猛，但方法运用粗糙、设计缺乏创意和分析解释简单等一直是研究中容易出现的问题，让人信服、有所突破、令人眼前一亮的实证研究案例也比较缺乏。行动研究范式虽然受到热捧，也在一定程度上引领了教育实践、繁荣了教育研究，但其研究成果也确实存在理论高度不够、分析深度不够、与工作报告区分度不大、一线研究者和理论研究者结合不够等典型问题。

可见，三种研究范式研究者之间争论的不是研究范式本身的缺陷而是采用某种研究范式的带来的研究质量问题。所以，当前不应该批评哪种研究范式，打压哪种研究范式，而是要致力于提升思辨研究的深刻性、实证研究的精致性和行动研究的有效性。

3. **缺乏支持引导，范式差异重视不够**

尽管我国一直都比较重视教育研究，各级各类教育课题申报、各种教育专业期刊、各种教育研究成果评审等平台和活动非常丰富，但在研究方法训练、成果分类评价、研究范式引导方面关注不够。虽然早在 1982 年，国务院学位委员会批准设立以叶佩华教授为主要导师的全国第一个“教育科学研究方法”专业硕士点，标志着教育科学研究方法已经成为一个研究方向和二级学科。但从随后的发展来看，“教育科学研究方法”并没有得到教育研究领域的高度重视①。从当前我国教育研究界课题审批和成果评奖现状分析，较青睐于宏大的研究，而微观层面的研究课题与成果很难中标②。另外，很多课题或成果申报书是统一模板的，不利于不同研究范式的独特表达；在评审过程中也不能根据类别制定不同的标准。这些都可以说明，教育学术界对教育研究本身的研究还不够细致和深入，其范式意识还不清晰，对研究范式的差异性还不够重视。

---

① 马勇军：《我们该如何做研究——对课程与教学论主流研究范式的反思》，《课程·教材·教法》2011 年第 7 期，第 3—7 页。

② 马勇军：《我们该如何做研究——对课程与教学论主流研究范式的反思》，《课程·教材·教法》2011 年第 7 期，第 3—7 页。

（三）中国教育研究范式的发展路径

1. 尝试分类评价，促进质量提升

要理解三种研究范式的话语体系，针对不同范式形成不同的评价标准。如规范的实证研究应表现为充分清晰的文献，详细的研究过程描述，准确的量化数据或翔实的质性材料，基于数据的客观分析与巧妙建构，相对简约的对策建议。高水平的思辨研究则表现为观点明确、立场鲜明，引经据典、或立或驳，讲究逻辑自洽，理性色彩浓厚。而扎实的行动研究则应该是研究背景清晰、研究过程翔实、操作策略具体、实施效果明显以及反思总结深刻。有了不同的评价标准可促进各种研究范式提升水平。促进实证研究追求精致、规范，把方法运用到极致；思辨研究追求深刻、理性和逻辑，行动研究追求扎实、成效与总结提升。

建议今后教育类期刊发展方向上也能有所针对。既要有包容各种研究范式的高水平综合期刊，也可以发展专门接受某一种研究范式的高水平特色期刊。其中，注重实证研究的期刊可以中英文双语发行，以规范精致和本土化研究特点冲击 SSCI，而重视行动研究的期刊可以更多地考虑对一线实践的引领作用。

2. 加强方法训练，注重范式教育

对比国内外教育类研究生的培养模式，我们发现，欧美、中国港台等地区教育学硕博培养中特别重视研究方法训练，研究方法（包括量化研究和质性研究）在研究生课程设置中占了很大比重，而在我国内地研究生培养中研究方法训练则相对较弱，很多研究生虽然本科、硕士，甚至博士期间都开设了相关课程，但他们在做论文的时候依然感觉不会使用方法。① 而对研究范式的教育就更容易被忽略。

因此，要持续提升我国教育研究质量，就要在硕博士培养中，加强教育科研方法的训练，提高对不同教育研究范式的认知。充分利用广泛的跨

① 马勇军：《我们该如何做研究——对课程与教学论主流研究范式的反思》，《课程·教材·教法》2011 年第 7 期，第 3—7 页。

学科的学术交流、不同学源和渠道的师资团队配备，来丰富未来学者的教育研究范式意识。应根据研究领域、研究问题、研究者自身特点等因素确定其研究范式发展方向。重点发展思辨研究的要在理论基础、思辨能力方面加强训练；重点做实证研究的要在研究方法精细设计和分析工具运用方面下功夫；有实践平台和实践经验的研究者可以在实践中做研究，重点提升其行动研究水平。至少要让未来研究者熟练掌握一种研究范式，并深入了解其他研究范式。

3. 建设研究团队，促进有机交融

目前，要整体提升中国教育研究，既需要不同研究范式的精致与深刻，又需要三种研究范式的有机融合。所谓有机融合，绝不是“四不像”的研究，而是充分发挥不同研究范式的优势，根据研究问题和研究目的需要，用最适合的方式将各个研究范式加以整合。因为要同时促进教育研究的本土化和国际化，需要融合思辨与实证研究；要想彻底改变教育理论和教育实践两张皮的现象，需要打通行动研究与其他两种研究的联系；要在当代中国培养真正意义的教育家更需要打通三种研究范式。

作为研究者既要发挥个人熟悉的研究范式，又要做到兼容并蓄，主动尝试跨越范式的研究。当然，更为现实的是通过组成研究团队，实现研究范式的有机融合。“一个人走得可以很快，但一个团队可以走得更远”。目前，人文社会科学已开始重视研究团队建设，这就需要学科带头人要有学术视野、包容胸怀和整体规划，既可以是同质间组队，也可以跨研究范式的组合。特别是面对新问题、重大问题的时候，跨范式的组合可以相互启发、优势互补，创造出新的研究活力。只有这样，思辨、实证与行动研究的三维空间才能得以真正建立并保持足够的张力，彰显教育学科的人文特质，提升教育研究的科学水平，促进教育理论的实践价值，实现教育研究真善美的统一。

第二节　我们该怎样做研究——对课程与教学论主流研究范式的反思

作为一名课程与教学论专业的研究者，“我们”很幸运，因为近年来基础教育课程改革为“我们”的专业提供了高速发展的良好契机。事实上，近些年来，课程与教学领域的研究也确实呈现出空前的“繁荣”。但在课程与教学论学科迅速发展的同时，“我们”也遭遇到一系列令人难堪的问题：(1) 课程与教学研究经常得不到其他学科研究者甚至是教育学科内部人员的认可，难道课程与教学论还没有被认为是一门成熟的学科？(2) 一线教师对很多课程与教学理论和学说也并不“感冒”，该领域研究成果并没有在实践中发挥应有的作用，难道课程与教学论不是一门应用性很强的教育学科？(3) 改革开放后，我们已引进了很多国外新理论，国内课程改革也轰轰烈烈，但“本土化的理论体系”却迟迟难以建立，难道面对“中国有出色的教学实践，无出色的教学论”①的说法，研究者们真的无能为力？诸如此类的问题着实令“我们”感到困惑和尴尬。本节以课程与教学论研究为视域，反思课程与教学主流研究范式，探寻走出课程与教学研究困境之路。

一、课程与教学主流研究范式的内涵

基于前面对于教育研究范式内涵的梳理，可以对课程与教学研究范式做一类推的描述性界定，即在对课程与教学的研究过程中，研究群体所形成和建立的共同价值和信念，以及在此价值观指导下的研究方法和研究途径。从目前课程与教学领域的研究来看，课程与教学的研究范式是一个多种研究范式并存的状态。其中，具有权威性的、核心的价值观及其在此指导下形成的研究方法和研究途径即课程与教学主流研究范式。

---

① 石鸥：《新世纪拒斥这样的教学论——主流教学论困境的根源及其走出》，《湖南师范大学教育科学学报》2002 年第 1 期，第 32—36 页。

二、“我们”是怎样做研究的

关于课程与教学论当前的研究状态，国内很多学者已经进行了深刻的反思和批判。从价值追求和研究方法两个方面，当前我国课程与教学主流研究范式存在以下两个重要问题：

（一）从价值追求上，重视理论性，忽视实践性

课程与教学论是教育学科中最具有应用性和实践性的学科，但“我们”却普遍重视研究的理论性。近些年来对历史上教学思想与理论的探讨、反思和对国外教学理论与思想的译介颇多，“我们”往往遵从着理论内部所特有的逻辑来批评实践、提出观点。“我们”这样做的目的一方面是希望在已有理论基础上构建更“高”更“新”的理论，另一方面也是希望用理论的框架和语言提高课程与教学论学科的学术品位。这样做是非常需要，也是无可置疑的。但如果因此无视丰富多彩、鲜活生动的课程与教学实践，而是一味追求课程与教学论的理论性，则是值得“我们”警惕的。而且，这样的追求一旦成为了课程与教学领域的主流研究范式，课程与教学研究就成为了对“课程论”和“教学论”的研究，而不是对“课程”与“教学”的研究。有人把这种现象称为研究对象的偏移。① 这样做不仅没有让课程与教学论研究得到外界的认同，而且使“我们”越来越远离鲜活的课程与教学实践。

同时，为了在理论上有所“创新”和“突破”，逼得“我们”在书斋文献中玩味“经院哲学”式的文字游戏，会借用其他学科理论阐释大家都已经明白的道理，会提出或翻译出新的名词使得理论更加晦涩难懂。这样做的后果是造成了课程与教学领域研究领域的混乱，别说一线教师看不懂了，很多博士生导师都慨叹看不懂论文。其实很多文章都是在用高深、玄妙的话语说一些其实大家明白的事情，看完文章后似懂非懂，久而久之，本来简单的问题复杂化了，本来都清楚的事情反而不明白了。难道这就是“我

① 王鉴：《教学论的表述危机与研究转型问题》，《北京大学教育评论》2004 年第 2 期，第 88—91 页。

们”所追求的理论吗?

(二)从研究方法看,思考式研究居多,量化和质性研究粗糙

国内文献中对教育研究方法的分类方式基本可以概括为两种,一是把教育研究方法分为哲学思辨式、量化研究(有的称为科学主义研究范式或实证研究)、质性研究(有的称为定性研究或解释性研究)三种类型。一是把教育研究方法分为科学主义范式和人文主义范式(人文主义范式中包含了哲学思辨式研究和质性研究)。我更同意第一种分类。因为哲学思辨式研究更关注理论推演和思辨,而质性研究则注重在非量化数据基础上的解释和归纳,两类方法之间有明显区别。国内很多学者已经对当前教育领域(包括课程与教学研究领域)的研究方法进行了深刻反思,尤其是一些学者在对国内外学术期刊、博硕士论文内容分析基础上提出的批评更有说服力。他们[①]普遍认为,国内教育研究中最常用的就是思考式研究(我认为这其中的大多数研究还不能称之为哲学思辨),这种研究往往又可以具体表现为文献评述型、经验感悟型、批评建构型、应然指导型等,而质性研究和量化研究数量较少。有的研究者还发现,在课程与教学研究领域量化研究尤为缺少,如对2001—2007《教育研究》中运用统计方法的内容分析发现,运用统计方法研究教育的文章数量很少,而且,数量化研究的重点尚在离教育实践较远的、政策性较强的领域,统计学似乎没能很好地用来研究与教育实践密切相关的课程与教学、教师和学生等领域。[②]

同时,即使有些学者使用了质性或量化研究,也相对粗糙。如虽有研

---

① 如张红霞:《我国课程与教学研究的困境与出路》,《教育发展研究》2005年第3期,第39—43页;田虎伟:《中美两国高等教育研究方法现状的比较分析》,《中国高教研究》2004年第1期;马云鹏、林智:《质的研究方法及其在教育研究中的应用》,《中国教育学刊》1999年第2期;郑日昌、崔丽霞:《二十年来我国教育研究方法的回顾与反思》,《教育研究》2001年第6期,第17—21页。

② 龙安邦:《统计方法在教育研究中的应用——以2001—2007〈教育研究〉为例》,《产业与科技论坛》2008年第7期,第161—165页。

究人员进行了实际调查，花了大量的时间，取得了许多有用的数据，但由于缺乏量化研究能力而未能发挥数据的潜在作用。虽有学者在尝试使用一些质性研究方法，如教育叙事等，但由于对叙事研究理论背景缺乏理解，造成模式化、缺乏深度描述和深度解释、主观性太强等问题，严重影响了研究结果的可信性。

以上两个方面是相互关联的，一味追求理论性的价值必然带来的是方法的简单和粗糙，课程与教学主流研究范式的这两个缺陷成为制约课程与教学论发展的巨大障碍。

三、“我们”为什么这样做研究

（一）传统文化中科学精神的欠缺

英国著名科学家、中国科技史师李约瑟博士曾提出过引起众多学者热烈讨论的问题——“为什么近代科学（如我们所知自17世纪伽利略时代起）不在中国文明（或印度文明）中间产生，而只在欧洲发达起来?”① 对这个问题的回答是多种多样的，但中国文化传统中科学文化的欠缺是一个比较公认的重要原因。著名科学哲学、科学史家刘钝就明确提出，“相比于西方近代文化，中国传统文化最大的遗憾就是科学精神的缺匮。”②

中国文化传统中一般缺乏严格的推理形式和抽象的理论探讨，而是更欣赏和满足于模糊笼统的全局性的整体思维和直观把握，去追求和获得某种非逻辑、非形式分析所能得到的真理和领悟。感悟，使中国文化的思维偏重综合型，凡事莫不合二为一。这种思维具有整体性的特点，寻求直接顿悟。这种思维固然有它的优势，但不擅长逻辑分析和严谨的抽象对于科学产生和发展是不利的。这正是近代科学没有在中国产生的重要原因。这种文化传统反映在“我们”的研究中就是经验型、感悟型、构想型研究占据了相当份额，“我们”不是把主要精力放在细致地观察、取证和分析现实的学校、课堂、教材、教学、教师和学生，而是喜好凭借理论的演绎、直

---

① ［英］李约瑟：《东西方的科学与社会》，戈得史密斯译，科学出版社1985年版。

② 学界关于“李约瑟难题”的部分见解 . http://www.oursci.org/ency/Phil/066.htm.

观的感悟来进行研究。因此，可以说，传统文化中科学精神的缺乏是课程与教学主流研究范式存在问题的最根本原因。

（二）方法意识薄弱

早在1982年，国务院学位委员会批准设立以叶佩华教授为主要导师的全国第一个“教育科学研究方法”专业硕士点。标志着教育科学研究方法已经被作为了一个研究方向和二级学科。但从随后的发展来看，“教育科学研究方法”并没有得到教育研究领域的高度重视。在教学论领域，早有学者指出：在我国建国以来的相当一段时期内，对教学论研究方法的研究积累很少，甚至教学论方法这个命题从来没有在它自身的意义上得到应有的重视和承认。我们或机械地全盘套用前苏联教学论，或用政治工具论或机械反映论来取代关于教学的科学研究，用政治工具论和机械反映论来取代关于教学的科学研究，用政治方针的演绎和政治工具性的价值判断来取代教学论方法论的科学探讨。① 以至于为了尽快地建立教学论的体系学说，很多研究者才接纳了前人的研究成果，只是采用形而上学的思辨方式，演绎出各种超越教学实践的“中层规范体系”。

想一想“我们”对研究方法的态度，“我们”往往对该用哪些“研究方法”讨论得多，却忽略了“我们”已经用了哪些方法或者“我们”正在用的是什么方法。因此，可以说，方法意识薄弱是课程与教学主流研究范式存在问题的直接原因。

（三）评价机制制约

绝大部分课程与教学研究者都在高校或研究所工作，“我们”无论是在职称评定还是科研工作评价都受着现代科研评价体系的制约。很多高校都给各种职称的专业人员定下任务，一定时间之内必须要完成一定的科研工作量。教育理论工作者为了完成任务或获得相应的奖励，首先关注的是论著的数量，为了效率更高，很多研究者就更愿意走书斋式研究之路。因为

① 徐继存：《我国教学论方法的反思与前瞻》，《西北师大学报（社会科学版）》1997年第1期，第3—8、103页。

这样的方式会更快地出成果，即使是进行量化研究或质性研究也会考虑“多快好省”的原则，很多研究也难以规范。

同时，从当前中国教育研究界课题审批现状分析，较青睐于宏大的研究，而微观层面的研究课题很难中标。与一些较为成熟的学科专业期刊(如心理学、社会学）相比，大多教育学权威专业期刊更加注重文章的理论性，而相对忽视文章的研究方法；与西方和中国港台教育研究文章相比，国内相当一部分研究区分不出是理论演绎还是实证研究，很多文章的行文中只能看出引言、论点与论据，但分不清哪些是别人的研究，哪些是自己的研究、和别人的研究是什么关系、自己怎么做的研究以及结论是如何得来。

以上这些都助长了课程与教学论专业领域（甚至是整个教育学领域）研究的浮夸之风，阻碍了课程与教学合理研究范式的形成和发展，更影响了课程与教学论学科发展。

四、“我们”应怎样转变自己的研究

（一）关注实践，关注对实践问题的微观研究

课程与教学研究领域确实需要一些实践经验丰富、理论修养高深且颇富想象力和创造性的“智者”对课程与教学问题进行深度的思考和理论建构，进行“应然”思辨，这是“上天”的工程，它可以提高这个学科的理论高度与思想深度，为课程与教学领域的研究指明方向，也为课程实践提供宏观指导。也需要一些学者引介国外先进的研究(包括研究方法和研究结论)，开拓我们的研究思路，增加课程与教学研究的宽度和开放度。但更需要有人面向实践、面对具体问题，运用适切、精致的方法搜寻材料，在理性分析基础上阐释实然，这是“入地”工程，会增加我国课程与教学研究的厚度和坚实度，对我国课程实践提供具体可行的指导。

所以，绝大多数的“我们”应关注实践、脚踏实地，进行更多的微观研究，做课程与教学论学科大厦的一块坚实的砖瓦。虽然“砖瓦”不够美丽，但它来自本土实践，可以长久支撑我们的学科建设。宫殿虽然辉煌，但没有坚实的基础总是空中楼阁。未来的课程与教学研究势必要改变“上不着天、下不着地”的研究状态。

（二）加强方法意识，融入科学精神，在求真基础上求善

任何一门科学的发展都离不开严格的方法，课程与教学研究中的最大问题不是用什么方法的问题，而是有没有科学精神和方法意识。因此，要突破课程与教学论学科的发展瓶颈，“我们”必须树立方法意识。

为了有效地培养方法意识，“我们”需要理解课程与教学的“规律”与“科学”特点。课程与教学（或者说教育学领域）既是一门科学也是一种艺术，说它是科学，是因为其中有一定的规律并且可以探测出来，这种规律的把握有助于课程与教学实践；说它是艺术则是因为课程与教学绝不仅仅是一种“合规律性”的技术操作，而是具有艺术的特性：明显的个性、创造性和美感。“我们”既不能因为其科学性否定其艺术性，也不能因为其艺术性而否认其科学性。也正是因为其科学性，我们才可能去通过设计某些活动，运用一定方法来收集和分析有关资料去探索规律。但是这些规律都是隐藏在现象背后的，没有批判、质疑和求真的精神追求，不能收集到客观、全面和细致的材料，不去进行严谨、求实及深刻的思考，这些规律就难以被“我们”真正把握。因此，“我们”必须首先要有科学精神，要在科学求真的基础上再去艺术求美和人文求善。

（三）建立课程与教学论的方法论体系

教育研究的方法论问题一直是教育学发展过程中所面临的最为复杂也是最为根本的问题之一。我国教育学者也在尝试着确立自己的研究方法论，以便为教育学发展提供一个比较宽阔的平台和进一步拓展的空间，最终完成建立一个科学体系的使命。但是教育研究方法论不可能从哲学演绎出来，也不可能从其他学科的方法论中推导出来，教育研究的方法论只能是通过对教育研究活动自身的系统反思得来。① 课程与教学研究方法论属于教育学研究方法论的一个组成部分。它因为课程与教学论不同于其他教育学科的特征而得以存在，可以简单定义为课程与教学领域的研究思路、方法、

① 王洪才：《论教育研究的方法论特征》，《厦门大学学报（哲学社会科学版）》2007 年第 1 期，第 114—122 页。

策略及其指导思想所构成的系统。

从目前来看，课程与教学论的方法论体系还没有建立，因此，“我们”不仅要引进国外先进理论，更要学习国外研究方法，逐渐形成我国课程与教学论的方法论体系。

（四）转变研究的思维方式

研究思维方式对学科研究的影响是具有深刻性和决定性的。长久以来，“我们”对课程与教学的研究偏向于探讨课程本质、课程与教学的价值等一些本质性的、根本性的问题。但实际上，课程与教学本身就是一个复杂的系统，具有大量复杂性的特征，如非线性特征、不可还原性、自组织性和锁定效应等。① 所以，过于强调课程与教学规律的真理性，仅仅依据简单化的思维探究课程与教学的现象、问题是远远不够的。一种有效的解决方式就是采用复杂性的研究思维理解复杂的课程与教学系统，采取多元视角和多元方法重新认识、研究复杂对象，从与该事物（对象）相关的他事物（对象）去理解此事物（对象），实现研究思维的复杂性转换，以实现认识上的突破性发展。

（五）改善现有评价体系

首先，应把理论成果评价改为代表作制，即不以数量论，而关注质量。

其次，增加实践成果评价，如能否帮助一所学校进行课程改革，能否帮助教师进行教学法探索等，鼓励研究者关注实践问题，深入实际，实现理论与实践的结合，真正体现课程与教学论的学科特点。

最后，课题评审与论文评审要重视论文研究方法的运用与规范。因为通过课题评审、专业刊物发表等环节，能引导注重方法的研究。如在课题评审中加强对研究设计规范性的要求，在论文评审中，关注研究方法部分，在一些专业权威期刊中增加实证研究论文用稿数量，并注意行文格式，尽可能和国外接轨。西方与港台相关领域研究（主要指定性和定量研究）的

---

① 杨小微：《从复杂科学视角反思教育研究方法》，《教育研究与实验》2000 年第 3 期，第 64—68、73 页。

文章格式较为统一，一般可以分为研究背景、文献综述、研究方法、研究结果、讨论和建议等几大部分，从大部分文章中可以清晰地看出为什么做这个研究，前人都做了哪些相关研究，本研究和已有研究的联系与区别，研究的方法、过程、结果、结论及其解释。总之，能让读者明白作者如何做的研究，甚至可以部分重复作者的研究。我们的专业期刊也要在这些方面逐渐和国际接轨，从研究表述开始加强学术规范，引导研究者的方法意识。

（六）注重并加强研究生培养过程中方法意识的培养和方法运用的训练

对比国内外课程与教学论研究生培养模式，我们可以发现，欧美、港台特别重视研究方法训练，量化研究和质性研究在研究生课程设置中占了很大比重。而国内研究生培养中研究方法训练则相对较弱。很多研究生虽然本科、硕士甚至博士期间都开设了相关课程，但他们在做论文的时候依然感觉不会使用方法。因此，国内未来的研究生教育要委派具有丰富研究经验的教师或教师团队，对研究生进行系统训练，让研究生不断在各种研究任务中，练习和体验方法，从而为他们未来研究打下基础。

总之，如果“我们”希望课程与教学论能像其他自然科学或社会科学那样具有被人广泛认同的专业性，那么在对课程与教学研究时，就必然需要遵循研究的一般规则，形成被学科研究人员所自觉遵守的新的主流研究范式。

需要指出的是，推崇课程与教学论主流研究范式的转型，并不是排斥或放弃原有的研究方法。一方面，仍然需要采取抽象的逻辑推演对课程与教学永恒的、客观的本质和规律进行探讨；另一方面，更需要研究者作为课程与教学的实践者，经常深入教育教学的一线，重新审视课程与教学中出现的问题，以多元视角，配以适合的方法进行实践性质的研究。唯有如此，课程与教学论研究才能逐步摆脱尴尬，建立自信。

第三节 我们该怎样做专家——课程与教学论研究者的实践使命

在新课改背景下，作为课程与教学论研究者，我们有了更好的发挥专业优势的平台和机会，经常被请到学校做报告、到课堂上评课以及到教育改革现场指导等。这时候，我们都会被尊称为专家。但是否曾扪心自问，我们对基础教育一线实践了解多少？我们能为学校、教师和学生进行哪些有效的指导？我们对自己所开的处方有多少把握？我们能为学校带来什么样的改变？作为一门重要的教育学应用性学科——课程与教学论的研究者，作为一个有学术良知和社会责任感的学者，面对着中国基础教育的课程改革大潮，我们应该思考：作为专家，我们在做什么样的研究？当前最需要什么样的专家？怎样做专家才能担负起课程与教学论研究者的实践使命？

一、课程与教学领域的四种研究指向

专家是指在学术、技艺等方面有专门研究或特长的人。由于在课程与教学领域较长时间的研究和思考，我们具备了成为该领域专家的基本条件。但是课程与教学论领域存在不同研究指向的专家。下面根据专家在研究指向方面的差异，把课程与教学领域研究分为四种类型。

（一）纯理论研究

当我们专注于读书和思考，关注国内外理论研究前沿，专注追求学术创新时，我们往往从事的是纯理论研究。当然，纯理论研究并不是一点儿不关注实践，研究课题和领域的选择，往往是根据国内外课程与教学改革热点问题或发展趋势而确定的。我们也可以到中小学进行指导或讲座，介绍新理论和新观念，但我们只是在做宏观教育思想和改革理念上的引导，很难对学校、教师和学生作出具体的指导，甚至我们自己也不能确定，用理论描绘的那些宏图能在教师们心中存留多长时间。我们的工作主要是引介、发展和创新理论，进行实践研究和指导改进实践不是我们的研究指向和擅长。准确地说，我们只关注实践，却不真正研究实践；我们研究的是

课程与教学论，而不是课程与教学。

（二）注重与实践结合的理论研究

当我们深知理论与实践结合的重要意义，时刻关注课改实践，总是试图用理论分析和解释现实问题，喜欢从实践中总结提炼规律，有着把西方课程与教学理论本土化的学术理想，从事的就是注重与实践结合的理论研究。当为中小学讲座时，平时素材的积累和对现实的了解，会让我们的讲座生动且贴近现实。我们往往也能为一些学校和教师开出指导性处方。但是，他们是否愿意按照我们说的去做、做的过程中遇到什么问题以及做的效果如何，则不是我们研究的范畴了。我们深入实践的目的是为了获取研究资料，为自己的研究奠定基础，我们会刻意与现实保持一定距离，而不是去改变现实。

（三）用理论指导实践的研究

当我们不仅仅关注实践，而且还希望去指导和改变实践；当我们花费较多时间到学校、课堂、教师和学生群体中去感受、体验和指导，从事的就是用理论指导实践的研究。我们不会满足于仅仅是为学校做一场精彩的报告，我们更希望看到的是学校、教师和学生因为我们而产生的变化；提出改革建议和制定变革方案并不是我们研究的终点，我们还要始终关注甚至参与其中，随时随地指导实践变革。我们往往以“特聘教授”“顾问”“课题指导者”甚至是“科研副校长”等身份进入教育现场。在学校发展、改革方案制定和实施过程中能明显看出我们的影响。但我们也不得不承认，最终变革成败并不取决于我们，因为我们并不是改革的主要领导者和决定性力量，要“到位”而不“越位”，只能有限度地发挥理论指导实践的作用。

（四）把理论与实践融为一体的研究

如果我们有机会办一所学校或者有权力领导一个学校或区域的课程与教学改革；如果我们把主要精力放在经营、改造一所学校或一个区域的教育实践，而不是去申报课题、著述立传；如果我们研究的关注点已经不再是学术创新，而是实践中的改革效果；如果我们完全沉浸于实践场域，不可避免地受到事务性工作的烦扰，甚至已经忘记自己的学者身份。那么，我们进行的就是把理论与实践融为一体的研究了。与用理论指导实践的研究不同，我们的身份开始由高校研究者转变成为基础教育改革者和管理者，我们的理论思考已经和实践工作完全合二为一。这时，我们是实践的主要领导者和责任人，是决定改革成败的核心人物，因而具有更大的权力和工作压力，甚至很多时候我们的实践影响力超越了学术影响力。或许什么时候，别人不再称我们为专家，而是教育家。

综上所述，对四种指向的研究特点进行简单总结，如表 8–3 所示。

表 8–3　四种指向的研究特点

	纯理论研究	注重与实践结合的理论研究	用理论指导实践的研究	理论与实践融为一体的研究
主要研究目的	理论创新	以实践为研究对象发展理论	以理论为基础指导实践改革	实践改革
研究者决定性品质	学术功底与理论素养	学术功底与研究方法	研究方法与沟通能力	沟通、实践与管理能力
主要精力投入	阅读与写作	阅读、写作、调研	调研、规划	规划与执行
主要研究方式	文献研究、演绎、思辨	实证研究、演绎、思辨	量化、质性研究、行动研究	行动研究
主要研究场所	图书馆、资料室、书房	图书馆、资料室、书房和教育现场	图书馆、资料室、书房和教育现场	教育现场
主要研究成果	著作、论文、课题	著作、论文、课题、研究报告	著作、论文、课题、规划和实践报告	一所学校或一个区域教育的发展

二、当前最需要的专家

由表 8—3 可以看出，四类研究在主要研究目的、研究者决定性品质、精力投入、研究方式、研究场所与研究成果等方面有明显差别。从纯理论研究到把理论与实践融为一体的研究，越偏重于解决实际问题，对实践影响力越来越强。由于学术背景、个人旨趣和外部环境的差异，我们可能会专注于其中一类研究或跨越2—3类研究（很难同时涉足四类研究）。尽管四种研究只有方向上的不同，没有水平上的差异，能在以上任何一类研究中踏实钻研、有所建树都可以成为专家。但是，目前中国更需要的是后两类研究，更需要实践型专家（主要从事用理论指导实践研究和把理论与实践融为一体研究的专家统称为实践型专家）。这是当代课程与教学论研究者的实践使命。

首先，这是由当代社会的教育改革形势决定的。世纪之交开始的新课程改革已经进行了十几年，教材内容整合、校本课程开发、综合实践活动、课堂教学模式和教学评价改革等活动已经在中小学实实在在地开展起来。困扰学校和教师的已不再是教育理念的理解，而是教育改革的操作。如整合改造新教材、开发校本课程和进行有效的小组合作等。而且这些问题仅靠一线教师和校长的实践经验难以很好解决。于是，基础教育一线更需要有理论、肯实践、能指导、会实践的专家，需要随时请教这样的专家，和这样的专家一起实践，甚至专家能手把手教他，而不只是听听专家的报告和建议。

其次，这是由课程与教学论学科性质与研究现状所决定的。在教育学学科体系中，课程与教学论是技术性、应用性最强的二级学科之一，是一门理论性和实践性、解释性和处方性兼备的学科①。在课程与教学论二级学科之下，还有直接针对学科课程、教材与教法的学科教学论方向。它把基础教育的课程与教学问题作为主要研究对象，关注教育实践场域中的具体问题，涉及课程与教学的设计、实施与评价等方面的具体模式与操作策略。因此，作为课程与教学论研究者，我们既需要坚持“基于实践、源于实践、面向未来、面向创新”的基本立场，更需要拥有“关注实践、研究实践、筹划实践、改善实践”的教育情怀。②研究、服务与引领基础教育课程改革，

---

① 刘启迪：《课程理论发展与实践进展：全国第五次课程学术研讨会综述》，《课程·教材·教法》2006年第10期，第3—10页。

② 何善亮、苏丹兰：《明确问题创生理论改善实践：“基础教育课程与教学变革中实践问题的理论研究”研讨会综述》，《课程·教材·教法》2008年第7期，第34—39页。

是我们责无旁贷的实践使命。但当前我国课程与教学论领域主流研究范式存在重理论研究、轻实践研究和研究方法不精致等问题。[①]这样不仅造成了我们与实践的脱节，也造成了课程与教学论理论研究本土化发展的受阻，甚至“现有课程教学论教材内容主要以理论研究为主，即使涉及实践或应用问题，也主要是通过逻辑思辨推导出的普遍原则和规范，有针对性的实证研究或行动研究几乎没有。分析我国的课程理论，无论是从哲学原理推理出的结论，还是从国外引进的先进思想，都缺少对我国课程实践的深入剖析，而我国从实践中总结出的课程理论则少之又少”。[②]这种状况最终造成了课程与教学论学科在教育理论界和实践界地位均不高的后果。所以，只是引经据典、理论建构是远远不够的，仅仅把实践作为研究素材也不能充分体现我们的专业价值，更需要发挥理论指导实践、理论改变实践的功能，在变革中体现理论的价值，在变革中体现我们的价值，在变革中实现理论与实践的双向互动与创新发展。

再次，这是解决目前理论研究者和实践工作者有效沟通的需要。近些年，经常会有理论研究者和实践工作者两类群体的交流，但无论在学术研讨会、教师培训工作坊还是各种专业活动中，只要有两类人群同在的地方，往往会出现激烈的争论和碰撞。实践工作者指责理论研究者不了解基础教育一线，擅长引经据典、创词造论，但“高大上”的理论并不能给教育现实指点迷津。理论研究者则认为实践工作者缺乏理性思考、过分关注和局限于日常工作，只想得到具体的方法和策略，功利心太强。这种现象既反映了理论和实践本性的张力，也反映了两种群体因对彼此工作性质不了解造成的隔阂。但如果现场有实践型专家，这种现象就有所改善。因为实践型专家既了解理论又了解实践，既具备理论思维，又懂得实践逻辑，他们可以作为学术语言和工作语言的翻译者，能为理论研究者指出理论与实践

① 马勇军：《我们该如何做研究——对课程与教学论主流研究范式的反思》，《课程·教材·教法》2011 年第 7 期，第 3—7 页。

② 孙宽宁：《从课程论教材反思我国的课程研究》，《课程·教材·教法》2007 年第 7 期，第 3—8 页。

的距离，也能为实践工作者解读理论的实践意义。因此，实践型专家可以成为弥合理论与实践冲突的中间环节，联结两类人群的桥梁。

最后，这是对当前基础教育界呼吁“教育家办学”的积极呼应。近些年来，国家政策特别倡导“教育家”办学。一般来说，“教育家”应该从两部分人中涌现，一部分是长期从事一线教育工作并取得优秀成绩，对教育问题实践和思考后形成自己教育思想的经验型教育家；另一部分则是具有深厚理论功底和学术水平，把理论应用于实践并且有成果、有创新的研究型教育家。从目前中国基础教育界来看，基本是实践界风起云涌、理论界无大作为的状况。一方面，在课程改革实践中涌现出一批教育家型的校长和名师，如李镇西、李吉林和魏书生等，并且这个群体呈现出越来越多的趋势；另一方面，对中国当代基础教育实践领域有重大影响的“教育学家”并不少见，但直接改变实践，能真正称得上“教育家”的研究者却屈指可数。可见，我国现代教育理论研究与实践改造结合最好的时期是民国时期。那个时代，陶行知、晏阳初、梁漱溟等人的思想与理论之所以能产生巨大的影响，很大程度上源自他们亲自参与办学校、做扎实的教育改革实验。如果我们能把研究下移，尝试多做一些用理论指导实践和把理论与实践融为一体的专家，也许课程与教学论领域最有可能出现研究型教育家。

三、怎样做实践型专家

做实践型专家并不是一件容易的事情。我们必须做到以下几点：

（一）理论逻辑与实践逻辑的结合

理论研究和实践改革遵循的是不同逻辑。当要建立一种学说、阐述一种思想时，遵循的是理论逻辑，讲究的是自洽性。评判理论成果的标准是求真和创新，即它能在多大程度上揭示现象背后的东西，有多少创新的成分。为了求真，我们采用的是还原思维，即抛掉那些与事物本质关系不大的因素，去把握其最本质的东西，并不太关注所抛掉因素的实践影响；为了创新，我们会在已有理论基础上演绎或建立新的思路，但这种新思路在多大程度能回归实践不是我们所重点考虑的。

当进行实践指导和变革时，如要建设一门校本课程或者形成一种新的教学模式时，遵循的是实践逻辑，需要更多考虑可行性和有效性。在实践逻辑占主导地位时，重点考虑的是方案是否可行、怎样具体落实、过程中有什么问题以及改革的最终效果怎样。与理论研究相比，求真与创新并不是实际工作中最核心问题，求善与实效才是实际工作的出发点和归宿。

因此，要成为实践型专家，我们的研究和工作思路必须从遵循理论逻辑走向理论逻辑与实践逻辑的结合。因为，理论逻辑是不能直接指导实践的。我们不能以指导者身份自居，仅从理论出发，以演绎的方式发出指令。所以，我们首先必须要了解实践，特别要了解那些在理论形成过程中屏蔽掉的现实因素，要学会倾听和观察。在倾听和观察的过程中，我们不仅可以体会理论逻辑和实践逻辑的区别，更重要的是能够发现、挖掘和分析实践中的经验，实现对理论的深度认识和情境化感知。也只有在这样的基础上，我们提出的建议和方案才能切合实际，并能被一线实践工作者所接受和认可。这样的从实践到理论，从理论到实践相互启发、相互作用的过程是持续的，其本质是双向共建的互动过程。

（二）从运用学术语言到使用工作语言

学术语言是“研究圈”里普遍使用并且可以无障碍交流的语言，它由一系列概念、术语所组成，其特点是正式、准确、抽象、客观与追求普适性。在理论研究者的著述中一般都使用学术语言，甚至一定程度上学术语言的使用水平能表现作者对专业的熟悉度。作为理论工作者，我们对课程与教学论的常用术语非常熟悉，以至于在口头交流中也经常会使用它。但是因为学术语言含有特定的专业知识背景，所以对这一专业系统不熟悉的人，在读、听这些拥有许多专业词汇的学术文章或话语时会觉得有些吃力，甚至根本难以理解。

在中小学日常工作中，教师们习惯的是工作语言。这种语言具有通俗、形象、口语化和具体性等特点，案例和故事往往是他们储存和表达知识的熟悉方式。因此，在指导中小学工作时，我们要尽可能少用学术语言，尽可能用生动、真实的案例和故事深入浅出地介绍理论，千万不能为了显示自己的学术功底而大讲特讲一些新的名词和高深的专业性语言，否则就极易造成专家和一线教师信息不对等，从而影响交流效果。当老师们疑惑地看着你，说“我听不太懂”或“您就告诉我们该怎么做”的时候，我们就应该提醒自己：要把学术语言及时转化成工作语言。

（三）适应高校与中小学的文化差异

在高校，教学科研是我们的双重工作，甚至科研压力会更大。教学时，我们可以不拘泥于大纲和教材，融入自己的研究成果，宣扬自己的学术主张；教学后，我们较少和学生接触，更多的时间是在做科研；我们对学生的评价方式较为自由，学生的考试成绩并不是我们最关心的事情；我们不需要坐班，而且因为教学和学术研究领域局限，我们和同事在教学科研方面的交流也很少。总的来说，高校文化是一种较为宽松的、自由的、个体化的研究性文化。

在中小学，当教育科研与教学脱节，不能提高教学效益的时候，是没有地位的；教学成绩始终是家长、社会和领导所关注的核心问题；课程内容与教学进度有严格的要求，教师上课与考试命题都必须严格地按照课程标准开展；教材的作用比高校更为重要；对学生的课下辅导和作业批改是中小学教师很重要的教学后续工作；在全天坐班过程中，以学科和级部组成的教研组或集备组活动非常频繁；以相互听课、共同备课、经验分享和交流为主的同伴互助发挥着重要作用。所以说，中小学文化完全不同于高校文化，是一种严谨的、受控的、群体化的教学性文化。

长期以来，我们所适应的是高校文化，但当我们到了基础教育一线，必须要尽快适应和融入中小学文化，否则，不仅无法发挥自己的专业优势，甚至连基本工作都很难做好。

（四）从依赖学术魅力到依靠人格魅力

在高校做理论研究和培养学生，主要依赖的是学术魅力。只要我们学识渊博，有思想、有见解、有成果，学生就能信服甚至崇拜我们。我们可以依赖专业功底在自己的学术世界里自由翱翔，可以凭借自己的研究素养对学生进行有效的指导。

在指导实践和改革实践中，仅有学术魅力是远远不够的。权力是基础，没有权力我们无法落实自己的想法。但仅仅有权力也是不够的，因为教师工作具有较强的自主性、专业性、艺术性和创造性，特别是课程与教学改革的特点不同于教学常规管理。如果仅靠硬性规定和权力压制，教师可能只是被动应付、做表面文章。要想调动教师参与改革的内在动机，发挥他们的主体地位和创造性，更需要依赖的是人格魅力。不仅要让他们感受到我们的智慧和自信，更要让他们感受我们的真诚和坚持。要用我们心中的一团火激发教师们的改革热情，要用自己的身体力行感动、激发和引导教师的主动变革。

（五）做理想与现实的结合者

做理论研究是一种应然思维，需要做理想状态的虚拟和乌托邦式的建构，经常用到的是“应该”“需要”“从某某理论出发”和“基于某某视角”等语句。尽管有时我们知道自己建造的理论宫殿有点虚幻，但还是经常陶醉于此，在我们不断追求理论的深刻与完美的同时，也逐渐生活在理想的世界中。

当来到基础教育的现实世界时，我们才发现现实中制度、资金、时空、基础、文化、资源和评价等方面的影响相互交织在一起，远比理论要复杂得多，不得不发出“理想很丰满，现实太骨感”的感慨。

要成为实践型专家，我们要承认现实的复杂性，要能够理解和容忍改革的阶段性问题，要学会适应现实。但我们永远不能忘记课程与教学论的实践使命。真正的实践型专家不是现实的屈从者，也不仅仅是实践的批判者，而应是基于现实的理想追求者和基于理想的现实改革者。我们不能因为处处受到束缚而不去作为，而应该在实践过程中大胆地尝试和突破，艺术性地折中和创造性地变通，成为一位带着镣铐也能跳好的舞者，边跳边感染别人、解放自己的舞者。

四、做实践性专家的外部支持条件

有些时候，不是我们不想做实践型专家，而是外部条件不允许且不支持。要想让更多的我们走出书斋，走向教育现场，关注实践变革，需要外部支持条件。

（一）人才培养机制突出实践倾向

要培养实践型专家，在研究生（主要是博士研究生）录取选材时就要有实践倾向。首先，一个实践型研究者应该有一定的基础教育经验。如果一个人从来没有一线工作经验，往往不愿或不敢到实践中做研究和改革。培养实践型专家，还应该关注研究者团队的学科结构。目前的课程与教学论研究队伍中教育学科和英语学科背景的偏多，其他学科（特别是理科）背景偏少，这也会影响实践型专家的产生，因为“理想型的课程专家最好具备学科课程的教学实践经历”①，没有一定的学科背景，就很难深入到实践研究中。

要培养实践型专家，还要在整个培养过程中突出实践研究训练，不仅要重视实证研究，还要发挥校外研究实践基地的作用。通过对课程与教学论专业大量博士论文的内容分析，有的学者发现了“一些课程与教学论专业博士研究生既缺乏研究方法的理论学习与实践训练，在研究过程中又不愿深入到教育第一线”②的状况，这是很危险的。如果在读博期间没有实践研究意识和实践研究经历，就很难成长为实践型专家。目前，也有很多师范类高校做得很好，在导师的带领下，让研究生到中小学调研，参与各种专业活动，帮助中小学进行实践改革。不仅能够培养研究生的实践研究素养，更能够从一开始就形成实践研究情结，为将来成为实践型专家打下坚实的基础。

（二）学术评价机制重视实践导向

我们生活在一个被评价的社会中，我们的课题、论著和获奖等都被计入单位的科研量化考核，与职称评审、个人发展息息相关。而目前的学术评价体系往往关注学术性和理论水平而忽略了理论研究者的实践成果。因

---

① 刘启迪:《课程理论发展与实践进展：全国第五次课程学术研讨会综述》,《课程·教材·教法》2006年第10期，第3—10页。

② 任宝贵、陈晓端:《课程与教学论专业博士学位论文研究方法运用的现状与趋势——基于对2000—2008年期间218篇学位论文的分析》,《教育研究与实验》2010年第3期，第51—56页。

为我们的学科属于人文社会学科，理工科的技术转化、专利和社会服务好像与我们无关，这种导向使得我们很多人更关注理论界在研究什么、什么样的文章好发以及何种性质的课题好申请等，而忽略了实践中需要我们做什么、我们在实践中做了什么以及我们的研究对实践产生了什么影响等。

那么，我们这个学科可否有实践成果？实践成果又能否纳入量化考核呢？答案是肯定的。2010 年教育部曾经评选了第一批“基础教育课程改革教学研究成果奖”，这就是注重实践、注重过程的一次评奖活动。其中就有很多高校的基础教育研究者特别是课程与教学论研究者获得该奖项。他们或与学校合作进行指导，或亲自参与教育教学改革，把学术研究和实践创新有机地结合在一起，创新了课程与教学模式，提高了学校办学质量等，这些当然可以作为研究成果。只可惜，这样的实践成果评选活动开展得太少，今后国家、省市级教育主管部门和组织应该多组织这类评奖活动，加强评价的实践导向。

（三）人事管理机制支持实践研究

要想成为实践型专家，特别是把理论与实践融为一体的专家，就要把我们的工作重心从高校和研究机构转移到中小学校，除了我们自身时间和精力等方面的限制之外，还会涉及一些现实问题，如领导是否支持、单位如何评价以及实践是否有保障等。往往需要给予我们更大的信任和支持，提供更好的发挥才能的舞台。如到中小学兼职、挂职，甚至是允许我们创办实验学校，这就需要建立相应的制度政策，需要高校或研究机构更为灵活、宽容的人事管理机制作为支撑。

总之，课程与教学论领域可以有侧重不同研究指向的多类专家，但当前最需要的是实践型专家，我们应该努力争做实践型专家，更好地完成课程与教学论研究者的实践使命。

附 录

我与青大附中的故事

一、不想做教师到师专上学，对教育学产生了兴趣

1986年的高考不顺利是我很难忘记的事情。首先，我发挥不好，之前的优势学科如语文发挥不好，总分只考了487分，离本科线还差十几分；其次，因为学校和教育局的疏忽，我的少数民族加分也没有落实；最后，当年我们地区师专有一些特殊的招生政策，所以，我直接就被招到了所报的最后一个专科志愿学校——滨州师范专科学校。当时我非常不情愿当老师，父亲也因少数民族没加分专门找到省招办，省招办破例允许我可以复读（当时是禁止复读的）。但因对高中生活的厌倦和未来不确定的恐惧，最终我还是选择进入滨州师专化学系就读。

记得我当时是86级化学系入学最高分，而且是全校年龄最小的学生（刚刚17周岁），刚从高中拼搏过来，我也自然地进入了一个相对放松的时期。在校期间，没有投入太多精力学习专业课，而是比较热衷于参加和组织各种活动，我先后担任学习委员、班长等职务。由于我的基础比较好，虽然平时学习不刻苦，但往往靠考前突击也能取得不错的成绩，甚至常拿一等奖学金。但自己心里很清楚，我对化学学科兴趣不大，专业课学得很不扎实，我的总分往往是靠教育学、心理学等课程拉上去的。我的心理学曾考过99分，教育学考过98分。这让我的同学们甚是惊讶，因为即使学习很认真的同学这两门课一般也只能得80多分。当时我自认为自己记忆力好，靠背得熟取得高分，现在想来主要还是因为我对教育学、心理学课程内容很感兴趣。

专业课学习不扎实的问题还是在关键时刻暴露出来了。尽管我因总分高而获得了专升本的机会（当时全系 83 人中只有 3 个参加专升本考试的名额），但在 1988 年专升本考试中我还是名落孙山。不过我也很感谢那次机会，因为学校特别为专升本学生办了英语辅导班（当时师专没有开设英语课程），才得以让我本来很弱的英语基础没有全扔掉，才得以让我一直保持了继续深造的想法和基础。

后来，在选择硕士研究方向和博士专业时，我已经能清晰地认识到自己的兴趣，研究领域也逐渐从学科教学到课程与教学论，从化学教育到科学教育再到教育学理论。所以，我在选择博士毕业后的单位时，就从来没有考虑到某化学学院担任化学教学法老师，而是奔着课程与教学论硕士点去的。也正因为这样，到附中兼职也非常符合我从“学科教育”向“大教育”研究转型的想法。

二、尝试过不同工作，但从没跳出过教育领域

师专毕业后，我被分配到了惠民师范学校。这是一所市直属中专学校，能从师专毕业直接分过去主要得益于我是省优秀毕业生。刚到惠民师范学校并没有安排我上课，而是到化学实验室做实验员。毕业第二年，我才开始教化学课。1991 年，我开始担任 91 级 1 班的班主任工作。那时的我才刚刚 22 岁，比我班的学生大不了几岁，年轻气盛的我给学生提出了“1 班永远争第一”的口号，并且尝试着探索一些新的班级管理办法。如让学生竞争轮流当班干部、给每个学生过生日等，但由于刚干班主任缺乏经验就尝试新办法，我的改革并不十分成功，班级量化考核经常排在后面。但是，因为我情感与精力的付出，我和这一批学生感情特别深厚，直到现在还和很多学生保持着密切的联系。

90 年代初，学校时兴搞校办企业，喜欢尝试新事物的我也选择了“下海”。1993 年，我被选调到校办企业——幼儿玩教具厂，名义是做副厂长，其实就是推销员。玩教具厂一开始主要生产幼儿园玩教具，后来也生产中小学体育器材，我开始在山东各地跑业务，到过不少的教育局、学校和幼儿园，可以说，也因此对各地基础教育状况有了一些了解。第一年工厂效

益不错，玩教具厂还发了几千元的奖金（当时 1 月工资才 100 多元），但随后两年效益一般，而且更为重要的是，我开始越来越不喜欢这个工作的性质。1996 年，我又回到了化学教学岗位，再上学的想法也越来越强烈，第二年就考取了教育硕士。

读硕士研究生期间，我也曾在一家当时很有名气的教育软件集团兼过 1 年职，他们专门生产和销售家教软件、学生学习软件、教师备课软件和学校管理软件，而我主要负责在大型活动中宣传、讲解软件以及与教育部门的业务联系，表现还很不错。记得硕士毕业时，集团老总还有意让我留到公司发展，我考虑再三觉得自己还是适合教育教学工作，于是婉言回绝了。这项工作仍然没有脱离教育领域，也发挥了我的教学经验和学教育专业优势，同时，也让我对教育技术有了比较多的了解。

三、不断在工作中进修，从专科到博士

对于专科学历，我很不满足，毕业第二年，我就考取了山东师范大学化学教育专业函授生，利用假期时间进行学历进修，并于 1992 年就获得了本科学历。但读研究生一直是我的一个梦想，就在我从勤工俭学回到教学岗位后不久，教育局鼓励教师报考攻读教育类研究生，并提供了两个在职攻读研究生的途径，一个是报考北京师范大学办的研究生课程进修班，假期学习，没有学历和学位。另一个是报考山东师范大学的教育硕士，脱产一年，有学位。显然前者更容易考，但后者含金量更高。我毫不犹豫地选择了报考山东师范大学的教育硕士。

当时，我已经意识到这是改变自己命运的一次机会，所以，我不仅报名参加了山师大举办的半个月培训，住在地下室认真学习；而且，临考前 1 个月几乎每天都复习到凌晨 1—2 点。可以说，那一段备考时间完全超越我高考时的学习状态。1998 年，我终于如愿以偿，以较高分数考取了全国第一批教育硕士（依然是教育学高分帮助了我）。

得益于有了硕士学位，2000 年我调动到母校教学，主要教授化学教学论课程。高校学术氛围更浓厚，也让我逐渐有了继续考博深造的想法，而且我也已经明显感觉到自己的兴趣点还是在教育学方面。2004 年我第一次

报考了“课程与教学论”博士研究生，为了补足英语短板，我还特意在寒假报考了新东方英语学习班，经过了半个月艰苦的集训式学习。记得躺在学生宿舍硬板床上，我常常因白天学习量太大兴奋得难以入睡。因学习班条件差又临近春节，好多同学提前回家，但我一直坚持到学习班结束，还因此差点买不上回家过年的票。英语学习班结束后，我也几乎没有休息一天，甚至春节都在紧张的复习中度过。功夫不负有心人，那年我在上海师范大学和华南师范大学都考了专业第一名，最后，选择了上海师范大学课程与教学论专业，师从于吴俊明先生，研究方向是科学教育。在读博期间，除了进行理论学习和学术研究，我还有大量的时间随导师到中学进行指导，参与校本研修活动，博士期间发表的几篇核心期刊论文大都与实践研究有关。而且，更为重要的是，它让我形成了较为稳定的实践研究取向，对我在附中的实践大有帮助。

四、做研究、写论文让我获得成就感

在师专上学时还有一件事让我印象较深。入学不久，我就在班里搞过一次活动，在一张纸条上写了几个选项，依稀记得是：1. 主动考入师专，很愿意做教师；2. 不情愿考入师专，今后不愿意做教师；3. 不情愿考入师专，想将来做教师；4. 无所谓。然后，我就让同学们传来传去，并在表格中填上自己的选项。回收后，我做了简单统计，并写了篇文章发表在校报上。现在回想起来，我当时就是做了一次简单的问卷调查，在校报发表的就是我的第一篇“论文”。

函授毕业前，要做毕业论文，记得当时我选的题目也是化学教学方面的，大概是学生化学学习兴趣现状与培养策略研究，我选择的论文指导教师也是后来的硕士研究生导师毕华林教授，那是我第一次认真地写论文，花了半个多月时间，现在看来，那篇论文一点都不规范，缺乏文献意识、没有研究方法，几乎是拍脑袋想出来的，但毕老师还是给予我很大鼓励，论文成绩评定为优秀。因为论文获优秀，再加上函授期间总成绩较好，又没有补考科目，我才能有机会申请学士学位，并成为当时 80 多人函授班中唯一获得学士学位的学员，也让我在几年后符合了全国首届教育硕士入学考试的资格。更重要的是，这次论文被评为优秀也激发了我进行教育研究和论文写作的热情。随后几年中，我多次参加教育论文评选，并于 1997 年在全国核心期刊《化学教育》发表了我的第一篇教研论文《化学教学中的拟人法》。

回想起来，我前期的论文基本是一种原生态的研究，即把自己想的和做的进行的梳理和总结，等做硕士毕业论文时，我才开始初步了解规范研究的基本规则。但是，如果没有前期的论文写作基础和成功体验，恐怕也很难让我走上研究这条道路上。

2000 年，开始着手准备硕士毕业论文，我的选题是《中等师范学校综合理科课程构建研究》，开始学着写一点文献综述和运用调查问卷方法。但由于当时教育硕士 1 年脱产，缺乏系统研究训练和指导，我自知学位论文水平较低。即使这样，因为毕业论文的练习也让我的研究和写作水平有了明显进步，随后以毕业论文为基础的一篇论文也获得了山东省师范教育研究成果一等奖，当时在单位也引起了不小的轰动。

五、博士期间开始规范研究训练，为专业发展奠定坚实基础

读博第一年，我完全找不到研究的感觉。通过和其他同学交流，我才发现自己的学术功底肤浅、科研能力薄弱，刚入学的新鲜感和自信心很快消失殆尽。我发现虽然原来写的论文水平不高，但还是有很多想法，写作还是有感觉的，但学了大量理论、查阅了海量文献之后，我却不敢写、不会写论文了。看着周围同学科研成果不断发表，看着导师交代的任务总是完成不好，非常失落、郁闷和焦虑，甚至怀疑自己是否适合做研究，能否顺利按时毕业。

我的导师吴俊明先生是一个有丰富基础教育经验和重视实践研究的学者，他对我要求很严格，除了让我看一些理论书籍、定期汇报学习心得和撰写小论文，还经常带我到上海市各所中小学参加一些活动，如学校特色参观、与校长教师座谈、听课评课、课题指导等，在此期间，我的一个优势开始凸显，那就是较丰富的实践经验。从 1988 年工作到 2004 年读博，我已有 16 年的工作经历，这使得我在分析实际问题、理论联系实践、与一

线教师交流和指导实践改革方面要明显优于没有工作经验的博士、硕士研究生。这也让我在实践活动中逐渐找到了自信。特别是在2015年，我们和上海市卢湾高级中学签订了一个合作协议，几乎每周都会到该校化学组参加教研活动，这种常态化的联合学术活动让我对上海基础教育改革有了较为深刻的认识，对学习的教育理论有了更鲜活的理解。随着在实践研究方面逐渐找到感觉，我从读博第四学期开始陆续发表论文，到毕业前竟也发表了10篇，其中，CSSCI源期刊5篇，在同专业同学中毫不落后。我的多篇论文都与这段实践经历有关。现在回想起来，那两年与卢湾高级中学的合作方式和我在青大附中的工作性质颇为相似，都是帮助教师发现问题、解决问题，推动教师专业发展、提高教育教学质量，可以说这段经历为我实践研究取向的确立和在青大附中的成功兼职奠定了基础。

应该说，做博士论文时，我才真正经历了研究的磨难。首先，在选题阶段就很曲折，经常是早上有灵感，思考了一天觉得选了一个好题目，晚上和同学一交流就被批得体无完肤；或者是被同学认可的题目却被导师直接毙掉。最终在多方征求意见和协商后，我确定了从文化视角研究科学教育。选好题目之后，在写作思路上又备受煎熬，因为文化视角的研究对我来说是个不小的挑战，我查阅了大量关于文化、科学文化、校园文化的研究文献，逐渐调整思路。写作思路调整好了，但研究方法的使用又让我煞费苦心，规范的质性研究和量化研究对我来说都是新的尝试，文献法、问卷法、访谈法、内容分析法我几乎都要从头学起。那段时间，我经常熬夜，对毕业的急切和对论文的畏惧使得我情绪极度焦虑，有时一晚上抽一盒烟却写不出一行字，我真正体会到了做研究的艰难和痛苦。

但现在回想起来，博士论文的写作过程成为了我人生中的一大财富。首先，它让我学会了如何做规范的研究，我不仅掌握了多种研究方法（只有用过之后才能真正掌握），还形成了严谨的研究思维，这在我今后指导学生论文和评价别人研究时发挥了重要作用；其次，遭受这次磨砺之后，我变得更加坚强和乐观，对自己的研究能力更有信心；最后，在这个过程中，我翻阅过的很多文献和思考过的很多问题不仅对我做理论研究有用，而且也对我在青大附中的专业引领起了重要作用。例如，对于文化的研究让我对青大附中学校文化创建有了深刻的理论思考；对上海市中学科学教育的考察经验是我在创建青大附中科技创新特色中的直接借鉴；在青大附中5年工作中多次运用掌握的教育研究方法等。可以说，艰难的博士生涯为我后续的教育研究奠定了坚实的基础。

六、对专业的坚持使我和青大附中最终结缘

因为以统招身份读博，和原单位脱离关系，2007年，博士毕业后，我成为自由身重新找工作。当时，北京、上海等地也是我重要的选择目标，但联系的北京、上海单位要么不是高校，要么就是不能从事教育学科教学和研究，再加上考虑到妻子工作、孩子上学、户口、房子等现实因素，我最终选择了青岛大学师范学院。不仅因为青岛在山东，离家较近，当时也答应妻子的调动，更重要的是这里有课程与教学论硕士点，还有理科教育研究方向，是我很愿意从事的工作。到师范学院后，我选择了到基础教育研究中心而不是化学系，主要教授师范学院各专业教育学公共课和承担课程与教学论研究生的教学与培养。到青岛大学师范学院不久，我被任命为基础教育研究中心副主任，2007—2008年间已经频繁开展了与中小学的一些合作研究，对青岛市基础教育也有了一些了解。

早在2007年的时候，师范学院领导就提到过青岛大学附属中学有想法聘请一位教育学博士任副校长，但直到2008年11月初的一天，才有了具体的消息。记得很清楚，那天我正准备到澳门参加一个国际科学教育研讨会，突然接到院长电话，让我出发之前到学院一趟，我就拿着行李来到学院，院长简单和我说了整个过程。原来，青大附中刚刚进行了校长调整，新校长上任后，再次迫切要求聘请一位教育学博士任副校长，于是师范学院给附属中学提供了几个人选，最终，他们选择了我（后来得知选择我最重要原因是我的专业背景和长期实践经历），希望我能到青大附中兼职。任职的方式是除了承担大学上课和基础教育研究中心工作外，全面参与青大附中的管理工作。我对基础教育一线研究历来很感兴趣，对这样一个好机会当然欣然接受，约定澳门会议后就上任。

从澳门回来后，我和青大附中王国利校长进行了面谈，进一步敲定了合作方式。2008 年 11 月 27 日，我正式到青大附中上任，开始了为期五年的兼职之旅。我也从自己的兴趣出发，逐渐完成了从化学教育、科学教育逐渐转向课程与教学论原理再到教育管理研究的过渡。

七、愉快的会面、满满的期待

来青岛大学工作后，也听过一些关于青大附中的消息。虽然叫做青岛大学附属中学，但其实这是一所民办学校，建校时间不长，发展迅速，升学率很高。我刚到青岛大学工作时，儿子正好上初一，当时想进青大附中，却被告知很难，一番努力未果后，进入了另外一所公办学校。过去只是对学校侧面的了解，第一次真正接触青大附中是从与王国利校长会面开始的。

由于青大附中的积极联系，我从澳门回来后的第三天，青大附中董事会领导和王国利校长就到师范学院与我见了面。早听说青大附中校长是位退休的女校长，所以我头脑中王国利校长的形象应该是位老太太。见面才发现，王校长很显年轻，像四十多岁的样子，端庄和蔼，一看就很有修养，而且，她丝毫没有校长的架子，语气非常谦和。在交流过程中，她清晰而坦诚地表达了求贤若渴的心情、合作共赢的思路和关于教育的一些想法，让我感觉很是投缘，也预感未来的合作一定会很愉快。在交流中，我也了解到王国利校长最早是在青岛最著名的高中——青岛二中留校并教学，后担任教务主任、工会主席等职务，随后，调入青岛一中任党支部书记，2006 年退休后被青大附中董事会聘为副校长，2008 年被任命为校长。王校长丰富的教育经历和二所名校任职的经历，也让我平添了几分敬意。应该说，和王国利校长的初次会面是愉快的、和谐的，有这样的校长，让我对青大附中充满了期待，也对我的新岗位充满了期待。

八、暖暖的氛围、窄窄的校园

2008 年 11 月 27 日，星期四，我第一次到青大附中上班。

青大附中距离我住的地方很近，走路也就十分钟的时间。以前我散步的时候也曾注意到这所学校，但从来没进去过。这天我特意穿上西装，打上领带，早早地出了家门。一方面，我很兴奋，在路上不断想象校园的样子，对副校长的工作充满好奇；另一方面，我也很紧张，不知该如何适应从一名大学教师到中学副校长的角色转变，怎样才能发挥一个教育学博士的作用。

刚进校门，我就看到一个教学楼电子屏上写着“热烈欢迎马勇军博士到我校任副校长”。后来，听孩子在附中上学的同事说，这个欢迎标语几天前就已经打出来了，足见王校长对我的重视。提前十分钟来到王校长办公室，她热情地向我介绍了学校的基本情况，我才得知目前学校只有校长一位，我也是唯一的副校长。她就分管工作征求我的意见，考虑到我的基本情况，最终让我分管教科研、师训、学校文化建设等工作。然后，我第一次参加了学校办公例会(每周四上午召开办公会)，开会人员包括教务主任、德育主任、各年级组长等中层领导，王校长隆重热情地介绍了我的情况，让我感觉到很温暖。

第一天我还参观了校园，但不如我想象的宽敞和大气。校门很狭窄，只有一个教学和办公合在一起综合楼，共六个楼层，每个楼层十几个大大小小的房间，一般大的阳面房间做教室，大的阴面房间做功能教室，小的房间做办公室。我了解到这座综合楼是办学方出资建造的，整个校园却是市南区 57 中学的地方，青大附中属于租赁户，连 200 米的操场也是和 57 中合用的，以致青大附中只能每周二举行升旗仪式（周一 57 中用场地）。

九、聪明的合作、超常的发展

上任后，我的第一项工作就是通过各种渠道尽快了解学校的整体情况。青岛大学附属中学采用了一种强强合作、优势互补的办学方式。投资方和主办方是一个实力雄厚的国企——青岛市华青集团（以华青集团投资为主，还有一小部分为其他企业和个人投资），当时的华青集团领导，敏锐地意识到青岛市区东部（崂山区和市南区交界处）楼房越来越多，且居住人口整体素养高，但缺少高质量的初中学校，于是向教育局申请办一所民办学校，而且和青岛大学达成合作协议，充分利用了高校的“无形资产”，命名学校为青岛大学附属中学，回报条件是今后大学子女保证入学且学费减半。高效率地通过层层审批后，办学方租用了崂山区和市南区交界处的 57 中校园，用了几个月的时间建了一座综合楼；同时，成立了青大附中董事会，紧锣密鼓任用校长、聘任教师，2003 年 7 月，青岛大学附属中学开始正式招生。

因为是一所刚刚建立的民办学校，虽然有青岛大学的合作，但是第一届招生情况并不理想，更为困难的是师资队伍建设。于是，学校董事会又想到了另外一个合作伙伴，和青岛市最著名的公办初中学校——育才中学（现已改名为青岛市实验初级中学）合作办学。2004 年，育才中学不仅派来一支近 20 人的骨干教师和管理人员队伍，全方位进行教学管理，还和青大附中聘任的老师合作开展教研，有的教师甚至被交换到育才中学任教培养。这一招果然奏效，后续招生情况明显好转，特别是在生源很一般的情况下，第一届毕业生取得了相当不错的中考成绩。可以说育才中学的加盟、教师团队的介入，为青大附中的初期发展做了重要的贡献。虽然我到青大附中任职的时候，育才中学大部分教师都已撤回学校（还留下一位教务主任、总务主任和两位教师），合作教研的传统也开始淡化，但两校的联系还是比较密切，“育才中学分校”的招牌依然还在。

为了解决学生上学交通不便的问题，华青集团出资购买了 20 多部有运营资质的班车，根据学生住址分布，精心设计了 17 条线路，东到沙子口、西到轮渡、北到李村，几乎贯穿大半个市区，每天按时接送学生上学、放学，还安排专门的老师负责组织管理，这样一来，不仅保障了学生的安全，解决了家长的一个大难题，而且也减轻了社会负担。

正因为这种强强联合、站在巨人肩膀上的三方合作方式，青大附中已经获得了快速的发展，不仅招生火爆、师生规模扩张很快，升学成绩越来越好，而且获得了多项荣誉称号和较高的社会赞誉。2006 年被评为市区唯一的“民办初中 A 级学校”，2007 年成为市区民办学校中唯一的一所“青岛市规范化学校”和“全国三 A 级民办放心学校”，学校还先后被评为“全国民办教育百强学校”“青岛市先进民办非企业单位”，荣获了“青岛市民办教育基础成就奖”和“民办教育优秀教师团队奖”等多项集体荣誉称号。

十、深入的调研、慎重的发言

虽然青大附中短短 5 年间发展迅速，各方面取得了令人瞩目的成绩，但还存在很多问题。在我上任后一个多月的时间，我没有做任何实际的改革，而是通过各种方式了解学校现状：向办公室要了学校的各种规章制度、相关文件、人员档案仔细研究；多次参与教研组、集备组活动，主动找一些教师、职员进行交流，详细了解功能教室的建设和使用情况；最主要的工作是到课堂上听课。当时，青大附中已经有一个很好的制度，即推门听课制度，校领导可以随意到任何一个教室听课。我经常拿着课程表有意识地选择不同年级、不同教师、不同学科的课堂听课，只要我去附中上班，几乎每天都会听课，最多时一天能听到 5 节课。

从 2008 年 11 月 27 日到青大附中任职到元旦期间，我很少在全体教职工面前发表过对于学校管理的意见。一是因为刚到学校，很多情况还不了解，头脑中确实没有想法；二是因为自己压力很大，无论校内、校外，大家都对博士副校长有所期待，自己的第一次讲话至关重要，讲不好会让大家失望，所以对待第一次讲话我很慎重。

当我在比较全面掌握学校情况的基础上，在与王国利校长多次沟通交流的基础上，关于学校改革的整体规划逐渐在我头脑中形成。我首先在办公会上把课程领导改革思路进行了阐释，得到了中层领导们的认可。2009 年初，在寒假之前最后一次全体大会上，王国利校长给了我一个充分展示的机会，希望我能完整介绍自己对于学校考察的结论和自己的改革思路。记得我用了一个多小时的时间对学校发展的优势与不足、目前存在问题和原因、青大附中未来发展方向和改革思路进行了充分的阐述。

我花了很大功夫准备这次讲话，同时写讲稿的过程也进一步澄清了我的思路。在这次讲话中，我第一次明确提出了实施“课程领导”的总体改革思路，并以“课程领导”统摄了我的所有改革。随后 5 年中我所做的主要工作：创办科技创新办学特色、进行集体备课改革、丰富选修校本课程体系、进行教学模式改革等都在这份报告中体现了。后来，有位中层干部说，就是因为我的那次讲话，他才开始从内心真正佩服我和坚决支持我的。

十一、高调的聘任、沉重的责任

到青大附中上任之前，王国利校长就说过要搞一个正式聘任仪式。但因为各方领导公务繁忙，聘任仪式一直拖到了2008年12月29日。那一天升旗仪式上，华青集团领导、董事会代表、青岛大学汪黎明副校长、育才中学马林校长等都参加了聘任仪式。现场颁发了聘书，我也做了就职演说。

各位领导、老师、同学们：

上午好！首先，非常感谢青岛大学、华青集团、育才中学对我的信任，同时，也为有机会加入青大附中这个团结向上、充满朝气的团队而感到荣幸。经过六年的努力，青大附中在招生规模、办学质量、社会声誉等方面取得了令人瞩目的成就，已经成为青岛市民办教育的一个品牌，这些成绩离不开华青公司的科学运作，离不开青岛大学、育才中学等社会各界的支持和帮助，更凝聚了所有教职员工的心血和所有同学的努力。所以，我为能成为青大附中的一员而感到高兴和自豪。

服务、研究与引领地方基础教育改革一直是我们青岛大学特别是青大师院的一个重要办学目标，能够深入到教育教学一线，扎扎实实地研究、服务基础教育也是我个人长期以来的一个心愿。

我博士攻读的方向是课程与教学论，研究对象就是基础教育，因此，能够把握教育理论前沿；我一直深入中小学，近五年来到各地各级各类学校听课累计400多节，参与了大量的教研、教师培训等工作，有着比较开阔的视野；我现在还是青岛大学基础教育研究中心副主任、山东省基础教育课程与教学评价专家组成员，与各地教育专家有着密切的联系，特别是有青岛大学丰富的学术资源支持。我希望到青大附中后能够发挥我的这些优势，成为联接青岛大学与青大附中的桥梁，能够在这里真正实现理论与实践的良性互动，为尽早把我校建成全省乃至全国的民办名校而助王校长一臂之力。

为此，我愿意承担起教师专业发展的促进者、学校教学教研工作的管理者和基础教育改革研究者的多重角色，为青大附中的可持续发展献计献策、尽心竭力，希望能够马到成功、不辱使命。

谢谢大家！

2008年12月30日

尽管聘任仪式很短，但这次集团宣传工作做的很到位，青岛早报、青岛晚报、青岛电视台、青岛广播电台都对这次活动进行了专门报道。我的“光辉形象”第一次在青岛报纸、电视中出现，被称为“岛城乃至山东第一个中学博士副校长”，以至于第二天在赶往青大附中元旦晚会打车期间，竟被一名坐在车上的乘客认出而欣然同意让我合租。

在聘任仪式现场，当我回答记者访谈时，我第一次公开讲到了未来几年我想做的几件事，进行学校文化建设、创建科技创新办学特色、改革集备模式、进行教学法创新等，并将这些用“课程领导”这个词贯穿起来。当天晚上青岛电视台记者在报道了这个事件后，曾说到：“一位中学博士副校长，能否发挥他的作用，让我们拭目以待。”现在看看新闻报道中我说的话，应该说都实现了。为此，我也觉得很欣慰。

十二、不舍的分别、满满的留恋

2013年暑假期间，青岛大学师范学院内部调整，分成了七个学院，均为处级单位，我被任命为小学教育学院、学前教育学院副院长（院长空缺），主持工作，也是两个专业的专业负责人。小学教育专业和学前教育专业是师范学院内部建系最晚的两个专业，但社会需求很大，因而规模不断扩大，成为最有发展潜力的专业之一。上任之后，我了解到两个专业起步晚、基础设施条件较差，教师队伍薄弱，培养方案与课程体系并不成熟，因而专业发展面临很多问题。所以，我把大部分精力开始转向师范学院的管理工作，到青大附中兼职的时间越来越少。

那一段时间我相当纠结：我在青大附中付出了5年心血，已经取得了很好的成绩，打下了坚实的发展基础，整个领导班子关系和睦，深受王国利校长以及全体教职工的信任，继续兼职下去应该会很顺畅。但大学领导委以重任，在管理岗位上很难有时间和精力兼顾青大附中工作，再兼职下去有可能两边工作都受影响。而且我已经在青大附中兼职5年，超出了原定三年的兼职期限，自我感觉已很难给青大附中带来全新的改变，引入新的力量可能帮助青大附中继续创新发展。于是，思考再三，我给王国利校长明确提出了离开青大附中的想法，并推荐了另外一位博士同事到青大附中接替我的位置。

考虑到我的实际情况，王国利校长同意了我的请求，但希望我干到学期末，并与新的兼职副校长做好交接。所以，2013年下学期我继续在青大附中留任，并在此期间继续完善各项改革举措，特别是总结教学模式改革成果。帮助青大附中成功申请了“市南区优秀教学法”，执笔撰写的“竞争合作—主动愉悦教学模式的探索”也获得山东省基础教育省级教学成果二等奖，这是岛城初中学校获得的教学成果最高奖，也是山东省民办学校获得的教学成果最高奖。

2014年，我彻底离开了青大附中，刚离开青大附中的那两年，心里还特别记挂青大附中的发展。不仅和附中的老同事经常联系，也有意识关注青大附中的所有消息，主动到网上查看青大附中的有关信息。甚至经常在梦中回到青大附中，再次谋划青大附中的发展规划，再次指导学生的科技作品，再次到课堂上听课指导，再次在全体教工会上发言……。办公会、科技节、学校操场、升旗仪式、走廊教室等场景以及在青大附中共事过的同事也会经常出现在我的脑海中。

五年兼职的时间不是很长，但它是我来到青岛后最为重要的一段经历，是我全心投入的事业，是我把自己所学教育理论努力对接实践的阶段，是我在实践中不断深化对教育和教育研究理解的过程。正因为自己的投入和付出，所以才会对青大附中念念不忘。也正是这种念念不忘，促使我去写这本书，去记录这段心路历程，去表达这些感想感受。

真的该说再见了！青大附中！让我把这本书作为送给你的离别礼物吧！愿你一切安好！越来越好！

后　记

没有想到，这本书从开始构思写作到正式出版用了3年多的时间，虽然我一直在不断修改完善，但最终因精力和时间的原因，书稿并没有达到我的“理想”状态。总感觉仍有许多鲜活的事例没有呈现出来，许多有效的经验没有介绍出来，许多理性的思考没有表达出来。因此，在本书即将出版之际，我更多感到的是一种遗憾，是一种因能力所限，无法更全面生动描述和分析，更深刻理性总结和提炼的遗憾。

在书稿撰写过程中，我查阅了青大附中五年间的会议记录等相关资料，试图回忆起每一个重要事件的来龙去脉和细节，希望呈现原汁原味的实践过程，但可能因事情已过去很久，而且回忆中难免带有演绎成分和主观色彩，个别细节会出现遗漏或失真的情况，也请读者和曾在青大附中一起工作过的领导同事见谅。

青岛大学附属中学的五年时光对我而言，有太多的感触、感悟与感动。在课程领导的行动变革中，我全面了解了基础教育现状，深刻感悟了教育理论与教育实践的关系，对教育研究范式有了融通式的理解，对一名课程与教学论研究者的实践使命有了新的认识。这五年的基础教育实践经历将成为我专业发展之路的里程碑，也会成为我人生阅历中的特殊印记。对此，我心存感激。

在整个书稿成稿过程中，我参考了之前指导的研究生王鸿英、任婷、刘付珍的硕士论文资料，在完善过程中，也安排研究生姜雪青、王童、律智赢、周婧、戴君英、宋雪等同学做了细致的校对。在出版过程中，更得到了人民出版社侯俊智编辑和程露编辑的大力支持和专业帮助。在此一并表示感谢。

不平凡的2020年即将过去，相信2021年会一切都好的。

马勇军

2020年12月11日

责任编辑：侯俊智
助理编辑：程　露
封面设计：王春峥
责任校对：秦　婵

图书在版编目（CIP）数据

课程领导实践中的探索与思考 / 马勇军 著 . — 北京：人民出版社，2021.12
ISBN 978 – 7 – 01 – 023163 – 1

I. ①课…　II. ①马…　III. ①课程 – 教学研究 – 中学　IV. ① G632.3

中国版本图书馆 CIP 数据核字（2021）第 027219 号

课程领导实践中的探索与思考

KECHENG LINGDAO SHIJIAN ZHONG DE TANSUO YU SIKAO

马勇军　著

人民出版社 出版发行
（100706　北京市东城区隆福寺街 99 号）

涿州市旭峰德源印刷有限公司印刷　新华书店经销

2021 年 12 月第 1 版　2021 年 12 月北京第 1 次印刷
开本：710 毫米 ×1000 毫米 1/16　印张：22
字数：312 千字

ISBN 978 – 7 – 01 – 023163 – 1　定价：70.00 元

邮购地址 100706　北京市东城区隆福寺街 99 号
人民东方图书销售中心　电话（010）65250042　65289539